Karl von Weber

Moritz, Graf von Sachsen, Marschall von Frankreich

Karl von Weber

Moritz, Graf von Sachsen, Marschall von Frankreich

ISBN/EAN: 9783743680159

Hergestellt in Europa, USA, Kanada, Australien, Japan

Cover: Foto ©ninafisch / pixelio.de

Weitere Bücher finden Sie auf **www.hansebooks.com**

Moritz Graf von Sachsen

Marschall von Frankreich.

Nach archivalischen Quellen

von

Dr. Karl von Weber

Ministerialrath, Director des Haupt-Staatsarchivs zu Dresden.

Mit Portrait.

Verlag von Bernhard Tauchnitz

Leipzig 1863.

Vorwort.

Es fehlt nicht an Schriften, welche sich mit dem Helden, dessen Namen der Titel dieses Buches trägt, beschäftigen: außer einer Sammlung seiner Correspondenzen erschienen kurz vor und bald nach seinem Tode mehrere Lebensbeschreibungen desselben: sie enthalten insbesondere ausführliche, zum Theil auf die Urkunden der Pariser Archive, zum Theil auf persönliche Wahrnehmungen gegründete Schilderungen der Kriege, an denen er im französischen Dienste Theil nahm, der Schlachten, in denen er siegte. Auch einige neuerdings gedruckte Memoiren von Zeitgenossen liefern uns aus dieser Periode Nachrichten über ihn. Seine Heldenlaufbahn während des letzten Viertheils seines Lebens läßt sich daher nach ausgiebigen und zuverlässigen historischen Quellen verfolgen. Allein über den Lebensabschnitt des Grafen Moritz von Sachsen vor der Zeit, zu welcher er als Führer französischer Heere sich hervorthat, über Alles, was neben seinem öffentlichen Auftreten als Kriegsheld liegt, standen den Geschichtsforschern nur mangelhafte Hülfsmittel zu Gebote: es zeigen sich daher in dieser Beziehung in den über ihn erschienenen Werken zahlreiche Unrichtigkeiten und Lücken. Diese zu berichtigen und auszufüllen, bietet das Haupt-Staatsarchiv zu Dresden ein reiches, zeither noch nicht benutztes Material. Ich habe mich seit Jahren bemüht, dasselbe aus Hunderten von Actenstücken und Briefconvoluten, die ich bei Ordnungsarbeiten durchzugehn hatte, zu sammeln und hoffe, daß meiner Aufmerksamkeit nichts einigermaßen Erhebliches entgangen ist. Bevorworten muß ich aber, daß es nicht in meiner Absicht lag, Moritz als Feldherrn in den Vordergrund zu stellen, eine neue ausführliche Geschichte der Kriege jener Zeit zu liefern, seine Schlachten zur strategischen Würdigung und Anschauung zu bringen: von einem Laien in den Kriegswissenschaften unternommen, würde ein solcher Versuch jedenfalls mißlungen sein. Ich habe mich vielmehr damit begnügt, der Kriegsereignisse nur insoweit zu gedenken, als sie sich unmittelbar an unseres Helden Person knüpfen, und so weit etwa die Quellen des Haupt-Staatsarchivs Nachrichten enthalten, welche von den Angaben anderer Schriftsteller abweichen oder sie ergänzen. Die Wahrnehmung der Unrichtigkeiten früherer Druckschriften mußte mich aber zu erhöheter Vorsicht veranlassen. Wo ich mich, beim Mangel urkundlicher Nachweise, genöthigt sah, der Vollständigkeit wegen, auf gedruckte Mittheilungen zurückzugehn, habe ich daher, mit vielleicht zu pedantischer Genauigkeit, jedesmal meine Quelle speciell bezeichnet: alles Uebrige beruht auf urkundlichen Belegen. Auch bei der gegenwärtigen Vorlage glaubte ich übrigens, wie bei meinen frühern Veröffentlichungen, das Princip befolgen zu müssen, die archivalischen Quellen selbst, so weit es thunlich erschien, wörtlich dem Leser wiederzugeben: ich habe dabei auch kein Bedenken getragen, bei manchen Schriftstücken die französische Sprache, in der sie geschrieben sind, beizubehalten: ist diese doch ein Gemeingut aller Gebildeten. Zumal bei Briefen schien mir dies rathsam, in der Voraussetzung, daß es dem Leser willkommen sein werde, den Eindruck der Ursprünglichkeit und Eigenthümlichkeit des Briefstellers unverändert aufzufassen, welche sich in seinen Worten und Redewendungen wiederspiegelt, der aber selbst in der sorgfältigsten Uebersetzung sich verwischt und theilweise verloren geht: dabei habe ich absichtlich von jeder Verbesserung der Orthographie des Originals abgesehn und ich bitte daher, die zahlreichen Sprachschnitzer weder mir, noch dem Setzer beizumessen.

Wenn ich Einzelnes aufgenommen habe, was, wie ich nicht verkenne, mehr in das Gebiet der Anecdote, als der Geschichte, gehören dürfte, so schien mir dies in einer Monographie, die ganz anspruchslos auftritt, gestattet und durch das bekannte Wort gerechtfertigt: „Anecdoten sind die Handhaben großer Seelen, durch die sie faßlich werden für den Hausverstand."

Die Literatur, auch soweit sie neuerdings erschienene französische Memoiren enthalten, habe ich, soviel ich sie zu ermitteln und zu erlangen vermochte, benutzt: möglich aber, daß mir noch Einiges entgangen ist: ich kann deshalb nur die Nachsicht meiner Leser in Anspruch nehmen.

Inhaltsverzeichniß.

Erster Abschnitt: Seite
Geburt: erste Jugendjahre Moritz's bis zum Jahre 1710: seine Memoiren 1

Zweiter Abschnitt:
Moritz bis zu seiner Vermählung 1714: seine Ehe und deren Trennung 28

Dritter Abschnitt:
Moritz in den Jahren 1715 bis 1726: seine Vermögensverhältnisse   57

Vierter Abschnitt:
1726 und 1727. Wahl Moritz's zum Herzog von Curland . . . 85

Fünfter Abschnitt:
1728 — 1740 147

Sechster Abschnitt:
1741 — 1744 174

Siebenter Abschnitt:
1745 bis zum Aachner Frieden 202

Achter Abschnitt:
1748 — 1750. Moritz's Tod 251

Neunter Abschnitt:
Rückblick 283

Erster Abschnitt.

Geburt, erste Jugendjahre Moritz's bis zum Jahre 1710: seine Memoiren.

Allbekannt ist, daß die schöne Gräfin Aurora von Königsmark nach dem räthselhaften Verschwinden ihres Bruders Philipp Christoph zu Hannover in einer Julinacht 1694,[1] nach Dresden kam, um die Verwendung und Unterstützung des Churfürsten von Sachsen und spätern (1697) Königs von

---

[1] Der Verfasser hat eine aus den Memoiren des Grafen Moritz (auf welche wir noch zurückkommen werden) geschöpfte Darstellung dieses Ereignisses in seinem Buche aus vier Jahrhunderten II. 87 fl. mitgetheilt, welche in der Revue Germanique von Nefftzer und Dollfus, Paris 1859 VI. 169 fl. wiedergegeben worden ist. Die Erzählung, deren Wahrheit auch uns problematisch erschien, hat in Bülau's geheimen Geschichten XII. S. 200 fl. eine sehr erschöpfende Widerlegung gefunden, mit welcher wir in der Hauptsache ganz einverstanden sind. Ohne hier weiter auf die bereits viel besprochene Sache eingehn zu wollen, bemerken wir nur, daß wir nach Veröffentlichung unseres Aufsatzes noch in Briefen eines Correspondenten des Feldmarschalls Grafen von Flemming, von Menken in Braunschweig, einige Notizen über Königsmark's Verschwinden gefunden haben. Sie verbreiten zwar kein neues Licht, allein ein chiffrirter Brief vom Juli 1694 ist insofern nicht unerheblich, als er in Uebereinstimmung mit der Angabe Moritz's in seinen Memoiren bemerkt: „lo Comte de Königsmark, qui a fait la sottise de retourner à Hannovre, s'est perdu: les uns disent, qu'on lui a tranché la tête, les autres, qu'il soit noyé, le plus apparent est, que les Italiens ont part à sa perte." Auch von einem gewissen Etienne de Languillette (dem Sohne eines französischen Tanzlehrers und Schauspielers), einem frühern Kammerdiener des Herzogs von Celle, der im Jahre 1712

Polen Friedrich August I. (als König von Polen August II.) in Anspruch zu nehmen, daß sie dessen Augen auf sich zog und ihre Hingebung an ihn begleitet war von glänzenden Festen in Moritzburg, deren bereits mehrfach, u. a. in la Saxe galante S. 184 fl. veröffentlichte Beschreibung wir hier mit Stillschweigen übergehn. Wenn übrigens die schöne Aurora nach den eigenthümlichen Ansichten der vornehmen Welt jener Zeit in der Oeffentlichkeit, welche Friedrich August seinem Verhältniß zu ihr zu geben kein Bedenken trug, auch keine Schmach, sondern nur eine ehrende Auszeichnung gefunden haben mag, so suchte sie doch die natürlichen Folgen des Umgangs mit ihrem fürstlichen Verehrer in Geheimniß zu hüllen. Daher mag es gekommen sein, daß bis in die neuere Zeit Tag und Ort der Geburt ihres Sohnes Moritz nicht festgestellt war. Einige Schriftsteller geben den 15., andere den 19. October 1696 als den Tag seiner Geburt an: als seinen Geburtsort finden wir in ältern Schriften Dresden, Goslar, Moritzburg, auch ein Dorf „unweit Magdeburg" bezeichnet, während Moritz selbst in seinen Memoiren die Insel Moen angibt. Das Kirchenbuch zu Goslar hat aber die Zweifel gelöst, indem daraus zu ersehn ist, daß dort am 28. Octbr. 1696 „von der vornehmen Frau in R. Heinrich Christoph Winkels Hause ein Söhnchen geboren ward," welches in der Taufe den Namen Mauritius erhielt.[2] Wir hegen kein

---

mit einem von ihm aus Dresden entführten Mädchen, Namens Plante, in Berlin erschien, schreibt der Graf von Flemming den 20. October 1712: „on l'accuse d'avoir trempé dans l'affaire du C. de Königsmark de la part de l'Electeur de Hannovre." Ueber Königsmark's Tod schrieb Menken, nachdem er in frühern Briefen benselben bezweifelt, am 20. Aug. 1694: „le Comte ne revient pas et on nous assure sa mort avec tant de circonstances, que nous la croyons."

[2] Spilcker und Brönnenberg Archiv für hannoverisch-braunschweigische Geschichte, J. 1833, Heft 3, S. 389. Cramer, Biogr. Nachrichten von der Gr. M. A. Königsmark S. 18: Derf. Denkwürdigkeiten der Gr. M. A. Königsmark I. 126. Preuß, Friedrich der Große III. 167 not. 1. Fr. Förster, Friedrich August II. S. 419 not. *. Schon Blessig in seiner

Bedenken, obwohl der Name der Mutter nicht bezeichnet ist, in der „vornehmen Frau" die Gräfin Königsmark anzuerkennen. Sie hatte den Sommer und Herbst in Queblinburg, wo sie sich um eine Stelle im Stifte bewarb, zugebracht[3] und das von dort nicht sehr weit entfernte stille Goslar mochte ihr ein sehr geeigneter Ort zu ihrer heimlichen Niederkunft erscheinen. Doch blieb das Ereigniß nicht lange verschwiegen, denn schon bald darauf meldete ein Brief v. Menken's aus Wolfenbüttel nach Dresden: „un joli poupon, jeune aventurier de quinze jours, a commencé ses aventures, en allant dans son berceau en carosse avec sa nourrice de Goslar à Hambourg: on dit, qu'il va commencer son roman pour mettre une fin à celui de sa mère, qui n'est pas sa nourrice, mais doit être sortie de regis medulla. Voila une jolie fin d'une famille, qui a été tant considerée dans le monde."

Wenn übrigens der Briefsteller hier andeutet, daß das Herzensverhältniß Friedrich August's zu der Mutter des Kindleins sich bereits gelöst habe, so ist dies richtig: ein körperliches Leiden Aurora's soll dabei mitgewirkt haben. Die Gräfin war jedenfalls zu stolz und auch zu klug, um den vergeblichen Versuch zu machen, den König, dessen Unbeständigkeit sie erkannt hatte, wieder an sich zu ziehn und zu fesseln: mochte sie sich aber auch über den Verlust seiner Liebe zu trösten wissen, schwerer ward es ihr, sich von dem politischen Einflusse verdrängt zu sehen, für dessen Wiedererwerbung und Erhaltung sie auch später kein Opfer scheute. Auf diesem Felde trat ihr aber insbesondere der General-Feldmarschall Graf v. Flemming entgegen, der keinen Nebenbuhler weibli-

---

Trauerrede auf Moritz gibt richtig Goslar als seinen Geburtsort an, siehe Sammlung von Lobschriften auf Moritz Gr. v. Sachsen, Carlsruhe 1777, S. 115 not. b. Zugleich beweist das Kirchenbuch, daß Moritz nur diesen Namen bei der Taufe erhalten hat, während wir in einigen Schriften ihm auch den Namen Herrmann (Arminius) beigelegt finden.

[3] Cramer, Denkwürdigkeiten ꝛc. I. 128.

chen oder männlichen Geschlechts dulden und am wenigsten es gestatten mochte, daß die Freundinnen des Königs Einfluß auf die Entscheidung politischer Fragen gewannen.

In einem der vielen interessanten Aufsätze, die sich vom Grafen Flemming erhalten haben, spricht er sich u. a. auch über sein Verhältniß zu den Damen aus, die sich der Gunst des Königs zu erfreuen gehabt, indem er sagt: „Le Roy aime les femmes, il est vrai, et qui ne les aimeroit! Mais le Roy les aime pour se délasser du faix des affaires et nullement d'un amour romanesque, cependant à cause des manieres belles et obligeantes de S. M., les Dames que le Roy a aimées, se sont mises dans l'esprit de se rendre absolument maitresses de sa volonté, même jusques au point de vouloir se rendre maitresses de ses affaires; le mal a été, que parmi les ministres, il s'en est trouvé d'assez complaisans, pour condescendre, par politique de cour, souvent aux desirs de ces Dames favorites, ce que de mon coté, je leur ay constamment refusé; m'offrant pourtant à le faire aussi, mais uniquement par les ordres du maitre et n'aiant jamais eu de tels ordres, je n'ay pû en façon que ce soit, condescendre à leurs souhaits: voila pourquoy ces Dames m'ont attribué trop d'autorité."

An einer andern Stelle sagt Flemming: Je me suis brouillé souvent avec les maitresses, lorsqu'elles ont voulu se meler d'affaires; j'ay respecté les deux susdites Dames (die Fürstin von Teschen und die Gräfin von Königsmark) et rien plus; je n'ay pas craint leur critique. J'ai fait d'abord un plan sur l'interet du maitre: je me suis opposé à ceux, qui ont voulu désabuser de l'autorité du maitre, ou qui ont voulu primer dans le conseil et par le cabinet. Les plans projettés par le ministère et approuvés par le Roy, m'ont servis d'ordres de S. M. et je m'y suis conformé dans l'execution, mais comme je n'ay pas communiqué ces plans ni aux favorits ni aux favorites, ils ont crié de même que les deux Dames et ceux qui

étoient accoutumés d'être gagné par l'argent et par les
benefices du Roy, que les choses n'alloient pas comme
autrefois et qu'on agissoit despotiquement."

Der junge Weltbürger, den wir auf der Reise nach
Hamburg verlassen haben, verweilte dort nicht lange, sondern
ward zunächst auf einige Zeit nach Berlin in das Haus eines
Kammerdieners Rousseau geleitet und von dort, nachdem er
der Amme entwachsen, nach Warschau gebracht, wo er mehrere
Jahre blieb. Wahrscheinlich begnügte man sich damals, ihn
mit seinem Vornamen Moritz zu bezeichnen, wir finden wenig=
stens die Angabe, daß er anfänglich den Namen „Graf von
der Raute" erhalten,⁴ ebenso wenig actenmäßig bestätigt, als
sich die Zeit mit Bestimmtheit ersehn läßt, von der an er
den Namen Graf von Sachsen geführt hat. In den ihn be=
treffenden Rescripten wird er bis zur Mitte des Jahres 1710
nur „der junge Graf Moritz" genannt, während er schon
früher in Privatcorrespondenzen als Graf von Sachsen be=
zeichnet wird.

Im Jahre 1703 finden wir Moritz in Breslau, in dessen
Nähe seine Mutter 1698 das Rittergut Wilzen gekauft hatte,⁵
später in Leipzig unter der Obhut seines Gouverneurs d'Élorme
(so schreibt er sich selbst, während gedruckte Quellen ihn Delorme nennen) und des Sousgouverneurs d'Alençon. Zwi=
schen Beiden entstanden aber wiederholt Differenzen, die nach=
theilig auf die Erziehung des Knaben einwirkten. Obwohl
d'Élorme in einem Briefe an den König aus jener Zeit ver=
sicherte: „M. le Comte a toutes les inclinations belles,"

---

⁴ Ranft, Leben und Thaten des jüngstverstorbenen weltberühmten
Gr. Moritzens von Sachsen, Leipzig 1731 S. 6. Die Geschichte Moritzens
Gr. von Sachsen aus dem Französischen des Freiherrn von Espagnac.
I. 5 not. * Erneuetes Denkmal des General-Feldmarschalls Herrn Mo=
ritz Gr. von Sachsen, Leipzig 1777, S. 26. Cruse, Curland unter den
Herzögen I. 284.
⁵ Cramer, Denkwürdigkeiten ec. I. 171.

so ist doch gewiß, daß unter diesen schönen Neigungen die zum Lernen die am wenigsten entwickelte war.

Im Jahre 1704 sendete der König Moritz mit seinen Führern nach Holland, indem er eine Summe von 3000 Thlr. jährlich zu seinem Unterhalte aussetzte.

Für die Trennung von ihrem Sohne mußte die Gräfin v. Königsmark eine lebhafte Correspondenz mit seiner Umgebung entschädigen,[6] aus der Cramer[7] bereits ausführliche Mittheilungen gegeben hat, welche nächst Nachrichten über das Befinden des „vielgeliebten Geheimnißvollen," wie ihn ein Brief bezeichnet, auch Klagen[8] über seine langsamen Fortschritte enthalten. In einem Briefe aus Utrecht vom 9. November 1704 heißt es auch: „der Graf ist einst mit in Gesellschaft gewesen, da waren alle Weiber zusammen." Sein Führer d'Elorme verließ aber nach einiger Zeit seine Stellung und ein Offizier Namens v. Stötteroggen trat für ihn ein. Er begleitete Moritz im Jahre 1705 bei einem Besuche in Sachsen, von wo Beide wieder nach dem Haag zurückkehrten. Von dort schrieb Stötteroggen am 23. Januar 1706 über Moritz:

„Le cher petit Comte Maurice se porte parfaitement bien et profite beaucoup en tout ce qu'il apprend. Il est admiré icy de tous les grands et on le voudroit

---

[6] d'Elorme schreibt in einem Briefe an den König aus Utrecht den 16. October 1704 „la comtesse a marqué le desir qu'elle a de Vous plaire, Sire, en se separant de tout ce qu'elle a de plus chér au monde, après Vous."

[7] Denkwürdigkeiten ꝛc. II. 15 fl.

[8] Cramer, Denkwürdigkeiten II. 1, theilt einen Brief mit, den Moritz angeblich im Jahre 1700 an seine Mutter geschrieben haben soll: er erwähnt darin „un baux cheval, la house et les pistoles," die ihm die Gräfin versprochen habe. Jedenfalls hat Cramer die Jahreszahl falsch gelesen: der damals 4jährige Knabe, der so langsame Fortschritte machte, konnte gewiß noch nicht schreiben, am wenigsten wären ihm ein Pferd und Pistolen von Nutzen gewesen: wahrscheinlich ist der Brief aus dem Jahre 1709.

avoir partout, tant il est aimable. Il va souvent chez Madame la Princesse de West Frise, qui est icy avec Madame la Princesse de Radzivil, sa soeur. Nous sommes connus de plusieurs ministres publics, comme de Mr. de Gersdorff, de Mr. de Schmettau et de Mr. de Bothmar. Ils nous viennent voir et nous allons diner de tems en tems chez eux. J'espere qu'il soutiendra parfaitement bien un jour le rang, que sa haute naissance lui a donné. Sa Maj. n'aura pas non plus mal placé ses bienfaits et vous aurez la bonté, Monsieur, de nous en procurer la continuation. Selon la gazette Sa Maj. a erigé un nouvel ordre de chevallerie. Ce seroit une marque de son souvenir, si le jeune Comte en pouvoit être honoré. Un seigneur comme lui, ne devroit jamais être sans tel caractere."

Wir besitzen aber über jene Zeit auch Mittheilungen aus Moritz's eigner Feder in einem Bruchstücke seiner Memoiren; über diese wollen wir hier Einiges einschalten, um so mehr, als wiederholte Anfragen aus Frankreich deshalb an uns ergangen sind, nachdem die Revue Germanique, wie wir bereits erwähnt, der Auffindung dieses Schriftstückes gedacht hatte. Diese Memoiren, 36 Folioseiten lang, in französischer Sprache, befinden sich in einem Actenstücke des Haupt-Staats-archivs ohne nähere Angabe, wie sie dahin gelangt sind. Wir ersehn dies aber aus den Correspondenzen des General-Feldmarschalls Grafen von Flemming, in denen folgender Brief enthalten ist, den wir wörtlich wiedergeben, da er zugleich die Persönlichkeit des Briefstellers, dem Moritz sein Vertrauen geschenkt hatte, characterisirt:

„J'aurez l'honneur de dire à V. E., que Mr. le Comte de Saxe me pria un jour de luy coppier quelques papiers et je crois qu'il en aura du chagrin par la suitte. Comme cela regarde particulierement V. E., j'en tiré une copie pendant un voyage qu'il fit à Versailles et il me demanda à son retour, si je n'avois montré cette ouvrage à personne, je l'assuré que non, comme il est vrai, mais je n'eu garde de luy dire, que j'en avois tiré copie et s'il le sçavoit, il donneroit part de son bien pour le ravoir, et il aura beaucoup de chagrin, si jamais il scait, que cet ouvrage soit entre les mains de V. E., puisque cela la regarde directement. Cet ouvrage contient 36 feuillet de grand papier, que je ne peus confier qu' aux personnes, qui V. E. m'indiquera, après que je l'aurez bien cachetté, je laisse à la generosité de V. E. de m'acorder quelque gratification, qu'Elle jugera à propos, cette ouvrage est de consequence pour V. E. et pour la memoire à fin d'y remedier. J'ai l'honneur etc.

à Venise ce 19. Aoust 1724.   de St. Laurent."

Der Graf Flemming antwortete hierauf, St. Laurent möge das „ouvrage" ihm nur zuschicken und wenn er finde, „que les choses soient telles, que Vous l'avancez, j'aurois soin de Vous procurer une recompense du Roy." St. Laurent kam der Aufforderung nach und sendete die uns, wie gedacht, vorliegende Abschrift ein, deren Empfang Graf Flemming unter dem 12. März 1725 bekannte. Flemming war zwar über den Inhalt des Bruchstücks, in dem seiner auf eine wenig schmeichelhafte Weise gedacht ward, so wenig befriedigt, daß er eine ausführliche Widerlegung niederschrieb, er wünschte aber doch lebhaft, in den Besitz der Fortsetzung zu gelangen und forderte daher unter Zusicherung einer „recompense proportionné au service" St. Laurent auf, er solle von Venedig nach Paris zurückkehren, „afin de pouvoir m'apporter la suite de l'ouvrage." St. Laurent ging nun auch nach Paris und überschickte zunächst „la minute de ce travail," die wir aber nicht aufzufinden vermocht haben, und bat um Geduld, weil er einen günstigen Moment abwarten müsse. Flemming bewährte diese auch, und sendete St. Laurent in einzelnen Posten 400 Thlr., wogegen dieser ihm im Laufe des Jahres 1726 wiederholt versicherte, daß er bereits im Besitze der Fortsetzung der Memoiren sei, welche die Zeit bis nach der Verheirathung des Grafen umfasse mit dem Bemerken „cet ouvrage vaut mille pistoles." Als St. Laurent hinzufügte: „il est très necessaire, que j'aille joindre la personne en question, ou elle fera sa residence pour achever le reste de cet ouvrage, parce qu'elle a toute la confiance possible en moi," schickte Flemming ihm abermals 100 Thaler, verlangte aber, St. Laurent solle ihm sofort das, was er bereits erlangt habe, übersenden. St. Laurent antwortete aber, er habe die Fortsetzung noch nicht erlangen können.

Die Correspondenz über diese Memoiren bricht schließlich mit einem Briefe Flemming's vom 14. Juni 1727 ab, in welchem er St. Laurent schreibt, daß er schon längst den Verdacht gehegt, daß er ihn mit Unwahrheiten berichtet, „ainsi quoique j'aye bien voulu continuer ce jeu, je n'ay été votre dupe que volontairement." Die Fortsetzung der Memoiren, wenn sie überhaupt existirt hat, ist demnach nicht an Flemming gelangt und scheint, da wir nirgends eine Spur davon gefunden, verloren gegangen zu sein.

Soviel den Inhalt der Memoiren anlangt, so beginnen sie mit folgender Einleitung:

„On dit, que la feneantise est la mere de tous les vices et je ne me serais assurement jamais avisé d'escrire le journal de ma vie, si l'oisiveté ne m'en avoit donné la demangeaison. Je me propose pourtant une aparence raisonable et il faut que je la dise, pour faire amende honnorable au lecteur qui est, qu'en pensant au passé, on s'instruit pour l'avenir. La verité des journaux, celle des plans, les dispositions pour les attaques et les marches et le detail exact de toutes les affaires, ou je me suis trouvé, peuvent me tenir lieu de quelques choses, apres tout, je veux bien que le publicq s'en prenne à moy, si jamais cet ouvrage voit le grand jour, et pour tout dire enfin, j'espere qu'il m'amusera avec quelques vielles guerries dans un age ou le souvenir des plaisirs passes est l'unique ressource."

Hieran schließen sich Notizen über des Verfassers erste Jugend, die wir sobann im Zusammenhang wiedergeben wollen. Er fährt bann fort: „mais il faut auparavant, que je fasse le portrait de la cour d'Auguste pourlors et que je rapporte quelques faits de ce tems, ce qui donnera part de toutes choses": es folgen nun auf sechs Bogen Bemerkungen von geringer Erheblichkeit über den König, den General v. Steinau, Beichling, insbesondere aber über den Grafen v. Flemming, von dem er u. a. behauptet, daß er die Schuld an dem Kriege mit Schweden trage: dann kommen Nachrichten über Vorkommnisse in den ersten Jahren des norbischen Kriegs, über die Schlacht bei Fraustadt (1706), die Persönlichkeit des Lord Peterborough c.

Erwähnenswerth erscheinen einige Details, welche Moritz über die Schlacht bei Kalisch am 29. October 1706 folgendermaßen erzählt: „Der König commandirte in dieser Schlacht, die so siegreich war als irgend eine, in Person und fand in ihr seine Genugthuung für die erste Schlacht, die er gegen die Schweden verloren hatte: denn er commandirte selbst nur in der ersten und letzten Schlacht dieses Kriegs. August hatte zwei seiner Minister[9] nach Sachsen mit unbedingter Vollmacht geschickt, um über den Frieden mit dem Könige von Schweden zu verhandeln, der am Tage der Schlacht bei Kalisch schon bem Abschluß nahe war."[10] Der König ließ daher bem Marschall von Reinchelt (so steht in unserer Vorlage, es war aber ber General Marbefelb), welcher die schwe-

---

[9] Bekanntlich waren der Kammerpräsident Anton Albrecht Frhr. von Imhof und der geh. Referendar Pfingsten mit den Friedensverhandlungen beauftragt.

[10] Der Altranstädter Frieden war von den sächsischen Abgeordneten mit Vorbehalt der Ratification bereits am 14/24. Septbr. 1706 unterzeichnet worden, was aber Pfingsten bem Könige verschwiegen hatte. Gretschel, Geschichte des sächsischen Volks und Staates II. 550.

bifche Armee commandirte, eröffnen, er glaube, daß der Frieden zwischen seinem Herrn und Ihm geschlossen sei und daß er wohl thun werde, wenn er sich zurückziehe und eine Schlacht vermeiden könne, daß Er aber, wenn die Schweden stehn blieben, gezwungen sein werde, ihn zu bekämpfen, da der Fürst Menzikoff bei Ihm sei und darüber an den Zaaren berichten würde. Reinchelt ließ dem Könige erwiedern, daß er keinen Befehl sich zurückzuziehn von dem Könige, seinem Herrn, erhalten habe, daß er die Gelegenheit zu günstig und sich hochgeehrt finde, einem so großen Könige gegenüber zu stehn, daß dies der schönste Tag seines Lebens sein und er das Möglichste thun werde, ihn der Gegenwart des Königs würdig zu machen.

Die Schweden wurden aber von den Polen gänzlich verlassen und, zugleich in der Fronte und den Flanken angegriffen, gänzlich über den Haufen geworfen. Der König ließ, da er bloß Cavallerie zur Disposition hatte, diese absitzen und die schwedische Infanterie angreifen, die, während ihre Cavallerie verfolgt ward, sich mit Wagen und Geschütz umgab und sich bis in die Nacht hinein verzweifelt wehrte. Am Morgen stand noch das Regiment Joyeuse unter den Waffen, entschlossen, bis zum letzten Mann zu kämpfen. Es war dieses ein französisches Regiment, welches in sächsischem Dienste gestanden hatte, aber in der Schlacht bei Fraustadt mit Fahnen und Offizieren zu den Schweden übergegangen war. Der König ließ ihnen Gnade verkünden, weil sie sich wie wackere Leute geschlagen, nahm sie wieder in seinen Dienst und ermahnte sie, ihm künftig so treu zu dienen, wie sie den Schweden gedient, dies sei der Lohn, den er von ihnen verlange.

August blieb die Nacht über auf dem Schlachtfelde und saß mit seinen Generalen um ein Feuer, als ein Mensch sich, ohne den König wahrzunehmen, näherte. Er war ganz nackt und mit Blut bedeckt, sein Kopf, seine Schultern und seine Arme waren von Säbelhieben, die jedoch nicht sehr tief eingedrungen waren, ganz zerfleischt. Er trug eine Partisane, an deren Spitze ein Hase hing. Alles lachte laut auf beim Erscheinen dieser sonderbaren Gestalt, die aber hierüber in einen furchtbaren Zorn ausbrach. Der König fragte den Mann, wer er sei? Letzterer erwiederte, indem er seine Stimme etwas mäßigte, er habe die Ehre, seit einigen Jahren in Sr. Majestät Diensten als Dragonercapitain zu stehn, heiße d'Escliniac, sei Gascogner von Geburt, aber nicht von Profession: er habe die Partisane auf dem Schlachtfelde aufgelesen, um sich zu vertheidigen und den Hasen, um ihn zu verspeisen und sei auf das Feuer zugegangen, an dem er nicht so gute Gesellschaft zu finden erwartet, um seine Beute zu braten. Der König befahl, ihm Kleider zu geben und Sorge für ihn zu tragen. Am Morgen darauf besuchte der König das Schlachtfeld. Gleichzeitig suchte der Diener des Obersten eines Cuirassierregiments, v. Gersdorf, nach der Leiche seines Herrn; er fand den Körper unter einem Haufen von Todten. Gersdorf war ein alter Mann, ebenso kräftig als barsch: er hatte einen Säbelhieb durch beide Augen erhalten, zwei Kugeln waren ihm durch den Leib gegangen, doch lebte er noch, mit rauher Stimme rief er, als der Diener ihn berührte, wer stört mich im Sterben? Nachdem der Diener sich ihm zu erkennen gegeben, fragte er nur, wer hat die Schlacht gewonnen? Auf die Antwort „der König," rief Gersdorf: „Ich sterbe zufrieden," und verschied mit diesen Worten. Dies ging vor den Augen des Königs vor sich, welcher Gersdorf in seinen Wagen legen ließ, aber alle Wiederbelebungsversuche blieben vergeblich."

Allem Uebrigen, was die Memoiren über den Krieg in Polen bis zum Jahre 1706 erzählen, mögen wir nur eine geringe Wichtigkeit beilegen, da die Ereignisse in die früheste Jugend Moritz's fallen und er hier nur von Hörensagen berichten konnte: Graf Flemming mag daher wohl Recht haben, wenn er in seiner Widerlegung den Verfasser auffallender Irrthümer zeiht. Wir wollen nur noch erwähnen, was Moritz über den Besuch des Königs Karl XII. von Schweden in Dresden am 5. September 1706 berichtet. Hiernach erfuhr Flemming die ganz unerwartete Ankunft des Schwedenkönigs sehr bald und eilte sofort in das Zimmer, in welchem Friedrich August sich mit Karl XII. befand: Beide standen beim Eintritt Flemming's so, daß Karl XII. ihm den Rücken kehrte: Flemming gab nun Friedrich August ein Zeichen, er möge Karl XII. festnehmen (de se saisir du Roy de Suede), allein Friedrich August schüttelte den Kopf: Karl XII., der dies wahrnahm, drehte sich rasch um und sah jetzt erst Flemming, dem Friedrich August nun, um jeden Verdacht zu beseitigen, zurief, er solle sofort ein Reitpferd für ihn bereit halten lassen, da er seinen Gast bei der Rückkehr begleiten wolle. Tags darauf fragte Karl XII. den Grafen Piper, der in tiefe Gedanken versunken schien, worüber er nachdenke? die Antwort war, er denke, wie sich die Herren Sachsen heute ärgern würden, über die Dummheit, die sie gestern begangen. Karl XII. erwiederte, er habe sich auf sein gutes Glück verlassen und auf die Rechtlichkeit des Königs August.[11] In der Letztern hatte er sich allerdings nicht getäuscht.

Nach dieser Episode kommt Moritz in seinen Memoiren wieder auf sich zurück und erzählt seinen im Jahre 1709 erfolgten Eintritt in das Militair und seine Reise bis Hannover. Die Erwähnung dieser Stadt bringt ihn auf den Grafen Königsmark und mit seiner ausführlichen Erzählung über dessen Ende brechen die Memoiren ab. Sie haben also, abgesehn von der bereits von uns veröffentlichten Erzählung über den Gr. Königsmark, hauptsächlich nur inso-

---

[11] Die Persönlichkeit Friedrich August's hatte überhaupt auf Karl XII. einen günstigen Eindruck gemacht: er schrieb über ihn aus Altranstädt den 23. Decbr. 1706 seiner Schwester Ulrike Eleonore: „er ist heiter und von einem liebenswürdigen Humor: er ist nicht sehr groß von Wuchs, aber kräftig gebaut, ein wenig corpulent und trägt keine Perrücke: seine Haare sind dunkelbraun." S. Geffroy lettres inédites du Roi Charles XII. Paris 1853 p. 25.

fern historischen Werth, als darin der Graf von Sachsen über
seine erste Jugendzeit selbst berichtet: wir geben seine diesfall=
sigen Mittheilungen hier in der Uebersetzung wieder, um die
Leser nicht mit zu vielem, noch dazu ziemlich mangelhaftem
Französisch zu ermüden.

Moritz sagt zwar in der Einleitung, daß er den Anfang
seines Lebens erst von seiner Verpflichtung zur Fahne am
15. Jan. 1709 rechne (voila d'ou je compte le commencement de ma vie et d'ou j'en commence le journal, le reste
étant de puerilité, que je ne toucherai qu'en général),
doch gibt er über die frühere Zeit folgende Nachrichten: „Ich
war so zerstreut, daß es unmöglich war, mir etwas zu lehren,
man glaubte, daß, wenn man das Clima verändere und meine
Lebensart „mon genie se changeroit," und schickte mich
zu Anfange des Jahres 1707[12] mit einem Gouverneur Delorme
und Untergouverneur d'Alencon nach Holland und mit einem
Kammerdiener „qui a le voir seulement faisait tomber en
syncope." Im Haag gab man sich vergeblich alle Mühe mich
zu unterrichten, ich erinnere mich, daß meine Lehrer sich vor=
nahmen, mir eine eiserne Maschine anlegen zu lassen „pour
me resserer le crane, assurant qu'il étoit entreouvert."
Manches lernte ich schnell, wie das Exerciren und Mathema=
tik; die Lecture mußte man aufgeben, denn wenn ich in einem
Buche studierte und man mich fragte, wo ich sei und was ich
gelesen? wußte ich keine Sylbe: mit der Arithmetik war es
nicht besser, wenn ich auf dem Papiere rechnen sollte, allein
wenn man mich im Kopf rechnen ließ, gab es keine Aufgabe,
die ich nicht schneller gelöst hätte, als Andere auf dem Papier.
Ich war ganz wie „le diable qui fait ce qu'on ne lui demande pas" und ich lernte ohne Unterricht perfect hollän=
disch in weniger als sechs Monaten. Mein Gouverneur er=
stattete Bericht über meine Fortschritte und bemerkte, daß er

---

[12] Der Verfasser irrt sich hier oder es waltet ein Schreibfehler ob,
es war vielmehr im Jahre 1704.

es aufgegeben habe, mir etwas zu lehren, weil eine Vereinigung von „stupidité et légèreté" in mir sei, welche er nicht bekämpfen könne. Man schickte mir einen gewissen Schelle,[13] der später Professor in Leipzig ward, als Lehrer: wir waren zuerst die besten Freunde von der Welt, er lehrte mir Latein, Geschichte u. s. w. wie einem Papagei, denn nach der dritten Stunde gab er es auf, mir lesen zu lehren wie die Andern. Zu Ende des Jahres 1708 kam ich nach Sachsen zurück und am 5. Januar 1709 kam Herr v. Schulenburg in mein Zimmer und sagte mir im Namen des Königs, daß dieser mich zum Soldaten bestimme, daß ich mich bei ihm bedanken solle und daß wir den nächsten Morgen abreisen würden, meine Equipage sei fertig und von meinen Leuten dürfe ich nur meinen Kammerdiener mitnehmen.

Ich war außer mir vor Freude, besonders darüber, daß ich nun keinen Gouverneur mehr haben werde. Schulenburg hatte mir eine Uniform machen lassen: ich ward in dieselbe gekleidet, man schmückte mich mit einer großen Degenkoppel und einem langen Degen. Kamaschen à la Saxonne vollendeten meine militairische Ausrüstung, in der ich zum Könige geführt ward, um ihm die Hand zu küssen. Ich speiste bei ihm und man ließ mich stark auf seine Gesundheit trinken. Das Gespräch kam darauf, daß ich in der Geometrie wohl bewandert sei, gut zeichne und Fertigkeit in der Aufnahme von Plänen besitze. Der König sagte zu Schulenburg, er erwarte, daß alle Pläne, die er ihm schicken werde, von meiner Hand gezeichnet seien. Ich will, fuhr er fort, daß sie den Patron schütteln, wie er es nöthig hat und ohne alle Rücksicht, das wird ihn abhärten. Lassen sie ihn gleich zum Anfange bis Flandern zu Fuß marschieren. Dieser Vorschlag war nicht nach meinem Sinne, ich wagte aber nicht etwas zu sagen. Schulenburg antwortete für mich (in an sich gewiß sehr angemessenen Worten, die aber sicher meinen Gedanken nicht entsprachen), mein einziger Wunsch sei, daß meine Kräfte

---

[13] Cramer, Denkwürdigkeiten ꝛc. II. S. 33.

meinem Eifer entsprechen möchten und dergleichen. Am wenigsten wollte mir das zu Fuße gehn behagen, viel lieber hätte ich mich bei der Cavallerie gesehn und ich brachte es auch in Vorschlag, ward aber derb heim geschickt. Der König sagte zu Schulenburg, ich will durchaus nicht, daß man ihn auf dem Marsche mit dem Tragen seiner Waffen verschone, seine Schultern sind breit genug, daß er sie selbst tragen kann, und vor Allem gestatten Sie nicht, daß er seine Wachen bezahle, wenn er nicht krank und zwar ernstlich krank sein sollte. Ich spitzte die Ohren und fand, daß der König, den ich immer so freundlich gefunden, heute wie ein Araber rede; wie ich aber daran dachte, daß ich doch nun des Gouverneurs ledig sei, vergaß ich Alles und hielt mich für den Glücklichsten aller Sterblichen. Der übrige Theil des Tages verging unter Abschiednehmen und am folgenden Morgen verließ ich Dresden in dem Wagen meines Generals. Wir blieben zu Nacht in Selbitz bei „Mr. Benquoldorf" (Benkendorf?) und reisten den andern Tag nach Leipzig, wo wir 8 Tage verweilten. Hier erhielt ich meine mir vom König geschenkte Equipage, sie bestand in vier kleinen Handpferden mit vollständigem Geschirr, einer Berline und 12 Maulthieren, einer angemessenen Anzahl Diener und einem Stallmeister, aber als unangenehme Zugabe befand sich auch ein Gouverneur „sous le titre de gentilhomme" dabei, der Bruder meines letzten Gouverneurs Mr. Desteste. (?) Am 15. Januar 1709 ließ Schulenburg das Corps bei Lützen die Revue passiren, man stellte mich in das erste Bataillon ein, gab mir eine Flinte in den Arm und ich ward zur Fahne verpflichtet. Schulenburg stützte sich auf den Stein, der die Stelle bezeichnet, wo Gustav Adolf fiel, er umarmte mich, nachdem ich den Fahneneid geschworen und sagte: ich wünsche, daß dieser Ort Ihnen von so günstiger Vorbedeutung sei, wie ich sie ihm entnehme: möge der Geist des großen Mannes, der hier starb, auf Ihnen ruhen, möge seine Milde, seine Strenge und seine Gerechtigkeit Sie in allen ihren Handlungen leiten. Seien

Sie ebenso gehorsam dem Befehl, als streng im Commando, seien Sie nie nachsichtig aus Freundschaft oder Rücksichten, selbst bei kleinen Vergehn. Bleiben Sie untadelhaft von Sitten und Sie werden die Menschen beherrschen: es ist dies die unerschütterliche Grundlage unseres Berufs, die andern Eigenschaften, welche unsere Laufbahn befördern, sind Geschenke der Natur und Ergebnisse der Erfahrung. Ich antwortete ihm, daß ich das günstige Vorzeichen annehme und daß ich seine Lehren zu benutzen wissen werde. Er umarmte mich ein zweites Mal und ich trat in die Front zurück. Am Abend stellte mich Schulenburg dem Offiziercorps vor und ich gab ein Souper von 100 Couverts. Am 16. Januar setzte sich das Armeecorps in Marsch nach Flandern:[14] ich war stets zu Fuß; mein Oberst, von Preuß, leistete mir, obwohl er in Jahren schon vorgerückt war, mit einigen andern Offizieren dabei Gesellschaft. Um mich zu unterhalten, ließ er einen Dudelsackpfeifer und einige Soldaten, welche lustige Lieder zu singen verstanden, an die Spitze des Bataillons treten. Die andern Soldaten lernten die Lieder bald auch und stimmten, sobald eines begonnen ward, mit ein: nie habe ich wieder einen so lustigen Marsch gemacht, auch desertirte uns kein Mann. Glücklicherweise fror es, so daß die Wege nicht schmutzig waren, doch konnte ich auf die Länge das Marschieren nicht aushalten, meine Füße waren an 20 Stellen wund, die schwere Flinte hatte mir die Schultern braun und blau gefärbt, man war genöthigt, mich einige Tage reiten zu lassen: die Soldaten verhöhnten mich aber und sowie es mir nur möglich war, ging ich wieder zu Fuß. Schulenburg war zurückgeblieben, um noch Geschäfte zu erledigen, er holte uns bei Wolfenbüttel ein und ich speiste in seiner Ge-

---

[14] Bekanntlich befand sich dort bei der den Franzosen gegenüberstehenden Armee Marlborough's und des Prinzen Eugen von Savoyen ein sächsisches Hülfscorps, dessen Commando dem Generalleutenant Graf von der Schulenburg 1709 übertragen ward.

sellschaft bei dem alten Herzog Anton Ulrich, der mir viel Freundschaft erwies. Von da gingen wir nach Hannover, wo ich trotz des Vorganges mit meinem Oheim, sehr gut aufgenommen ward: ich wurde noch am Tage meiner Ankunft vom Churfürsten zum Souper eingeladen. Wir verweilten einige Tage dort."

Uebereinstimmend mit dieser Erzählung schrieb der Graf v. d. Schulenburg aus Hannover den 10. April 1709 „le Cte Maurice se porte bien, J'espère que je le mettrai sur un pied, qu'il profitera dans la suite plus, qu'il n'a pas fait jusqu'ici: il a été fort bien reçû à Wolfenbuttel; aussi bien qu'ici. L'Electeur et l'Electrice l'ont vû et lui ont parlé tous les jours."[15]

Zugleich wird hierdurch die Fabel widerlegt, daß Moritz während der Reise des Königs Friedrich August nach den Niederlanden im Jahre 1708,[16] ihm heimlich zu Fuß nachgefolgt, plötzlich vor Lille erschienen sei und sogleich seine Tapferkeit bewährt habe.[17] Diese Thaten müssen wir daher aus der Laufbahn unseres Helden streichen.

Moritz hatte in dem Grafen von der Schulenburg einen

---

[15] Leben und Denkwürdigkeiten Johann Mathias Reichsgrafen von der Schulenburg I. 381, Leipzig 1834 (der Verfasser ist Albert Graf von der Schulenburg Closterroba).

[16] Ueber diese Reise siehe des Verfassers Aus vier Jahrhunderten N. F. I. 249 fl.

[17] Lettres et mémoires choisis parmi les papiers originaux du Maréchal de Saxe Paris 1794 I. p. VI. Die Geschichte Moritzens Gr. von Sachsen aus dem Französ. des Frhrn. von Espagnac I. 5. Histoire de Maurice Cte de Saxe, Dresden 1752 I. 59. Sammlung von Lobschriften auf Moritz Gr. von Sachsen. Carlsruhe 1777 p. 52. 117. Böttiger Geschichte des Kurstaates und Königreichs Sachsen II. 249. Arneth Prinz Eugen von Savoyen II. 30. Cruse, Curland unter den Herzögen I, 284. Blessig. Trauerrede 2c. S. 117. De la Barre Duparcq Biographie et maximes de Maurice de Saxe, Paris 1851 p. 9. Der Verfasser des Lebens 2c. des Reichsgrafen von der Schulenburg hat bereits I. p. 488 not. 1 auf diesen Irrthum aufmerksam gemacht.

eben so umsichtigen, als liebevollen, väterlich für ihn sorgenden Obern gefunden. Mochte schon die Persönlichkeit des kräftigen, muthigen Knaben, der vor Eifer sich hervorzuthun brannte, Schulenburg's lebhaftes Interesse erregen, so ward dieses noch erhöht durch die freundschaftliche Verbindung, in welcher Schulenburg zur Gräfin Königsmark stand, die mit schwerem Herzen ihren erst 13jährigen Sohn schon den Gefahren des Kriegs ausgesetzt sah und deren besorgtes Mutterherz daher nicht müde ward, ihn Schulenburg zu besonderer Obhut zu empfehlen. Beide, die Gräfin von Königsmark und Schulenburg, waren einander auch dadurch näher geführt worden, daß sie in dem schon damals sehr einflußreichen Feldmarschall Grafen von Flemming einen gemeinsamen Gegner erkannten.

Schulenburg und Flemming waren schon in ernste Zerwürfnisse gerathen. Als Ersterer 1702 in sächsischen Dienst trat, stand Graf Flemming bereits in hoher Gunst bei König Friedrich August. Beide strebten nach demselben Ziele und verfolgten sich daher mit eifersüchtigem Auge. Es kam sehr bald zwischen ihnen zu Reibungen, die im Jahre 1706 zu einem Rencontre eigenthümlicher Art führten, über welches uns eine Niederschrift anscheinend aus der Feder des Grafen Flemming selbst vorliegt, deren Inhalt wir hier wiedergeben wollen, da von dem Verfasser der bereits von uns angezogenen ausführlichen Biographie des Grafen Schulenburg der Vorgang nur kurz mit der Bemerkung erwähnt wird, daß die nähern Umstände nicht bekannt seien.[18] Die Erzählung lautet also:

"Nachdem Königl. Majestät dem General von der Cavallerie Grafen von Flemming das Commando über Ihre hier im Lande stehende Truppen anvertraut, so trug es sich zu, daß der Generalleutnant Schulenburg des Grafen von Flemming Ordre zuwiderhandelte und darunter Königl. Ma-

---

[18] Leben und Denkwürdigkeiten ꝛc. I. 202. Förster, die Höfe und Cabinette Europas III. 312 not. *

jestät Autorität mißbrauchte. Dannenhero der General Flemming die Sache für etwas delicat ansah und mit Bestand das Werk recht anzufangen, mit dem Hr. von Schulenburg in Präsenz der Generalmajors Benediger und Borke einen Discours von der Subordination im Allgemeinen anfing, wobei dann der Generalleutnant Schulenburg, unwissend, worüber man sprechen wollte, gegen sich selbst decidirte. Letztlich mußte er sich aber ja besinnen, daß der Discours auf ihn abziele, da er dann kahle Exceptiones dawider vorbrachte und die Sache dahin gerieth, daß der Schulenburg dem General Flemming sagte, er wisse nicht, daß er das Commando hätte. Flemming wollte ihn redressiren, jener aber die Sache soutenieren und zwar mit Geberden und Worten, so sich auf dem Schlosse nicht schicken, worauf Flemming ihm sagte, wenn er ihm so sprechen wolle, solle er ihm folgen. Im Heruntergehn trafen sie den Generalleutnant Tiesenhausen an, zu welchem der General Flemming sagte, ob er mit wolle, sie wollten die Festung besehn. Dieser willigte ein und setzte sich zu Flemming in den Wagen: sie fuhren nach der Ostrawiese, Schulenburg hinter ihnen her. Daselbst sagte Flemming, indem er den Degen zog: vous m'avez voulu disputer le commandement, nous disputerons ici le pas. Schulenburg antwortete darauf: ich disputire Ihm nicht das Commando, aber ich bin nicht an Ihn gewiesen. Dieses fand Flemming kahl, weil es sich von selbst versteht, daß wo eine Subordination besteht, der inferieur unter dem superieur steht, überdem auch die Degen schon gezogen waren. Also attakirte Flemming den Schulenburg, welcher ihm, ich weiß nicht ob aus Respect vor dem pas, einige Schritte zurückwich. Da aber das Erdreich sehr weich und Flemming ihn passiren wollte, kamen sie zur Prise, daß sie einander in die Degen griffen. Da Schulenburg einen großen scharfen Degen, Flemming aber einen kleinen Degen mit einer dreieckigen Klinge hatte, wollte Schulenburg daran profitiren und Flemming den Degen durch die Finger ziehn. Flemming aber hielt fest und bog den Degen zugleich. So warfen sie sich herum, bis daß sie wegen der schlimmen Erde niederfallen und sich wälzen. Tiefenhausen wollte sie auseinander bringen, ergriff die Degen und machte Flemming's Degen zuerst los: darauf wollte dieser von der Erde aufstehn, Schulenburg aber kam eher auf und drehte sich kurz wieder um, lief auf Flemming los, der keinen Degen mehr hatte, stieß auf ihn zu und sprach zugleich, demandez la vie, Flemming aber antwortete, ich werde Dir was .... begreift ihm seinen Degen, faßt denselben bei der Spitze, um Schulenburg mit seinem eignen Degen selbst zu verwunden, da es aber nicht angehn will, bricht er ihm den Degen entzwei, worauf Tiefenhausen sie auseinander brachte. Schulenburg aber hat zu männiglich Verwunderung einige alte Weiberreden herausgestoßen, welche Flemming auf gut pommersch beantwortete und sagte, er wolle sich nur die Hand, so ihm zerschnitten, curiren lassen und hernach wieder zu Diensten stehn. Schulenburg ist auch an der Hand geschnitten."

Unter diese wahrscheinlich nicht ganz unparteiische Relation ist von einer andern, als Flemming's Hand geschrieben: "Nach diesen hat der König beiderseits Generals Arrest antreten lassen."

Die beiden Kämpfer wurden damals zwar ohne Erneuerung des Kampfs wieder ausgesöhnt, allein der Groll haftete in ihnen und kam später wiederholt, wenn auch ohne blutige Folgen, zum Ausbruch.[19]

Schulenburg, der schon im Jahre 1708 in den Niederlanden, jedoch ohne selbstständiges Commando mit zu Felde gewesen, sich ausgezeichnet und insbesondere die Anerkennung und Achtung des Prinzen Eugen von Savoyen erworben hatte, ward jetzt (1709) mit größern Commandos betraut. Bei der Belagerung von Tournay, die am 6. Juli 1709 begann, erhielt er einen wichtigen Posten und hier war es, wo

---

[19] S. u. a. Leben ꝛc. Schulenburg's Th. I. S. 323.

Moritz seine erste Waffenthat vollbrachte: 36 Jahre später stand er vor derselben Stadt an der Spitze des französischen Heeres, welches er jetzt bekämpfte. Daß Moritz sich in den Tranchéen vor Tournay vor den Kugeln nicht gescheut, wollen wir nicht bezweifeln, wenn wir auch die Angabe gedruckter Quellen,[20] daß er sich so exponirt, daß er zweimal in größter Lebensgefahr geschwebt habe,[21] ebensowenig vertreten mögen, als die Behauptung, daß er bei der Belagerung als Generaladjutant gebraucht worden sei. Wir lesen ferner, daß, als die Alliirten, um Mons zu belagern, ein Commando Cavallerie abgesendet, bei dem jeder Reiter einen Infanteristen hinter sich auf das Pferd nahm, Moritz einer der Ersten gewesen, der so über einen Fluß gesetzt, sowie daß er bei einem Scharmützel am 10. September 1709 fast gefangen worden, aber seinen Verfolger mit der Pistole vom Pferde geschossen habe. Ebenso wird behauptet, daß er an der Schlacht bei Malplaquet am 11. September 1709 Theil genommen habe, ja gedruckte Quellen wissen uns sogar die eigenen Worte des Knaben, mit denen er seine Befriedigung über sein Benehmen bei der Schlacht ausgesprochen, zu bezeichnen.[22] Es kann sein, daß etwas Wahres diesen Erzählungen zu Grunde liegt, möglich aber auch, daß alles Erfindung ist: französische Schriftsteller namentlich, welche über die ersten Thaten des Knaben zu einer spätern Zeit berichteten, wo er der Held Frankreichs geworden, bestrebten sich, ihn von seinen ersten Jugendjahren an mit einem romantischen

---

[20] Eloge de Maurice Cte de Saxe etc. discours qui a remporté le prix de l'Académie Françoise en 1759, Paris 1763 p. 8 nota. Sammlung von Lobschriften auf Moritz Gr. v. Sachsen, Carlsruhe 1777 S. 52. Blessig, Trauerrede ꝛc. S. 118. Lettres et mémoires etc. du maréchal de Saxe, Paris 1794 t. I. p. VI. de la Barre Duparcq a. a. O. p. 12.

[21] In der Tranchée soll sein Pferd unter ihm erschossen worden sein und beim Angriffe auf die Citadelle eine Kugel seinen Hut durchbohrt haben.

[22] U. A.: Lettres et mémoires etc. I. p. VII. Eloge de Maurice etc. p. 8. Histoire du Comte de Saxe dressée sur les mémoires de M. d'Alençon I. 51.

Nymbus zu umgeben und haben, wie wir noch weiter sehn
werden, ihrer Phantasie dabei so viel Spielraum auf Kosten
der Wahrheit gegeben, daß wir ihnen nichts glauben mögen, als
was wir selbst urkundlich belegen können. Gewiß hat insbeson=
dere Moritz am Abend des 11. September 1709, nach Beendi=
gung der Schlacht bei Malplaquet, die ihm in den Mund geleg=
ten Worte, „qu'il étoit content de sa journée," nicht gesprochen,
denn er hatte den Tag entfernt vom Kampfgewühl zugebracht,
da ihn Schulenburg beim Vorrücken zur Schlacht zurückließ,
eine Vorsicht, für welche die Gräfin Königsmark in einem
Briefe an Schulenburg ihren besondern Dank aussprach.[23]

Nach Beendigung des Feldzugs 1709 ging Moritz nicht,
wie gedruckte Quellen angeben,[24] nach Sachsen zurück, er war
auch nicht im Jahre 1710 mit vor Riga, sondern er blieb
den Winter hindurch mit seinem Führer v. Stötteroggen zu=
nächst in Brüssel, dann im Haag und Utrecht. Schulenburg
hatte vorgeschlagen, ihn in dem Jesuitercollegium zu Brüssel
unterzubringen, was aber seiner Mutter lebhafte Besorgnisse
erweckte: sie schrieb deshalb aus Hamburg den 29. October 1709
an Schulenburg:[25] j'ai songé à la religion qui couroit
risque; et en me voyant obligé en conscience, d'éloigner
le changement de la religion autant qu'il sera en mon
pouvoir, j'ose Vous supplier, Mr., de songer à un autre
expedient. Le Roi ne s'est jamais encore expliqué sur
le point de la religion du Cte de Saxe, je crois qu'il a
peut-être voulû voir premièrement, comment iraient
les conjonctures et en quel pays il pourroit l'établir,
il a souffert en attendant, que je l'élève dans la religion luthérienne où il a été baptisé." Wir bemerken

---

[23] Leben und Denkwürdigkeiten ꝛc. Schulenburg's I. 485, 488 not.
1. Förster, a. a. O. III. S. 431.

[24] Lettres et mémoires etc. I. p. VII. de la Barre Duparcq. a. a.
O. p. 15. Sammlung von Lobschriften auf Moritz Gr. v. Sachsen S. 53.

[25] Leben und Denkwürdigkeiten ꝛc. Schulenburg's I. 485. Förster
a. a. O. 431.

hier, daß Moritz der protestantischen Confession überhaupt treu geblieben ist und daß wir in den ganzen, uns vorliegenden Acten keine Andeutung finden, daß sein königlicher Vater versucht habe, ihn derselben abwendig zu machen. Der König ging auch jetzt auf die Bedenken der Gräfin ein, er bestand nicht auf der Aufnahme des Knaben in das Jesuitercollegium, indem er in einem eigenhändigen Briefe an Schulenburg aus Thorn den 13. November 1709 [26] mit der ihm eigenthümlichen souverainen Verachtung der für gewöhnliche Sterbliche geltenden Regeln der Orthographie beifügte: „Je serres bien esse (aise) si vous lesges Moriesse en quelques endrés ous il peus estudier, ce qui leui est tres necessere." Stötterroggen erhielt nun eine ausführliche Instruction, in welcher das Tagewerk seines Zöglings genau geregelt ward. Danach sollte Moritz täglich früh um 6 Uhr aufstehn, eine halbe Stunde war dem Ankleiden bestimmt, dem folgte Gebet, diesem das, aus einigen Tassen Thee bestehende, Frühstück: die Morgenstunden bis 1 Uhr waren dann dem Unterricht gewidmet (u. A. in der Genealogie, sowie 1 St. täglich im Zeichnen). Um 1 Uhr hatte er Fecht- und Tanzstunde, am Nachmittag zwei Stunden Arithmetik und Orthographie: im letztern Fache muß der Unterricht sehr mangelhaft gewesen sein, denn er folgte darin, wie wir noch später belegen werden, ganz dem Beispiele seines Vaters. Eine §. der Instruction besagt: „tout le travail, qui est sedentaire se fera avec un horloge de sable sur la table, afin que le tems ne se passe point en inutilités." Ferner heißt es: „le Comte ayant appris cette campagne plusieurs belles sentences morales latines et francaises, les ayant même dans plusieurs rencontres appliqués avec discernement, il les repetera tous les jours et en augmentera le nombre du moins de 3 ou 4 par semaine." Vor dem Schlafengehn ward noch Gebet und Bibellesen ange-

---

[26] Leben 2c. Schulenburg's I. 486 not. 1. Förster a. a. O. S. 432.

ordnet: seine Confirmation wurde auf Ostern 1710 festgestellt. Auch sollte Moritz genaue Rechnung über seine Ausgaben führen und sie seiner Mutter zusenden. Die letztere sachgemäße Vorschrift mag zwar befolgt worden sein, allein ihre Beachtung führte nicht zu einer Herstellung des Gleichgewichts zwischen Einnahme und Ausgabe: schon im Laufe des ersten halben Jahres war Moritz in Schulden gerathen, ein Uebel, das ihn später während des größten Theils seines Lebens verfolgen sollte. Dem Grafen Schulenburg allein schuldete er 1622 Thlr. 1 Gr. 4 Pf. für Darlehne in einzelnen Posten. Zum Nachweis, daß nicht Verschwendung diese Schulden veranlaßt, sendete von Stötteroggen ein specielles Verzeichniß der nothwendigen Ausgaben ein, aus dem wir als Curiosum nur die Angabe entnehmen: „Der junge Graf trägt wegen seines starken Beins schon vollkommene Mannsstrümpfe, denn die Strümpfe, so man ordinär für Knaben von 15—16 Jahren verkauft, sind ihm alle zu klein." Diese Rechnung überzeugte denn auch den König, daß eine Zulage nöthig sei und er erhöhete durch ein Rescript vom 21. Januar 1710 die für Moritz ausgesetzte Summe auf 4000 Thlr. jährlich. Dieser Zuschuß gestattete Stötteroggen für seinen Zögling noch andere Lehrer anzunehmen, u. a. Auber, der als „le plus fort maitre de langue" bezeichnet wird, für den Unterricht im Französischen. Auch trat Johann Friedrich Klemm als Untergouverneur oder Haushofmeister ein, der auch später in Moritz's Umgebung verblieb. Er ward im Jahre 1718 an seiner Tafel von 12 Grenadieren arretirt „wegen böser, höchst ungebührlicher Dinge, deren er beschuldigt worden;" näher wird sein Verbrechen, „das nach Sr. K. Maj. allergnädigster Willensmeinung in ewiger Vergessenheit bleiben sollte," in den Acten nicht bezeichnet. Bis zum October 1728 saß er auf dem Sonnenstein und ward erst auf wiederholte Verwendung des Grafen Moritz entlassen, nachdem dieser für ihn eine Caution von 2000 Thlrn. bestellt hatte, „für den Fall, daß Klemm

wider bessere Zuversicht dem geleisteten Urpheben in einem
oder dem andern Stück entgegenhandeln sollte." Zugleich
mußte Klemm schwören, „daß er aus was Ursachen er gefangen
gehalten worden, Zeit Lebens im Geringsten Niemand eröff=
nen wolle."

Noch haben wir hier einer Sage zu gedenken, welche
Moritz schon zu jener Zeit zum Helden eines romantischen
Liebesabentheuers mit einem zwölfjährigen Mädchen, Rosette
Dubosan, macht, die er nach Brüssel entführt haben sollte.
Der Verfasser der Histoire du Comte de Saxe weiß alle
Details in größter Ausführlichkeit zu berichten, wir verwei=
sen daher diejenigen, welche sich dafür interessiren, auf ihn,
um so mehr, als wir das Ganze für eine Fabel halten: denn
wenn Moritz als Vater eines von der Dubosan im August
1709 gebornen Mädchens bezeichnet wird, so steht dem schon,
abgesehn von dem Widerspruche mit dem gewöhnlichen Gange
der körperlichen Entwickelung, der Umstand entgegen, daß der
12jährige Knabe zu Ende des Jahres 1708, wie wir gesehn,
gar nicht in den Niederlanden war und erst im April 1709
dahin zurückkehrte. Moritz hat später so viele Siege im
Felde der Liebe errungen, daß wir in der That, um ihn in
dieser Beziehung zu verherrlichen, nicht bis in die Jahre sei=
ner Kindheit zurückzugreifen brauchen.

Während des Feldzugs im Jahre 1710 befand er sich
abermals bei der alliirten Armee in Flandern, er wohnte den
Belagerungen von Douay, Bethüne und Aire bei: in den
Tranchéen vor Bethüne ward Stötteroggen bedeutend ver=
wundet. Man erzählt,[27] daß der Prinz Eugen, als er wahr=
genommen, daß Moritz sich tollkühn exponire, ihm öffentlich
gesagt habe, „jeune homme, apprenez à ne pas confondre
la témérité avec la valeur." Nach Beendigung des Feld=
zugs ging Moritz wieder nach Utrecht, ward aber durch ein

---

[27] Lettres et mémoires choisis parmi les papiers originaux du
Maréchal de Saxe I. p. VII.

Schreiben des Feldmarschalls Gr. Flemming vom 3. Decbr. 1710 nach Sachsen berufen: ein Brief seiner Mutter aus Leipzig vom 26. Januar 1711 zeigte seine Ankunft daselbst dem Grafen Schulenburg an,[28] der Moritz mit väterlichen Ermahnungen entließ.[29]

---

[28] Leben 2c. Schulenburg's I. 487. Cramer, Denkwürdigkeiten 2c. I. 47.

[29] Die Briefe, die sie enthalten, s. im Leben 2c. Schulenburg's I. Beil. XXXVII. S. 490.

Zweiter Abschnitt.

Moritz bis zu seiner Vermählung 1714: seine Ehe und deren Trennung.

Als Moritz nach Sachsen im Jahre 1711 zurückkehrte, war ihm der Ruf seiner so frühzeitig bewährten Tapferkeit vorausgeeilt; dieser gereichte ihm bei seinem Vater, der selbst keine Gefahr scheute, zu besonderer Empfehlung: die Gräfin Königsmark glaubte diese günstige Stimmung benutzen zu müssen, um den König zu bewegen, des Knaben Zukunft zu sichern. Die für Moritz's Unterhalt ausgesetzte Summe hatte für seine Bedürfnisse nicht ausgereicht, selbst die Kosten seiner Feldausrüstung waren noch nicht vollständig bezahlt, die Gräfin Königsmark aber, welche die Verwaltung der Einkünfte ihres Sohnes führte, vermochte aus eigenen Mitteln das Fehlende nicht zuzuschießen, da ihre Vermögensverhältnisse weder geordnet, noch glänzend waren. Ihre und ihrer Schwester, der Gräfin Lewenhaupt, Bemühungen, in den Besitz des großen Vermögens zu gelangen, das ihr verschwundener Bruder, der Graf Philipp Christoph hinterlassen haben sollte, hatten keinen Erfolg gehabt: insbesondere blieb das Handelshaus der Gebrüder Johann Baptiste und Wilhelm de Hertogle[30] bei der Erklärung, „daß sie die Königsmarkischen Bücher, Rechnungen, Güter und Documente niemals in den Händen gehabt, sondern für den Grafen bloß Geldgeschäfte besorgt,

---

[30] So, und nicht de Hartog, wie wir früher (aus 4 Jahrhunderten II. 110) angegeben, lautet die eigenhändige Unterschrift der Brüder.

Gelder für ihn empfangen und auf seine Ordre wieder aus=
gezahlt und außer den von ihnen inventirten Sachen, nichts
mehr von den Königsmarkischen Gütern in Händen hätten."
Das Inventirte war aber von keinem sehr großen Werthe:
u. a. mag eine „siebenköpfige Schlange," die in den Acten
einmal als kostbares Pretiosum (40,000 Thlr. werth) bezeich=
net wird, hierbei sehr überschätzt worden sein, denn die Gräfin
Aurora schenkte sie, nachdem sie in ihren Besitz gelangt war,
als ein Andenken dem Obersten Stahl: es war aber ein ver=
hängnißvolles Geschenk. Der Oberst wollte das Kunstwerk,
wie ein Brief des Capitain von Manteuffel aus Hamburg
vom 20. November 1720 meldet, „als eine rareté Sr. Britan.
Maj. präsentiren: dieses hört der Viceadmiral Tiordenskiold
und spricht, Stahl, Ihr führt Euch recht als ein Quacksalber
auf, darauf replicirt Stahl: und Ihr raisonirt wie ein Ma=
tros." Dieser Wortwechsel führte zu einem Duell, in dem
Tiordenskiold blieb. In ihren finanziellen Bedrängnissen
sah die Gräfin sich denn genöthigt, auch ein goldnes Service
(in 24 Tellern, 8 Schüsseln, 2 Salzfässern, 2 Präsentirtellern
und Messer, Gabeln und Löffel für 2 Personen bestehend),
das sie wahrscheinlich der Freigebigkeit des Königs während
ihrer kurzen Glanzperiode verdankte, an den Statthalter Für=
sten Egon von Fürstenberg zu verkaufen. Die Mutterliebe
der Gräfin besiegte jetzt, nach Erschöpfung ihrer Mittel, ihren
Stolz, sie ging nicht für sich, sondern für ihren Sohn bittend,
den Grafen von Flemming um seine Verwendung beim König
an, allein der Graf zeigte sich dazu nicht bereitwillig: Aurora
nahm, darüber erzürnt, Moritz mit sich nach Quedlinburg.
Von hier aus wendete sie sich nun bringend an den König
selbst und ihre Bemühungen hatten endlich den gewünschten
Erfolg. Sie schrieb, nachdem sie nun nach Dresden zurück=
gekehrt, hierüber an den Grafen von der Schulenburg am
10. Mai 1711: „Le Roi a enfin reconnû le Comte de
Saxe par une recognition signée de sa main à tous les
colléges de Dresde et communiqué au conseil privé, au

conseil du cabinet et à la régence: il lui donne avec cela un Comté de dix mille écus de revenus: jugez, Mr., combien j'ai eu de bonheur cette fois dans mon voyage de Dresde."[31] In Uebereinstimmung mit dieser Notiz besagt die Mehrzahl der Druckschriften,[32] daß der König im Jahre 1711 Moritz legitimirt habe, allein es beruht auf einem Irrthum, wenn die Gräfin anführt, daß ein Rescript über die Legitimation den sächsischen Behörden mitgetheilt worden sei; ebenso ist es unrichtig, wenn mehrere Schriftsteller behaupten,[33] daß der König als Reichsvicar die Ernennung Moritz's zum Grafen von Sachsen ausgesprochen habe. Die Vicariatsacten enthalten darüber nichts und es hat sich überhaupt im Haupt-Staatsarchiv eine Urkunde über die Legitimation Moritz's ebensowenig als über seine Ernennung zum Grafen von Sachsen auffinden lassen. Wahrscheinlich ist das Diplom von Friedrich August als König von Polen in Warschau ausgestellt worden,[34] ebenso wie die Urkunden über die Legitimation und die Standesverhältnisse des Sohnes der Gräfin Lubomirska (später Fürstin von Teschen), Georg Chevalier de Saxe und der drei Kinder der Gräfin Coßell (die der letztern unter dem 22. Decbr. 1724). Nur über das Moritz verliehene Wappen findet sich in den Acten das Concept eines königlichen Erlasses ohne Datum,

---

[31] Leben und Denkwürdigkeiten Joh. Math. Reichsgr. v. b. Schulenburg I. 487.

[32] Nur bei Cruse, Curland unter den Herzögen I. 285, finden wir das Jahr 1714 angegeben.

[33] Ranft, Leben und Thaten des jüngstverstorbenen weltberühmten Gr. Moritzens von Sachsen, Leipzig 1751, S. 8. Erneuertes Denkmal des General-Feldmarschalls Moritz Gr. v. Sachsen, Leipzig 1777. S. 27. Zierschke, zuverlässige Beschreibung der hohen Generalität S. 220. Böttiger, Geschichte des Kurstaates und Königreichs Sachsen II. 264. Gretschel, Geschichte des sächsischen Volks und Staates II, 597.

[34] Nach einer Angabe in einem Briefe des Gr. von Flemming konnte der König von Polen als solcher zwar keinem Bürgerlichen den Adel ertheilen, wohl aber höhern Adelstitel (Freiherr, Graf, Marquis) verleihen.

das, nach der Reihenfolge in den chronologisch geordneten Acten, aus dem Jahre 1717 herrührt, des Inhalts: „Nachdem Wir Unseres natürlichen und legitimirten Sohnes Morizens von Sachsen[35] bisher geführtes Wappen zu ändern und vorjetzo wegen der Kürze der Zeit und instehender Reise in Unser Königreich Polen, zu Ausstellung eines förmlichen Diplomatis nicht gelangen können, als haben Wir ihme indessen aus Gnaden folgendes Wappen gegeben, als ein von Schwarz und Gold zehnfach quergetheiltes Schild mit einem schräg links gehenden Rautenkranz, worüber eine Krone mit acht Kleeblättern, darinnen eine rothe Mütze und um das Schild ein Hermelinmantel ist, dessen er sich nach Gelegenheit und in allen Begebenheiten gebrauchen und es ungehindert führen möge. Zu Urkund ist dieser Schein und Concession mit Unserer eignen Hand und Siegel bekräftigt worden." Es ward ihm also das sächsische Wappenschild verliehn, nur mit der Modification, daß der Rautenkranz nicht, wie in diesem, schräg rechts, sondern schräg links geht.[36]

---

[35] Daß Moritz hier nicht Graf genannt wird, beruht jedenfalls nur auf einem Versehn, denn er wird, wie bereits gedacht, schon in frühern Rescripten als Graf bezeichnet.

[36] Das von Moritz früher geführte Wappen hat uns in mehreren Siegelabdrücken vorgelegen, die aber nicht ganz deutlich waren: es zeigt ein viergetheiltes Schild mit einem Herzschilde; im Herzschilde eine gekrönte Säule, über welche ein Band (der Rautenkranz?) geht; möglicher Weise könnte die Figur aber auch ein hoher Hut sein; im obern rechten Felde ein Adler; im obern linken, schwarz und silber oder gold? getheiltem Felde, ein Schwert: im untern rechten, sternbesäeten Felde, eine fünfzüngige Flamme (undeutlich): im untern linken Felde ein ovaler, auf zwei gekreuzten kurzen Schwertern ruhender Schild (undeutlich): auf dem Helme die Wiederholung der Figur des Herzschildes, jedoch über der Krone noch einige Pfauenfedern; um das Schild ein Hermelinmantel. Wenn wirklich, wie Ranft, Leben und Thaten ꝛc. (Leipzig, 1746) S. 4 angibt, ein Diplom für Moritz als Grafen von der Raute unter dem polnischen Kronsiegel 1699 ausgefertigt worden ist, mag dieses Wappen darin Moritz verliehn worden sein. Wir bemerken übrigens, daß Johann Georg, Chevalier von Sachsen, in seinem Wappen ebenfalls eine mit dem Rau-

Was übrigens die Grafschaft anlangt, deren die Gräfin, Königsmark als ihrem Sohne verliehn, gedenkt, so hatte der König allerdings ihm die Herrschaft Tautenburg zugesagt, allein der Cardinal von Sachsen-Zeitz wußte die Uebergabe zu hintertreiben und es zu vermitteln, daß sie seinem Bruder, dem H. Moritz Wilhelm von Sachsen-Zeitz auf dessen Lebenszeit überlassen ward. Dagegen ward durch ein Rescript vom 16. April 1711 Moritz das Rittergut Sköhlen, das der König kurz vorher von dem Geheimen Rathe Adolf Magnus Frhrn. von Hoym für 55,000 Thlr. erkauft hatte, vom Könige geschenkt: „zu Unseres natürlichen Sohnes des Grafen Moritzens von Sachsen bessern établissement und Unterhalt bei dessen zunehmenden Jahren," wie es in dem Rescript heißt. Der König behielt aber den Rückfall an die Rentkammer für den Fall vor, daß Moritz „ohne eheliche Leibes-Erben über kurz oder lang versterben würde." Dieses Rescript ward den Behörden mitgetheilt. Es enthält außerdem noch die Bestimmung, daß die bisherige jährliche Pension von 4000 Thlrn. für Moritz bis auf fernere Verordnung richtig bezahlt werden solle, und daß der König „wegen des Amts Tautenburg, auf ein zulängliches Aequivalent" für Moritz „mit nächstem bedacht sein werde." Spätere Rescripte ordneten noch an, daß der Erbbrief über Sköhlen dem Grafen Moritz ohne Gebühren und Stempelentrichtung ausgestellt und derselbe mit den Präsentgeldern und der Vermögenssteuer von dem Gute verschont werden solle. Diese letztere Begünstigung begründete ein Rescript vom 5. December 1711 ausdrücklich darauf, daß Moritz jetzt mit dem Könige „zu Felde sei." Es bestätigt

---

tenkranz umschlungene gekrönte Säule, mit einem Adler über der Krone, führte: dieser († am 25. Februar 1774) ist nicht zu verwechseln mit Joseph, Chevalier de Saxe, einem Sohne des Prinzen Xaver von Sachsen aus dessen morganatischer Ehe mit der Gräfin Spinucci (Gräfin von der Lausitz): letzterer blieb am 26. Juni 1802 in einem Duell mit dem Fürsten Tscharbatow.

also diese Urkunde die Angabe zahlreicher Druckschriften,[37] daß Moritz an dem Feldzuge in Pommern Theil genommen. Er soll dabei den Uebergang über einen Fluß, auf dessen jenseitigem Ufer die Schweden sich verschanzt hatten, an der Spitze einer Reiterschaar erzwungen haben, indem er mit der Pistole in der Hand zu Pferde hinüberschwamm, wobei mehrere Soldaten neben ihm fielen. Ebenso soll er sich im Jahre 1712 in der Schlacht bei Gadebusch durch wiederholte kühne Reiterangriffe sehr ausgezeichnet haben, wobei ihm ein Pferd unter dem Leibe erschossen ward. Actenmäßige Nachweise über diese Thaten fehlen uns[38] und wir können auch nicht verschweigen, daß Ranft,[39] der uns über jene Zeit noch die zuverlässigsten Nachrichten gibt, die Theilnahme Moritz's an der Schlacht bei Gadebusch bezweifelt. Mag auch bei jenen Nachrichten Manches Fiction sein, so hat doch gewiß Moritz, wenn er in das Gefecht kam, die Kugeln nicht gescheut. Möglich, daß ihm sein tapferes Benehmen auch den Feldmarschall Gr. v. Flemming geneigter machte, wir finden wenigstens, daß die Gräfin Königsmark ihre Correspondenz mit diesem jetzt wieder anknüpfte und daß der Briefwechsel einen freundlichen Character annahm. Flemming erhielt sogar einen Brief in Versen von ihr, auf welchen er in gleicher Weise unter dem 6. Juli 1712 antwortete, indem er zugleich „réflexions sur

---

[37] Lettres et mémoires choisis parmi les papiers originaux du Maréchal de Saxe. tom. I. p. VIII. Eloge de Maurice Cte de Saxe etc. Paris 1763 p. 11 not. d. Erneuertes Denkmal ꝛc. S. 27. Sammlung von Lobschriften auf Moritz Gr. v. Sachsen ꝛc. Carlsruhe 1777, S. 53. Histoire de Maurice Cte de Saxe, Dresden 1752 p. 88. v. Espagnac a. a. O. I. S. 14. Cramer, Denkwürdigkeiten der Gräfin M. Aurora Königsmark II. 48. Böttiger, Geschichte des Kurstaates und K. Sachsen II. 253, de la Barre Duparcq, biographie et maximes de Maurice de Saxe, Paris 1851 p. 17.

[38] Wir finden nur einen Brief (unerheblichen Inhalts) von Moritz datirt Gripswalde (Greifswalde) den 10. October 1712, als Beleg, daß er damals dort war.

[39] Leben und Thaten a. a. O. (Leipzig 1751) S. 434 not. t.

la conduite qu'une dame doit tenir, pour conserver son amant" beifügte, von denen allerdings Aurora kaum einen practischen Gebrauch noch wird haben machen können. In ihrer Antwort vom 1. August 1712 ging sie auch darauf nicht weiter ein, sondern bat ihn nur um seine "bonnes graces au Cte de Saxe," indem sie beifügte: "V. E. trouve une occasion de s'employer en sa faveur par le deçes de Ramstorf, touchant les bien, qui en reviendront au Roy. Sa Majesté m'a fait defendre de me meller de ces affaires, mais il me sera permis, de Vous solliciter Mons., sans y paroitre en aucqu'une manniere. Vous aurez la bonté de me menager et de prendre à coeur une malheurese destinée si longtems traverssee." Flemming antwortete hierauf aus Landsberg a. d. W. am 4. August 1712: "J'ai recommandé au Roy les interets du C. de Saxe. S. M. fait paroitre beaucoup de bonne volonté, mais à l'egard de l'heritage de Ramsdorf, le Roy a trouvé la chose trop douteuse, pour en disposer en faveur du Cte de Saxe." Der hier erwähnte Ramsdorf war der Kammerherr Johann Friedrich von Wolframsdorff, der zur Untersuchung gezogen ward, weil man in ihm den Verfasser des bekannten Pamphlets "portrait de la cour de Pologne"[40] vermuthete. Vom Sonnenstein, wo er festgehalten worden, brachte man ihn im Juli 1712 nach Dresden, wo er am 30. dieses Monats starb. Er war also noch nicht einmal begraben, als die Königsmark schon seinen Nachlaß,[41] von dem sie vermuthete, daß er werde eingezogen werden, für ihren Sohn beanspruchte. In einem fernern Briefe aus Wolgast vom 4. September 1712 wiederholte Flemming seine Zusage, sich für Moritz zu ver-

---

[40] S. Fr. Förster die Höfe und Cabinette Europas im 18. Jahrh. B. III. S. 285 ff.

[41] Er besaß das Amt Mügeln, die Güter Saalhausen, Limbach, Colmen, Schlatitz, Sitten, Börtewitz ꝛc.: sein Nachlaß verblieb seinen Erben gegen eine Geldabfindung.

wenden, beklagte sich aber, daß ihm Aurora nichts mittheile von ihrer bevorstehenden Verheirathung: „car on m'assure, que V. E. se marie avec le Duc de Wolfenbüttel." Die Königsmark überging dies in ihrer Antwort vom 5. Septbr. 1712 mit Stillschweigen und erwiederte im Uebrigen: „ce seroit beaucoup de bonheur pour le Cte de Saxe, de se pouvoir flatter de la protection de V. E. Le Roy luy ayant fait ordonner de se rendre au siege de Stralsund, j'ose le recommander par ces lignes etc. Le Roy qui lui a fait la grace de le reconnoitre, s'attend peut-estre aux marques de Vostre bienveillance pour luy et V. E. aura la bonté de representer à Sa Majesté, que ces sortes d'enfants ont besoin d'estre soutenus et poussé par la faveur des grands." Auch an den König selbst schrieb die Gräfin Königsmark wiederholt im Interesse ihres Sohnes, allein die Briefe sind wahrscheinlich gar nicht in seine Hände gelangt, denn sie finden sich in Flemming's Correspondenzen wieder.

Im März 1713 war Moritz in Dresden: er scheint aber bei den Carnevalsbelustigungen, wenigstens als Tänzer, sich nur selten betheiligt zu haben, denn ein Brief der Gemahlin des Geheimen Raths v. Bose an ihren Mann vom 25. März 1713 meldet als eine Merkwürdigkeit, daß auf einem Balle bei Flemming: „les principaux danseurs ont été le Cte Moritz et le chancelier et cela sans raillerie." Bald darauf erfüllte der König einen lebhaften Wunsch Moritz's, er verlieh ihm ein Regiment.[42] Der junge Oberst eröffnete dies seiner Mutter mittelst folgenden Briefes:

„Madame

Il y a dejas si longtems que vous avez souhaite, que j'obtinse un regiment, que je me flatte, que vous ne trouverez pas mauvais, que j'en aye demandé un sans

---

[42] Espagnac und Andere lassen ihn schon den Feldzug 1712 mit einem von ihm errichteten Regiment mitmachen, was unrichtig ist.

vous avoir demandes vos avis, le tems etoit alors trop court. Mr. B. mandera le reste, en atendant je suis avec un profond respect Madame
. Dresden, ce 13 Juin 1713.
votre tres humble et fidelle
M. C. S."

Ranft gibt an,[43] es sei dies ein neues Cuirassierregiment mit roth und schwarzer Uniform gewesen, wir finden nur ein k. Rescript d. d. Warschau den 22. September 1713 an Flemming, worin es heißt: „ihr wollet unsern natürlichen Sohn Moritz Gr. v. Sachsen bei Unserm Beustischen"[44] Regiment als Obristen vorstellen lassen." Das Regiment, das Moritz erhielt, führte aber später seinen Namen, denn ein Schreiben vom 9. Novbr. 1713 erwähnt ausdrücklich „le régiment du Cte de Saxe," eine Bezeichnung, die sich auch später in den Acten wiederholt. Auch eine Erhöhung seiner Pension um 2000 Thlr. jährlich ward Moritz durch ein Rescript vom 5. September 1713 bewilligt.

Mit seinem Regimente zog Moritz nach Polen: am 17. August 1713 schrieb er aus Warschau an seine Mutter: „Mein Regiment geht zu dem Versammlungsort nach Sendomir und ich werde ihm bald nachfolgen," allein am 14. September war er wieder oder noch in Warschau.[45] Ein Brief des Grafen Vitzthum an den Fürsten von Fürstenberg aus Ostopke vom 8. October 1713 meldete, daß Moritz sich mit dem König daselbst in der angenehmen Gesellschaft der „Madame la grande marechalle, la Comtesse de Dönhof, sa soeur" und anderen Damen befand; der Briefsteller fügt bei: „Nous

---

[43] Leben und Thaten rc. Leipzig 1746. S. 5. Zirschke, Zuverlässige Beschreibung einer hohen Generalität, sagt, es sei ein Dragonerregiment gewesen.

[44] In einem Briefe d. d. Leipzig, 23. Mai 1713, hatte Moritz den König um „la place de colonel du regiment de Beust" gebeten.

[45] S. Cramer, Denkwürdigkeiten der Gr. M. A. Königsmark II. 52. 54.

tachons de nous passer le tems par les diversités des occupations, le mieux que nous pouvons. V. Altesse juge bien, qu'il nous ne manquera à des occupations, etant avec tant des femmes, dont une est capable d'occuper une compagnie bien plus grande que la notre."

Am Schlusse des Jahres 1713 war Moritz wieder in Dresden, und zwar ernstlich beschäftigt mit Vorbereitung eines neuen Lebensabschnittes, mit seinem Eintritt in die Ehe. Die Einleitungen, die man schon seit Jahren getroffen hatte, um ihm eine reiche Frau zu sichern, waren so eigenthümlicher Art, daß wir diese zeither, soviel wir wissen, noch ganz unbekannt gebliebenen Thatsachen hier etwas ausführlicher besprechen wollen.

Einer der reichsten Grundbesitzer Sachsens zu Anfang des 18. Jahrhunderts war Ferdinand Adolf v. Löben: er besaß die Güter Burkersdorf, Oberlichtenau, Wolkersdorf, Ober= und Nieder=Schönbrunn, Ober= und Nieder=Schwerta: seine Gemahlin, Catharina Elisabeth geb. v. Löben, hatte ihm nur eine Tochter, Johanna Victoria Tugendreich, geboren, die schon in ihrem 8. Lebensjahre einen Bewerber fand. Am 26. April 1706 schlossen die Eltern mit dem damaligen churpfälzischen Kammerherrn, Oberstleutnant Grafen Heinrich Friedrich v. Friesen[46] einen Vertrag, worin sie ihm ihre 8jährige Tochter verlobten und zur Ehe versprachen, in der Voraussetzung, „wenn der Herr Graf die Gegenaffection dieses Kindes werde erworben und bis an ihre Pubertät werde erhalten haben," und unter der Bedingung, daß „die Muhme des Grafen, die Gräfin v. Schellendorf, ihm nach ihrem Tode die Herrschaft Königsbrück zukommen lasse und darüber eine zu Recht beständige Erklärung ausstelle." Dies Letztere war

---

[46] Er war der Sohn des tapfern k. k. General=Feldzeugmeisters Julius Heinrich Frhr. v. Friesen, der 1702 in den Grafenstand erhoben ward. Seine Mutter war eine geb. Marquise de Montbrun. Kneschke, neues deutsch. allg. Adelslexicon III. 362. Leipzig 1861.

geschehn. Wenige Tage nach Abschluß dieses Vertrags starb Ferdinand Adolf von Löben. Seine Wittwe vermählte sich nach Ablauf der Trauerzeit mit dem Oberstleutnant Maximilian Leopold v. Gersdorff: dieser vermochte sich mit der Aussicht, das große Vermögen seiner Stieftochter in fremde Hände übergehn zu sehn, nicht zu befreunden, er wünschte es lieber in der Familie zu behalten und bestimmte daher seine Gemahlin, die Hand Victoria's seinem Brudersohn, einem Leutnant v. Gersdorff, zuzusagen. In Meffersdorf ward das willenlose Mädchen im J. 1707 diesem verlobt. Allein da man Widersprüche Seiten des Gr. v. Friesen zu besorgen hatte, ward eine Comödie gespielt, indem der Leutnant v. Gersdorff das Mädchen, anscheinend hinter dem Rücken der Mutter, entführte: in Neuendorf in Schlesien ließ er sich durch einen von ihm gewonnenen Geistlichen mit dem 9jähr. Kinde trauen und brachte dann seine Gemahlin, wie er sie nannte, ihrer Mutter zurück. Der Graf von Friesen war natürlich, als er von diesem Ereignisse Kenntniß erhielt, über die Verletzung seiner Rechte sehr erbittert, er zeigte den Vorgang in Dresden an, drohte mit einem Proceß und verlangte Ungültigkeitserklärung der nach den Kirchengesetzen nichtigen Trauung mit Gersdorff. Allein in Dresden hatte man bereits damals Pläne über die Zukunft des Mädchens entworfen und die Absicht gefaßt, die reiche Partie dereinst dem Grafen Moritz zuzuwenden, es ward denn die Gelegenheit, welche des Grafen von Friesen Anzeige zum Einschreiten bot, sofort benutzt. Ehe noch die Thatsachen ermittelt waren, erging unter dem 19. März 1708 vom Könige selbst an den Kammerherrn v. Ziegler ein Rescript des Inhalts:

„Wir lassen euch hiermit unverhalten, wasmaßen Wir aus besonderer gnädigsten Bewegnüs und wohlmeinender Absicht eure Curandin, die Fräulein von Löben mit einer anständigen mariage dereinst gerne versorget wissen möchten undt begehren zu dem Ende hiermit an euch, ihr wollet die Education derselben euch dergestalt angelegen sein lassen, daß sie durch treue und geschickte Leute in und zu allen ihrem Geschlecht geziemenden Tugenden und häußlichen Wissenschaften fleißig unterwiesen und angeführt werde, auch insonderheit Acht haben, daß man sie vor der Zeit und ehe sie eine ihr anständige Wahl selbst treffen kann, mit keiner mariage übereilen möge. Wie ihr denn bei Vermerkung dessen an Uns Bericht zu erstatten und Unserer alsdann darauf erfolgenden anderweiten Verordnung gebührend nach zu gehn, wie nicht weniger denen Eltern zu ihrer Nachachtung von dieser unserer Intention Part zu geben habt."

Der Kammerherr von Ziegler war zwar bereit, diesem Befehl, der ihm durch die Gräfin v. Coßell (die sonach auch an der Sache persönliches Interesse genommen haben muß) überreicht ward, nachzukommen, allein er erklärte sich außer Stand etwas zu thun, so lange das Kind unter der alleinigen Obhut ihrer Mutter und ihres Stiefvaters stehe. Hierauf wurden Mutter und Tochter nach Dresden gebracht und es erging unter dem 18. April 1708 an den Statthalter und die Geheimen Räthe nachfolgendes königliches Rescript:

„Wir sind vor einigen Tagen auf erschollenen Ruf, daß die unmündige Löwische Tochter im 9. Jahre ihres Alters von ihrer Mutter, ungeachtet doch diese sowohl als ihr verstorbener Ehemann, gedachte ihre Tochter bereits mit allen Formalitäten an den Grafen v. Frießen schriftlichen versprochen gehabt, an den Lieutenant von Gerßdorff gleichfalls verlobet worden, die wirkliche Verheirathung auch, wo solche nicht allbereit geschehn, dennoch in Kurzen erfolgen sollte, veranlaßt worden, besagte Löwische Tochter anhero bringen zu lassen; nachdem Uns nun zu wissen von nöthen, wie weit es mit der mariage unter vermeldten Personen gekommen, was die Mutter von ihrem schriftlichen Versprechen gegen den Grafen v. Frießen abzugehn und diese anderweite Heirath mit dem von Gerßdorff zu intendiren bewogen, wie sie solches Unternehmen zu verantworten sich getraue, wie weit die mariage, wenn die Copulation mit dem von Gerßdorff würklichen geschehn, in diesem casu Statt habe, ingleichen auf was Maaße die Mutter und Andere, so sich dieses facti theilhaftig gemacht, deßfalls anzusehn, und wie endlich die Suiten bei so beschaffener Intention der Mutter, unterbrochen und die junge Löwin bis zu Erlangung ihres mündigen Alters in der Freiheit, umb sodann ihren Willen nach eignen Gefallen und ohne Zwang declariren zu können, erhalten werden möge? Als begehren Wir hiermit gnädigst, Ew. Liebden und Ihr wollet dieses alles des förderlichsten genau untersuchen lassen und sodann unter Zuziehung derer Consistorialräthe die ganze Sache wohl überlegen auch hierauf an Uns allerunterthänigsten Bericht und Gutachten sobald als möglich erstatten."

Es ward nun eine Commission zur Erörterung des Thatbestandes ernannt und von den Geheimen Räthen beschlossen: „Die Mutter und Tochter ins Amt kommen zu lassen, ihnen separatim den Willen des Königs zu eröffnen und die Tochter nicht weiter mit der Mutter sprechen zu lassen, sondern sogleich vom Amt an einen andern Ort und zwar zur Kammerräthin v. Vitzthum bringen zu lassen." Diesem Beschlusse ward nachgegangen, nur ward, da die Kammerräthin v. Vitzthum verreist war, die junge Löwin, wie das Rescript vom 8. April 1708 sie nannte, nicht ihr, sondern der Gemahlin des Kammerherrn v. Trützschler am 21. April übergeben.

Die angestellten Erörterungen führten zu Feststellung der bereits von uns erzählten Thatsachen: auf den deshalb unter Beifügung der Commissionsacten (welche aber schon im Jahre 1712 spurlos verschwunden waren) erstatteten commissarischen Bericht ward im Geheimen Rathe die Sache, unter Zuziehung des Oberconsistorialraths Börner und des Superintendenten Schrader, berathen und von jedem Geh. Rathe ein besonderes votum abgegeben: der Beschluß ging dahin, „daß die Sache an das Oberconsistorium zu verweisen und das Mädchen bis zur Pubertät einer honetten Dame zu übergeben und auf diese Maaße zu sequestriren sei."

Ohne Erfolg blieb eine Beschwerde der Frau v. Gersdorff, in welcher sie anführte, sie habe ihrer Tochter einen Hofmeister, einen Tanzmeister und eine Französin gehalten, mithin an der Erziehung nichts versäumt, „und die schleunige Separation von ihr müsse ein tödtliches Schrecken und Betrübnis erwecken, so daß sie Beide darüber crepiren könnten."

Wie sehr dem Könige die Sache am Herzen lag, beweist auch die Thatsache, daß er noch an dem Tage, an welchem er nach den Niederlanden abreiste, am 30. Juli 1708, in einem eigenhändigen Billet schrieb: „si l'affaire de la Leben et conclue, qu'on songe en la separant de la mere, de la mettre entre bonnes mains et la faire bien servir et elever."

Das Mädchen ward nun definitiv dem Kammerherrn v. Trützschler zur Erziehung übergeben, dem dafür 1000 Thlr. jährlich und Ersatz der Unterrichtskosten, des Bedarfs an Kleidern, Wäsche, Medicamenten ꝛc. zugesagt wurden: er war mit diesem Arrangement zufrieden und die kleine Victoria auch, wenigstens findet sich ein Brief von ihr vom 25. Juli 1709, worin sie dem Könige dankt, daß er sie „an einen solchen Ort habe bringen lassen," und bittet, man möge sie von der Verbindung mit dem Leutnant v. Gersdorff befreien und die Geschenke, die er ihr gemacht, einen Diamantring und sein mit Diamanten besetztes Portrait, ihrer Mutter, die sie in Verwahrung habe, abfordern und Gersdorff zurückgeben. Der König gab auch von Guben aus am 20. August 1709 den Befehl, die Sachen sollten der Mutter abgefordert und an Gersdorff gegen Bescheinigung zurückgegeben werden, ohne sich durch Protestation und Appellation irren zu lassen. Allein die Geheimen Räthe trugen Bedenken, diesem Befehle nachzukommen, weil jene Geschenke als Mahlschatz zu betrachten, der dem Ober-Consistorium anheim zu fallen habe. Vor dieser Behörde ward nun ein Vorbescheid gehalten und das Urthel erging dahin, daß die zwischen der jungen Löben und Gersdorff „angegebene eheliche Versprechung und darauf erfolgte Copulation vor unkräftig und nichtig zu beclariren."

Das Ober-Consistorium wollte aber den gedachten werthvollen Mahlschatz nicht aufgeben, der noch im Besitze der Frau v. Gersdorff geblieben war und nahm daher Anstand, das Urthel zu publiciren. Ein königliches Rescript befahl jedoch die sofortige Publication. Die Geschenke wurden der Frau v. Gersdorff abgefordert, auf nochmaliges Verlangen ihrer Tochter, in deren Schreiben es heißt, „daß sie nicht unbillig besorge, daß aus Zurückhaltung des sogenannten Mahlschatzes und der Geschenke noch einige Eheverbindlichkeit vermuthet werden möchte." Nachdem die Pretiosen an das Geheime Cabinet gelangt, erhielt dasselbe unter dem 27. April 1711 den Befehl vom Könige, es solle den Leutnant v. Gersdorff vor sich fordern, ihm die Sachen wiederzustellen und zugleich andeuten: „daß Wir ihm zwar aus königlicher Gnade die Strafe, so er mit seinem ungebührlichen Verfahren hierbei verdient, erlassen, im Uebrigen aber, daß er jetzund oder in Zukunft auf die v. Löben nur den geringsten Anspruch mache, nicht geschehn lassen wollen."

Der Leutnant v. Gersdorff war somit beseitigt und auch der Graf v. Friesen ward bestimmt, sich mit einer ihm nach einem eingeholten rechtlichen Gutachten gebührenden Geldentschädigung zu begnügen und seine Ansprüche aus dem Vertrage vom Jahre 1706 aufzugeben. Moritz trug dazu nach einem spätern Vergleiche 25000 Thlr. bei, indem er dem Grafen die ihm im Jahre 1713 bewilligte königliche Zulage von 2000 Thlrn. auf 12½ Jahr abtrat. Moritz begann aber seine Bewerbungen schon vorher mit vollem Erfolge bei der jungen Dame. Man erzählt zwar,[47] daß er keine Neigung gezeigt habe, auf den Plan einer Vermählung einzugehn und daß nur der Name des Fräuleins „Victoria" ihn bestimmt habe, doch muß er diesen Entschluß sehr bald gefaßt haben: wir

---

[47] Espagnac a. a. O. S. 17. Histoire de Maurice Cte de Saxe, Dresden 1732 I. 91.

finden wenigstens nachstehendes Liebesbriefchen von Victoria's eignen Händen vom 30. Juli 1711.

„Ich vor meine Perschon versichere daß ich Sie Ewig beständig werde sein, ob ich gleich Dero angenehme conversajgon auff eine Zeitlang muß beraubet seyn, so werde ich mich doch nimmermehr eendtren, bitte nur sie wollen alle Zeit ein bißchen Gutheit vor mich behalten wie ich denn nicht daran zweifle, In übrigen recommandire mich zu beständiger amittige und verbleibe, Monsieur le Comte

Votres tres fidele
J. V. T. de Löbin.

> Que nôtre sort est deplorable
> et que nous souffrons de tourment
> pour nous aimer trop constamment
> mais c'est en vain qu'on nous accable
> malgré nos cruels ennemis,
> nos coeur seront toujours unis."

Diese letzte Versicherung sollte sich allerdings, wie wir später sehn werden, nicht lange bewahrheiten! Jedenfalls konnte aber Moritz aus dieser Epistel mindestens die Beruhigung entnehmen, daß seine künftige Gemahlin ihm gegenüber wenigstens nicht werde auftreten können als Lehrmeisterin — in der Orthographie.

Im Jahre 1714 sollte die eheliche Verbindung des jungen Paares stattfinden. Briefe melden uns, daß schon zu Anfange des Februar 1714 große Vorbereitungen im Schlosse zu Moritzburg getroffen wurden, um es zur Hochzeitsfeier zu schmücken und zum Empfange der zahlreichen Gäste einzurichten: zwölf sächsische und polnische Damen sollten im Schlosse Quartier nehmen, für die Herren ward in den Dörfern der Umgegend Unterkommen geschafft.

Ein Rescript vom 1. März 1714 erklärte Moritz und seine Verlobte, „wegen ihrer Beiden Uns Selbst bekannten guten Aufführung" für mündig, „ohngeachtet von ihnen die nach Unsern Rechten zu der Majorität gehörigen Jahre noch nicht erreicht worden." In dem unter dem 10. März 1714 abgeschlossnen Ehevertrage versprachen beide Verlobte sich „kräftig und unwiderruflich, daß sie sich einander Zeit ihres Lebens ehelich, ehrlich und herzlich lieben wollten;" zu Kleidern und Handgeldern wurden der Braut jährlich 2000 Thlr. bestimmt: das Rittergut Schöhlen ward ihr als Gegenvermächtniß ausgesetzt: für den Todesfall Victoria's sollte Moritz außer dem, was ihm als Mobiliarerbe zukomme, $1/3$ der Grundstücke wenn Kinder vorhanden, sonst $2/3$ des Immobiliarnachlasses zufallen.

Am 12. März 1714 fand die Trauung in Moritzburg mit großer Pracht statt; glänzende Feste schlossen sich in den nächsten Tagen an.

Da unseres Helden Ehe eben nur eine Episode in seinem Leben bildet, seine Rolle als Familienvater nur eine sehr vorübergehende war, so wollen wir hier gleich anschließen, was wir über sein eheliches Leben, sowie die Gründe und Art und Weise der Trennung seiner Ehe in unsern Acten gefunden haben: die Einzelnheiten, die wir unsern Vorlagen entnehmen, werfen zugleich grelle Schlaglichter auf die socialen Zustände der damaligen Zeit, gestatten uns einen traurigen Einblick in die Sittenlosigkeit derselben: sie widerlegen zugleich aber auch allerhand Fabeleien, die wir in Druckschriften finden.

Moritz war offenbar zu früh in die Ehe getreten: seinem feurigen, thatendurstigen Sinne konnte es nicht entsprechen, in stiller Zurückgezogenheit die Güter seiner Frau zu bewirthschaften, als reicher Landedelmann zu vegetiren: es drängte ihn hinaus in den Kampf des Lebens und der Schlachten, genießen wollte er aber auch die Freuden des Lebens, in vollen Zügen den Becher der Lust leeren, an dem er erst zu nippen begonnen. Zudem hatte den Jüngling nicht die Stimme des Herzens der Gattin zugeführt, und wenn er auch seiner, übrigens sehr hübschen, jungen Frau nicht abgeneigt war, so erkaltete doch unter den Verführungen, denen sich Moritz an dem üppigen Hofe seines Vaters ausgesetzt sah, sehr bald seine Neigung. Die junge Gräfin fühlte sich Mutter und bat daher den Kö-

nig bringend (28. Novbr. 1714), er möge bis zu ihrer Nie=
derkunft, die nahe bevorstehe, ihren Gatten bei ihr lassen,
eine Bitte, die auch erfüllt ward, indem der König, der nach
Polen ging, Moritz zurückließ: dieser machte aber im Nov.
1714 einen Ausflug nach Hamburg. Am 21. Januar 1715
genaß die Gräfin eines Knaben,[48] der am 25. Januar in der
Taufe den Namen August Adolf erhielt, aber bald darauf
starb. Mit dem Gevatterbriefe ward der von uns schon er=
wähnte Klemm von Moritz nach Warschau an den König ge=
sendet, der dem Ueberbringer sein mit Diamanten besetztes
Portrait schenkte, das dieser von da an anstatt eines Ordens
auf der Brust trug. An demselben Tage, an welchem sein
Sohn ins Leben trat, hätte Moritz bald bei einem tollkühnen
Jugendstreiche das seinige verloren. Es war nach hartem Frost
milde Witterung eingetreten, doch die Elbe noch mit einer
Eisdecke überzogen: trotz aller Warnungen unternahm Moritz,
wie ein Brief meldet, „eine Schlittenfahrt auf der Elbe bei
Thauwetter, welche unter die entreprisen gehört, die selten wohl
gerathen." Der Rennschlitten, in welchem, außer Moritz, der
Graf Heinrich II. von Reuß und ein Cavalier saßen, hatte
bereits die Mitte des Flusses erreicht, als plötzlich das Eis
brach und Roß und Schlitten in das Wasser sanken: Moritz
und dem Cavalier gelang es mit vieler Mühe, eine feste Stelle
des Eises zu erreichen, der Graf Reuß aber schwebte in der
größten Gefahr, unter das Eis zu gerathen, unter dem das
Pferd mit dem Schlitten verschwand; er klammerte sich an
einer Eisscholle fest, bis es Moritz und seinem Begleiter ge=
lang, auf dem Bauche kriechend sich ihm zu nähern, ihm die
Hände zu reichen und ihn so dem nassen Grabe zu entreißen.
Auf den Grafen Reuß hatte das Ereigniß den wohlthätigen
Einfluß, daß er nunmehr ein streng sittliches Leben führte

---

[48] Einige Schriftsteller geben unrichtig das Jahr 1716 an, Histoire
de Maurice etc. I. p. 93, Espagnac a. a. O. I. 39, de la Barre Du=
parcq a. a. O. p. 20: das Richtige hat Ranft a. a. O.(Leipzig 1746) S. 6.

und ein sehr frommer Mann ward. Auf Moritz, der allerdings nicht so lange in den kalten Fluthen geschwommen, wirkte die Abkühlung nicht so dauernd. Im Besitze eines, wie er meinte, unerschöpflichen Vermögens, ergab er sich in den nächsten Jahren einer solchen Verschwendung, daß er sehr bald wieder eine große Schuldenlast auf sich lud, ein Capitel, auf das wir später ausführlicher zurückkommen werden. Während er in den nächsten Jahren theils zu Felde, theils in Polen war, hatte seine Gemahlin sogar, in Folge der Unordnung, in welche ihre Vermögensverhältnisse geriethen, mit Mangel zu kämpfen. Die Gräfin Königsmark schrieb im Februar 1719 dem Könige deshalb unter Klagen über die Bedrängnisse ihres Sohnes: „ne pouvant vivre que par emprunt, l'indigence l'expose touts les jours à des choses indigne de luy, dont la fin ne peut estre que le desespoir: pour Madame la Comtesse il y a deja pres de 4 mois, qu'elle s'est refugiee chez moi dans l'Abbey par la mesme raisons, touts ses revenus estant pour les creanciers. Je luy dois trop d'amitié pour ne pas partager avec elle le peu que j'ay." Daneben aber gab Moritz seiner Frau durch zahlreiche Liebesverhältnisse die gegründetste Veranlassung zur Eifersucht; in den Correspondenzen aus jener Zeit kommen darüber mehrfache Andeutungen vor: sie erwähnen u. a. eines lebhaften brieflichen Verkehrs mit der Gräfin v. Callenberg, der nach dem, was wir sonst über diese Dame finden,[49] keinen Falls sich bloß auf Briefwechsel beschränkt haben wird.

Ein anderer Brief vom Jahre 1719 meldet: „Mademoiselle Fulko comedienne, triomphe de ce que le Cte de Saxe ne va plus chez Mad. Metzrath." Die Gräfin von

---

[49] Büsching, Beiträge zu der Lebensgeschichte denkwürdiger Personen I. 268 fl. Auch des Verfassers Aus 4 Jahrhunderten II. S. 175. Die gegen die Gräfin ergangenen Untersuchungsacten enthalten in der That Unglaubliches, gegen dessen Wiedergabe sich jede Feder sträuben würde.

Sachsen gab die Hoffnung, daß das Herz ihres Gemahls sich ihr wieder zuwenden werde, nicht sogleich auf; sie bat den König, daß er ihr dabei behülflich sein möge, ohne jedoch zu verrathen, daß sie sich bei ihm beklagt habe, und nachdem sie von Queblinburg im Jahre 1719 zurückgekehrt, schrieb sie am 26. August 1719: „Votre Majesté connoit l'esprit de la Comtesse (Königsmark), qui est capable de demeler les secrets les plus misterieux, ainsi Elle peu juger dans qu'elle triste situation que je suis, craignant à tout moment d'etre decouverte." Sie ersuchte den König sodann, er möge seinen Unwillen Moritz nicht zeigen; „c'est le moyen de me perdre sans nulle resourrse, etant unis par un lien si fort avec lui, je souhaiterais ardament de vivre en bonne intelligence, s'il a seulement un peu de complaisance pour moy etc. Je serois toujours contente, s'il me temoigne quelque peu d'estime et qu'il ne me brusque pas a chaque instant que je parle a quelqu'un, au reste je fais serment a Votre Majeste, que je me conduirait d'une maniere, que personne aura quelque chose à me reprocher." Schon zwei Tage darauf, am 28. August 1719, folgte ein ähnlicher Klagebrief an den König, in dem sie ihm meldete, ihr Gemahl habe sie an diesem Tage zu sich rufen lassen, ihr eröffnet, er wisse, daß sie sich über ihn bei aller Welt beschwere, daß wenn sie sich von ihm trennen wolle, er damit einverstanden sei, „mais si je voulais rester — fährt sie fort — „avec lui, qu'il me disoit d'avance, que je serois obligé de me regler selon sa volonte, que ma conduite ne luy agreoit nullement et qu'il scauroit comment me la faire changer, qu'il me laissoit tems pour prendre une resolution jusqu'a demain." Sie nahm dagegen den Schutz des Königs in Anspruch, mit der Versicherung, die Gr. Königsmark sei „l'unique arbitre de tout cet embarras," ehe sie deren Sclavin werde, ziehe sie es vor, „de n'avoir que le bain (pain) et de l'eau." Wir würden der Dame unser aufrichtiges Mitleiden nicht versagen, lägen uns nicht die

Beweise vor, daß sie auch ihrer Seits ihrem Gemahl begründete Ursache zur Unzufriedenheit gegeben hatte. Mehrere Zeugen, die im Jahre 1721 über Vorgänge aus dem Jahre 1719 abgehört wurden, bestätigten, daß sie sowohl während ihres damaligen Aufenthalts in Quedlinburg, als später in Dresden, ein leichtfertiges Leben geführt und verdächtigen Umgang mit Männern höhern und niedern Standes gepflogen hatte.⁵⁰ Daß dies zum Theil unter den Augen ihrer Schwiegermutter und ungerügt von dieser geschehn konnte, daß diese zur Ehrenrettung ihres abwesenden Sohnes nichts that, gereicht der Gräfin Königsmark allerdings nicht zur Ehre. Auf das Einschreiten des Königs folgte zwar den von der Gräfin von Sachsen an ihn gebrachten Klagen eine Aussöhnung unter den Gatten, allein sie war von keiner Dauer. Der König veranlaßte nun die Gräfin Königsmark, zu Anfange des Jahres 1720 nach Dresden zu kommen, um die Spaltungen wo möglich auszugleichen: allein er hatte damit Oel in das Feuer gegossen. Die Königsmark trat im Hause ihres Sohnes ab, allein ihre Schwiegertochter empfing sie sehr kalt und setzte ihr ärgerliches Leben fort. Ein ausführlicher Brief der Königsmark an den König enthält sehr schwere Beschuldigungen gegen sie. Nach diesen Mittheilungen lebte die Gräfin Victoria ganz getrennt von ihrem Manne, sie hielt ihre Thür verriegelt und speiste mit jungen Männern, „dont le commerce sembloit suspect," insbesondere werden Backstroh und Tomé erwähnt: des Nachts pflegte sie bis zum Morgen spazieren zu gehn. Einer jungen Dame Namens Rosenacker, welche mit der Königsmark nach Dresden gekommen war, schloß sie sich vertraulich an und eröffnete ihr, „qu'un grand Prince (der König) étoit amoureux d'elle et lui avoit ordonné, de la lui amener à la promenade." Die Königsmark gab der Rosenacker, als diese ihr das Geheimniß

---

⁵⁰ Cramer, Biographische Nachrichten von der Gräfin M. A. Königsmark S. 35. Derselbe in den Denkwürdigkeiten ꝛc. I. 86 fl.

mittheilte, den Rath, „qu'elle devoit toujours faire plaisir à ce grand Prince, sans se mettre en peine du reste," allein die Dame kam gar nicht in den Fall, von diesem Rath Gebrauch zu machen, da der grand Prince nicht auf der Promenade erschien, überhaupt keine Notiz von ihr nahm. Die Gräfin Victoria hatte die Sache erdichtet, um die Rosenacker in ihr Interesse zu ziehn und sie als Spion zu gebrauchen, „son esprit" schrieb die Königsmark, „estant naturellement porté aux intrigues, les laquais, les servantes, les sorcieres, touts y furent employés." Die Freundschaft Victoria's mit der Rosenacker löste sich bald und Letztere entdeckte der Königsmark, indem sie ihr zu Füßen fiel, Victoria habe die Absicht, ihren Mann und ihre Schwiegermutter zu vergiften. Nach der Angabe der Rosenacker zeigte ihr die Gräfin Victoria einst in einem kleinen Kasten zwei weiße Pulver, mit der Angabe, ein Italiener in Wien habe sie gefertigt, sie sagte: diese Pulver seien das einzige Mittel ihre Freiheit wieder zu gewinnen; sie bat die Rosenacker, sie solle das eine Moritz in den Caffee schütten, ja nicht in den Thee, wo es keine Kraft habe, er werde dann einige Zeit kränkeln und nach 4 Monaten sterben; seine Mutter werde darüber in Verzweiflung gerathen und wenn dann die Rosenacker dieser das zweite Pulver eingebe, müsse die Welt glauben, sie sei aus Gram gestorben. Als die Rosenacker bei dem Vorschlage erbleichend erwiederte: der Graf habe ihr nie etwas zu leide gethan, sie fürchte ihren Kopf dabei zu verlieren, gerieth die Gräfin in lebhaften Zorn und drohte, sie werde ihr selbst ein solches Pulver beibringen, wenn sie ihr Vertrauen mißbrauche. Victoria kam aber dann selbst zur Königsmark, und schilderte die Rosenacker als eine schändliche Person, die sie wahrscheinlich bei ihr verleumden werde. Es geschah damals nichts auf diese Beschuldigung, aber die Königsmark gab ihrem Sohne den Rath, „de lacher entièrement la bride à la comtesse, qui se perdroit infailliblement." Ein späterer Brief, allem Anschein nach aus der Feder der Königsmark, mel-

bete dem Könige, daß dies sich bewahrheitet habe. Er lau=
tete also:

„Sire

On se croi obligé de donner un avis à Votre Majesté au hasard de l'intrés, qu'Elle y pouroit prendre,
quand il ne seroit que luy servir de l'information fidelle.
Madame la Comtesse de S., apres le depart du Comte
son mari, continuant son train de vie avec d'autant
moins de precaution, qu'elle esperoit, qu'il ne revien-
droit pas de plusieurs années, fit un voyage incognito
à Leipsic à la derniere foire de Pasque, ou elle re-
trouva le page deserté du Cte son mari, nommé Jago,
qui deserta mal a propos de chez le Comte l'année
passée, sans qu'on aye pu penetrer la raison: ce page
parut à Leipsic avec un equipage de Prince, tres mag-
nifique en habits et en livrée, avec plusieurs chevaux
de main, les un plus beaux que les autres. Mad. la
Comtesse luy permit l'acces dans son incognito, elle
consentit mesme, qu'il la suivroit à sa terre de
Schönbronn en Lusace, ou il fut reçu avec beaucoup
de distinction, mangeant et jouant avec elle, honneur
qu'il ne pouvoit meriter ni comme page deserté, ni
comme servant au regiment d'Hammerstein des troup-
pes prussiennes. Ces plaisirs et faveurs, dont les do-
mestiques se scandaliserent beaucoup, continuerent pendant pres de 6 semaines, jusqu'a-ce-que la nouvelle du
proche retour du Comte arriva, qui leur causa une
grande epouvante. Jago se sauva le plus tot qu'il luy
fut possible et Mad. la Comtesse plia sa toilette peu
de jours apres, sous pretexte d'aller voir un de ses
cousins en Silesie, mais comme le page l'attendoit a
Liegnitz, ou il luy avoit fait arreter des appartemens,
on craint avec raison, qu'ils pourroient pousser le
voyage ensemble jusqu'à Breslau. Ce jeune homme
marche dans une chaise à 6 chevaux, environné de

fusils et de pistolets pour tirer plus de 20 coups de
sa chaise, marque qu'il craint d'estre attrappé. Un
voyage si scabreux pour l'honneur du Comte ne peut
qu'avoir de suites tres facheuses etc."

Wir haben hier nur die Anklage gehört, müssen aber
auch der Vertheidigung gedenken. Zu Anfang des Monats
Mai 1720 war die Gräfin Victoria auf ihrem Schloß zu
Schönbrunn bei Görlitz; von dort schrieb sie ihrem Gemahl,
sie habe sich, um ihren Gehorsam zu zeigen, dahin begeben,
„à un endroit qui ressemble dans cette saison plus à un
desert, qu'a un endroit habitable." Sie beklagte sich, daß
sie mit ihren Leuten Mangel leide und schloß daran die
Worte: „enfin je me vois d'une fille riche une pauvre
Comtesse." Die Antwort war ein Brief Moritz's, in dem
er schrieb: „Votre lettre ne merite pas la reponse que je
Vous fais etc. un homme comme moi ne se lesse pas
treter aussi eindignemans que Vous le fete." In einem
langen Briefe an den König suchte Victoria sich gegen die
Anklagen der Königsmark zu rechtfertigen, sie versicherte
darin, sie sei vier Wochen bei einem alten Oheim in Schlesien
gewesen, der es bestätigen werde, sie habe Niemand bei sich
gehabt als ein Fräulein, das sie zu sich genommen habe, um
nicht ganz allein zu sein. Sie stellte jeden Umgang mit dem
Pagen Jago in Abrede, versicherte, er habe sie nur aufge=
sucht, um sie anzuflehen, den Grafen Moritz mit ihm zu ver=
söhnen — kurz sie stellte sich als vollständig unschuldig dar.

Gleichzeitig wendete sie sich auch an den Feldmarschall
Grafen von Flemming, gegen den sie aber etwas offenherzi=
ger war: sie versicherte ihm zwar auch, daß sie ihre Ehre
nicht verletzt habe, fügte aber hinzu: „pour le reste, une
jeune personne peut bien faire une faute, pourvu qu'elle
se repente et se corrige." Sie klagte übrigens, ihr Mann
habe sie behandelt „comme une petite fille," er habe ihr
gedroht: „de me donner une gouvernante, qui m'enseigne=
rais deja, comme il faudrais que je vive et il me mette-

rais en etat, que je pleurerais tout ma vie ma maniere d'agir." Sie legte auch ein Zeugniß bei, nach welchem Ernst Sigmund v. Niebelschütz „sub fide nobili" bestätigte, daß sie im Juni und Juli 1720, drei Wochen lang bei dem „Herrn v. Mutschelwitz," ihrer Großmutter Bruder, und sodann 3 Wochen in Buchwäldchen „bei ihrem leiblichen Geschwister= kind" gewesen. Diese Aufenthaltskarte mochte allerdings dem Feldmarschall noch keine genügende Garantie bieten, um als ihr Ritter aufzutreten: als sie nochmals sich an ihn wendete und ihn um seinen Rath bat, da Moritz von ihr verlangt habe, sie solle in die Trennung der Ehe willigen, antwor= tete er: „ l'affaire est trop delicate, pour que je puisse donner mon conseil là dessus."

Sehen wir ab von den verdächtigen weißen Pulvern, die vielleicht bloß in der Phantasie der Rosenacker oder der Gräfin Königsmark existirten, so ist wohl so viel gewiß, daß beide Ehegatten ziemlich gleiche Verschuldung traf: jedenfalls aber mußte sich Moritz sagen, daß auch bei den Verirrungen seiner Frau ihn moralische Verantwortlichkeit treffe, da er sie ver= nachläßigt, sie allen Verführungen Preiß gegeben hatte und schließlich noch, anstatt den Versuch zu machen, sie auf bessere Wege zu führen, dem gewissenlosen Rathe seiner Mutter ge= folgt war, die junge Frau sich ganz selbst zu überlassen, damit sie sich ins Verderben stürze. Moritz mochte dies wohl auch fühlen, und am wenigsten sich in seinem Gewissen für berech= tigt erachten, seiner Seits als Kläger aufzutreten. Er ließ denn nun zu Anfang des Jahres 1720 der Gräfin einen, alle seine Beschwerden enthaltenden Aufsatz zustellen „avec offre," wie es in einem Briefe an den König heißt, „de ca- cher ses desordres au public et de prendre sur lui la faute, si elle vouloit desister de bonne grace." Darauf ging denn die Gräfin auch ein.

Ueber die Ehescheidung Moritz's ist viel gefabelt worden. Mehrere Schriftsteller erzählen, er habe sich absichtlich beim Ehebruche mit einer Kammerfrau seiner Gemahlin von sechs dazu bestellten Lakaien überraschen lassen, sei darauf zur Untersuchung gezogen und zum Tode verurtheilt worden: der König habe ihn noch am Abend desselben Tages begnadigt, oder, wie Andere erzählen, ihm folgenden Tages das Begnadigungsrescript unter sein Couvert bei der Tafel legen lassen. Darauf sei die Ehescheidung ausgesprochen worden.[51]

Die uns vorliegenden Ehescheidungsacten widerlegen diese Erfindungen, die schon Cramer[52] als solche bezeichnet hat. Der Proceß nahm einen sehr schnellen Verlauf: es ward (allerdings im Widerspruche mit dem Gesetze) keine Untersuchung gegen Moritz wegen Ehebruchs eingeleitet, am wenigsten ein Todesurthel gegen ihn gesprochen, das für die vornehmen Herrn der damaligen Zeit einen unangenehmen Präcedenzfall hätte abgeben müssen.

Am 21. März 1721 reichte die Gräfin von Sachsen beim Ober-Consistorium eine Klage ein, in welcher sie Ehescheidung beantragte, weil ihr Gemahl mit Ernestine Antoinette Luise Ansfelderin Ehebruch getrieben habe; über den Grund der Klage war der Eid angetragen. Am 26. März ward der Vorbescheid gehalten, nicht im Ober-Consistorium, sondern in der Wohnung des Oberconsistorial-Präsidenten von Leipziger. Man ließ zunächst „Ihro Excellenz die Frau Klägerin" allein vortreten und redete zur Sühne: allein sie blieb bei ihrer Klage stehn „da," wie das Protocoll besagt, „wenig Besserung zu hoffen, sie habe zwar nach reifer Ueberlegung nur eine Person benannt, es dürften sich aber deren vielleicht mehr finden, wozu komme, daß Sie bisher in so einem Zustande gelebt, da Sie nicht nur, was Ihr zukomme, nicht genossen, sondern auch noch Vieles verloren." Hierauf ließ das Collegium

---

[51] Prérau: Mes reveries, ouvrage posthume de M. Comte de Saxe, p. 5. 1757. Histoire de Maurice Comte de Saxe, Dresde 1752. I. 124. Sammlung von Lobschriften rc. S. 55. de la Barre Duparcq a. a. O. p. 23.

[52] Denkwürdigkeiten rc. II. 82 fl.

„Se. Excellenz den Herrn Beklagten" allein erscheinen: auf Vorhalt der Klage, erwieberte „der Herr Beklagte, er könne das Geklagte nicht leugnen. Die Replik war, das Collegium bedauere solches, vielleicht komme das Werk von einer animosité her, wofür man es auch anfangs angesehn. Der Herr Beklagte erwieberte, Seine und der Frau Klägerin Freundschaft wäre zwar bisher nicht sonderlich gewesen, er könne aber das Factum nicht leugnen." Hierauf wurde zwischen beiden Theilen nochmals die Sühne versucht, allein die Klägerin erklärte: „Nein, es sei die Sache nun nicht zu redressiren und möchten vielleicht noch andere Dinge sich aus dieser Sache ergeben und finden, dahero Sie bei Ihrer Resolution beständig verbleibe." Hierauf ward Nachmittags halb 5 Uhr folgendes Urthel, welches die Parteien „pro publicato zu nehmen sich mündlich erklärt", gesprochen: „daß der zwischen der Frau Klägerin und Herrn Beklagten hiebevor getroffne Ehebund gestalten Sachen nach vor aufgelöset und zertrennt zu achten, maßen Wir solchen hiermit dafür erklären und Frau Klägerin, als dem unschuldigen Theile sich anderweit christlich zu verehlichen gestatten und nachlassen."

Mit welchem Leichtsinn Moritz die ganze Angelegenheit auffaßte, beweist nachstehender von ihm an den König gerichteter Brief vom 28. März 1721:

„Un grant homme la dit, on na que deux bon jours, l'antrée et la sortie. Mais cet honnet homme vouloit faires des vers et il faloit trouver un jeu et une cadence car il ma parus que la sortie est infiniment mellieure que l'entrée. J'ay etes hier au consistoire, set a dire dans la meson de Mr. Leibziger et apres que le president eu prononse avec toute la politesse du monde une sentense, qui dordinere ne l'est gere, le superintandans voulut me regaler d'un plat de son metier. Car les pretres veulet toujour se meler de tout. Mais jabrejay la harange en disant, Monsieur je cese (sais ce) que vous voulez dire, nous sommes tous de grands pecheurs cela est vray, la preuve en est faite. Je fis la reverense et je laissay, ce qu'on appelle le consistoire supreme, dans la meditation de la grande verite que je leur venes de dire etc."

Wenn es wahr ist, daß Moritz nach seiner Ehetrennung mit seiner geschiedenen Frau wieder in freundschaftlichen Verkehr getreten und ihr alle Achtung erwiesen,[53] so geht auch daraus hervor, daß er sich als den Hauptschuldigen betrachtet hat und die gegen Victoria von der Königsmark erhobenen Anschuldigungen übertrieben gewesen sind. Victoria fand auch in einem achtungswerthen Manne, dem verabschiedeten Capitain v. Runkel,[54] im Jahre 1724 einen zweiten Gatten. Ihr Vermögen war allerdings sehr geschmolzen, da nach ihrer Angabe Moritz über 200,000 Thlr. davon verschwendet hatte; die Güter Burkersdorf, Ober- und Nieder-Schwerta und Volkersdorf hatte sie im Jahre 1719 an den General-Feldmarschall Gr. v. Flemming für 80,000 Thlr. verkauft. Runkel wußte aber Ordnung in ihre Angelegenheiten zu bringen und eine zufriedene zweite Ehe, aus der mehrere Kinder hervorgingen, entschädigte Victoria für das Unglück ihrer ersten. Sie starb im Jahre 1747. Das Gut Schönbrunn war noch 1770 im Besitze der Familie v. Runkel.[55]

Moritz scheint den Umstand, daß er einmal verheirathet gewesen sei, später absichtlich verschwiegen zu haben. Dies geht hervor aus einem Briefe der Pompadour an die Herzogin d'Estrées, in welchem sie nach Moritz's Tode schreibt:[56] „A propos de ce pauvre Saxe, il avoit quelquefois des idées singulières. Je lui demandois un jour, pourquoi

---

[53] Espagnac a. a. O. I. 40. Sammlung von Lobschriften 2c. 55. Cramer, Denkwürdigkeiten 2c. II. 84.

[54] Er hatte im Jahre 1722 den jungen Grafen v. Watzdorf auf dessen Reisen begleitet.

[55] Schumann, Lexicon von Sachsen, Theil 10. S. 559.

[56] Lettres de Mad. la Marquise de Pompadour. Londres 1772, III. 84.

il ne s'étoit jamais marié? Madame, dit-il, comme le monde va à présent, il y a peu d'hommes, dont je voulusse être le père et peu de femmes, dont je voulusse être l'époux. Cette reponse n'étoit pas galante, mais pourtant il y a quelque apparence de raison. Il disait aussi, qu'une femme n'étoit pas un meuble propre à un soldat."

Ihm wurden auch einige Verse beigemessen, die in Paris circulirten und die allerdings von Jemand verfaßt worden sein mußten, der unangenehme Erfahrungen in der Ehe gemacht hatte, da sie also lauteten:

>Malgré Rome et ses adhérents,
>Ne comptons que six sacrements:
>Vouloir, qu'il en soit davantage,
>N'est pas avoir le sens commun,
>Car chacun sait, que mariage
>Et pénitence ne sont qu'un.

Dritter Abschnitt.

Moritz in den Jahren 1715 bis 1726: seine Vermögensverhältnisse.

Nachdem wir im 2. Abschnitt Einiges, des nöthigen Zusammenhanges wegen, bereits anticipirt, kehren wir nun zu Moritz's Leben, von Anfang des Jahres 1715 an, zurück. Das Regiment, welches er erhalten hatte, ward vom König für den Feldzug in Pommern, wo der Graf v. Wackerbarth ein Commando führte, bestimmt: allein es befand sich nicht in gehörigem Stande. Auf eine tadelnde Bemerkung des Königs hierüber, fand aber diesmal Moritz in dem Feldmarschall Grafen v. Flemming einen Vertheidiger: derselbe schrieb aus Berlin den 26. Januar 1715 an den König, da das Regiment im Jahre vorher nicht mit in Holstein gewesen, habe er, Flemming, für dasselbe nicht, wie für die andern Regimenter, Sorge tragen können, unter dem Obersten v. Watzdorf, der es früher commandirt, sei es in guter Ordnung gewesen, auch der Oberst Crose (?), der an dessen Stelle getreten, sei ein guter Offizier, „je ne sais donc," fuhr Flemming fort: „à qui est la faute, de ce que ce regiment est en si mauvais etat, car pour le Cte Maurice, on ne peut assurement rien lui imputer à cet egard." Moritz mag wohl das Seinige gethan haben, um den Mängeln abzuhelfen, denn er ist, wenn wir, obwohl unsere archivarischen Nachrichten darüber schweigen, den gedruckten Quellen hierin glauben dürfen, im Sommer des Jahres 1715 mit seinem Regiment mit zu Felde und vor Stralsund gewesen. Dort befand sich damals auch ein Offizier, den Moritz später, als er in Frankreich war, jedoch vergeblich an sich zu ziehn suchte, der Ingenieur-Capitain Krubsacius, dessen Name, durch ein sonderbares Mißverständniß, lange in der sächsischen Armee in einer Nebenbedeutung fortlebte. Der Feldmarschall Graf v. Wackerbarth hatte nämlich eines Tages vor Stralsund in den Trancheen Krubsacius einen Befehl gegeben, der diesen auf einen vorgeschobenen Posten beorderte: bald nachdem der Capitain sich entfernt, kam die Meldung: „der Krubsacius hat einen gekriegt." Wackerbarth glaubte, Krubsacius habe beim Patrouilliren einen Schweden gefangen genommen, und befahl, man solle ihn sofort zu ihm bringen. Es war aber kein Schwede, den Krubsacius „gekriegt," sondern eine „terrible Contusion," die dem Capitain eine Kugel verursacht hatte. Man brachte denn nun den Verwundeten zu Wackerbarth, wo sich denn das Mißverständniß löste und dies Ereigniß „gab Anlaß in der Armee zu sagen, daß wenn Einer blessirt war, oder eine Contusion überkommen, er hat einen Krubsacius gekriegt." Am 20. December 1715 befand sich Moritz in Turokin, einer kleinen Stadt in Kleinpolen; in der Nacht brach eine Feuersbrunst aus, welche das ganze Städtchen in Asche zu legen drohte. Moritz war aber mit seinen Offizieren und Soldaten so thätig, daß die Gefahr abgewendet ward; mit den Rettungsanstalten beschäftigt, hatte er aber sein Eigenthum außer Augen gelassen und mehrere kostbare Pferde gingen ihm verloren.[57] Im Januar 1716 (nicht 1715, wie die Mehrzahl der Druckschriften neben andern unrichtigen Angaben anführt) fand Moritz Gelegenheit, seinen Muth und sein militairisches Geschick auf eine glänzende Weise zu bewähren. Er wollte sich nach Sendomir, wo sächsische Truppen standen, begeben und ein falsches Gerücht, daß ein Waffenstillstand zwischen den Sachsen und den conföderirten

---

[57] Ranft, Leben und Thaten ꝛc. Leipzig, 1746. S. 9.

Polen geschlossen worden sei, veranlaßte ihn, seine Reise nur in Begleitung von fünf Offizieren und 12 Bedienten, ohne weitere Bedeckung anzutreten. Gegen Mittag kam er in das Dorf Krosniec,[58] wo er in dem Hause eines Juden Quartier nahm. Er hatte sich gerade zur Tafel gesetzt, als ein Diener mit der Nachricht in das Zimmer stürzte, daß eine große Schaar feindlicher Polen in das Dorf rücke. Es sollen nach Angabe gedruckter Quellen 800 Reiter, darunter 200 Dragoner, gewesen sein, während ein uns vorliegender Brief der Gräfin Königsmark nur 4—500 Mann angibt: die Differenz ist hier von keiner Bedeutung. Moritz traf sofort seine Maßregeln; da es ihm mit seiner kleinen Schaar unmöglich war, den Hof zu decken, so überließ er diesen dem anbringenden Feinde und beschränkte sich auf die Vertheidigung des Hauses. Eine Abbildung, welche Le Rouge gegeben hat,[59] verdeutlicht uns Moritz's Defensionsmaßregeln: wir sehn darauf den Durchschnitt des Gebäudes, das 2 Etagen hatte: aus der 2. Etage geben die Vertheidiger Feuer auf die Angreifenden: diese umringen das Haus, sind schon in das Parterre eingedrungen: die Treppe ist abgetragen, in den Fußboden der 1. Etage sind Löcher gebohrt, durch welche die Vertheidiger in das Parterre schießen: Lanzen, mit der Spitze nach unten, sind durch die Dielen in der ersten Etage gestoßen. Es gelang Moritz, die wiederholten Angriffe der Polen in fünfstündigem Kampfe zurückzuschlagen, obwohl mehrere seiner Leute verwundet, einige getödtet wurden, er selbst einen Schuß durch den Schenkel erhalten hatte. Die Nacht machte dem Gefechte ein Ende und die Polen umgaben das Haus mit Wachen. Moritz benutzte die Dunkelheit, machte mit 14 Mann, die ihm, zum Theil verwundet, noch übrig waren, einen Ausfall, hieb die Wachen nieder, eroberte sich die nöthigen Pferde und ent-

---

[58] So nennt es Ranft a. a. O. S. 10. Andere Schriften nennen den Ort Crachnitz.
[59] Parfait aide de camp. Paris 1760 p. 51.

kam der Uebermacht glücklich unter dem Schutze des Waldes.[60] In Sendomir ließ er sich seine Wunde verbinden, mußte aber dort einige Wochen das Bett hüten. Am 22. März 1716 finden wir Moritz wiederhergestellt in Breslau und am 15. April 1716 mit dem Könige in Danzig. Er mag aber damals wohl wieder einige Excesse begangen haben, doch fand er in der Oberhofmarschallin v. Löwendal eine Vertreterin, welche die Verwendung des Grafen Flemming für Moritz in Anspruch nahm, dieser erwiederte ihr aber: „Je crains que par une flatteuse complaisance pour lui, Vous ne le gatiez et ne detruisiez ce qu'il y a encore de bon en son naturel. Je souhaiterais, que le Comte tacha de gagner par son propre merite les bonnes graces de la Reine et l'affection de la cour et que Vous ne pretendissiez pas Madame, que j'employasse mon autorité, pour le faire bien recevoir partout." Auch die Gräfin Königsmark suchte in einem Briefe an den König vom 17. März 1716, Moritz's Verdienst geltend zu machen und ihn zu rechtfertigen, sie schrieb: „depuis l'enfance du Comte je me suis etudiée à connaitre son coeur, je n'ai jamais remarqué aucqu'une mauvaise inclination, ni entendu dire de ma vie, qu'il eut fait une mauvaise action etc. Si j'en dois croire plusieurs rapports de l'armée, il a fait son devoir au possible pendant cette campagne." Indessen sollte weder seine Tapferkeit, noch die Verwendung der Damen, Moritz vor einer schweren Kränkung bewahren, die er hauptsächlich dem Grafen v. Flemming beimaß; er verlor nämlich sein Regiment, das durch die Reduction betroffen ward. Flemming ließ,

---

[60] Aus derselben Zeit lesen wir auch von ähnlichen Heldenthaten braver Sachsen gegen die Polen: Ein Brief vom März 1716 meldet, daß 38 Dragoner vom Regiment Weißenfels sich 7 Stunden lang gegen den Angriff von 21 Fahnen Polen vertheidigten und sich durchschlugen. Ebenso bekämpften 150 Dragoner von den Regimentern Baireuth und Millau 2000 Polen, töbteten ihnen ihren Commandanten und 100 Mann und schlugen sie in die Flucht.

da das Loos entscheiden sollte, welche Regimenter aufgelöst, welche beibehalten werden sollten, in Abwesenheit Moritz's einen Andern für ihn losen: dieser zog unglücklich, das Regiment ward abgedankt.[61] Man erzählt, daß Moritz deshalb in Dresden eine sehr heftige Scene mit dem Könige gehabt, daß dieser ihm mit dem Königstein gedroht, Moritz darauf ein Pferd bestiegen und zu seiner Gemahlin auf ein entferntes Gut geeilt sei. Jedenfalls hat, wenn auch diese Angabe wahr sein sollte, der Zorn des Königs nicht lange angehalten, denn wir finden im Jahre 1717 Moritz wieder gern gesehn bei Hofe.

Einer sehr auffallenden, völlig aus der Luft gegriffenen Angabe begegnen wir aber aus dem Jahre 1717 in fast allen Druckschriften. Sie erzählen uns, daß Moritz in diesem Jahre den Feldzug gegen die Türken unter dem Prinzen Eugen von Savoyen in Ungarn mitgemacht habe,[62] ja wir lesen in einigen Büchern seine Heldenthaten ausführlich beschrieben und wie er dem Prinzen Eugen das Leben gerettet, das ein Türkensäbel bedrohte 2c. Man sollte meinen, wenn so viele Autoritäten eine Thatsache bestätigen, müsse doch Etwas daran sein, und doch ist Alles Erfindung. Ranft übergeht in seiner ersten Schrift (vom Jahre 1746) die Sache ganz mit Stillschweigen, in seiner zweiten (vom Jahre 1751)

---

[61] Ranft, Leben und Thaten 2c. Leipzig 1751, S. 15. Histoire de Maurice Cte de Saxe, I. p. 99 fl. Sammlung von Lobschriften 2c. S. 59. v. Espagnac I. 32. (Zirschte) Zuverlässige Beschreibung der hohen Generalität, Görlitz 1756. S. 220 de la Barre Duparcq., p. 20.

[62] Eloge de Maurice Cte de Saxe, discours qui a remporté le prix de l'Academie Françoise en 1759, Paris 1763 p. 12. Erneuertes Denkmal des Generalfeldmarschalls H. M. Gr. von Sachsen. Leipzig 1777 S. 27. Sammlung von Lobschriften auf Moritz Gr. v. Sachsen. Carlsruhe 1777 S. 59. 121. Lettres et mémoires choisis parmi les papiers originaux du Maréchal de Saxe, Paris 1794 t. I. p. X. Histoire de Maurice de Saxe a Dresde 1752 t. I. p. 103 suiv. t. II. 332. v. Espagnac a. a. O. I. 32 fl. Cruse, Curland unter den Herzogen. I. 285. de la Barre Duparcq a. a. O. p. 21.

erlaubt er sich aber gegen die immittelst in den Leichenreden auf Moritz enthaltenen Angaben über dessen Heldenthaten gegen die Türken einen bescheidnen Zweifel.[63] Auffallend war es uns auch, neben dem gänzlichen Schweigen unserer Acten und Correspondenzen, daß Arneth in seiner Beschreibung des Kriegs gegen die Türken im Jahre 1717 Moritz's Namen gar nicht erwähnt, während er doch anderer namhafter Ausländer, die an dem Feldzuge Theil nahmen, gedenkt[64]. Auf unsere Anfrage ward uns denn auch aus Wien die gefällige Antwort, daß sich beim Nachsuchen in dem dortigen Archive ergeben, daß „in dem ganzen Register über den Feldzug des Jahres 1717 der Name Moritz's sich nicht vorfindet." Wahrscheinlich ist jene unrichtige Angabe dadurch herbeigeführt worden, daß im J. 1718 ein sächsisches Corps von 2 Infanterieregimentern und einem Cuirassierregiment vermöge eines mit dem Kaiser unter dem 18. April 1718 geschlossenen Vertrags an dem Kriege gegen die Türken in Ungarn Theil nahm. Aber auch bei diesem Corps war Moritz nicht, vielmehr fand er darin eine neue Beschwerde gegen den Feldmarschall Gr. von Flemming, daß dieser ihm nicht ein Commando in Ungarn übertragen habe. Flemming schrieb deshalb an die Gräfin von Dönhof, welche ihn von den Klagen Moritz's in Kenntniß gesetzt und sich für letzteren verwendet hatte, am 30. März 1718: „Mr. le Cte de Saxe se plaint à tort de moi, sur ce qu'il ne va pas en Hongrie, puisque je lui dit à luimême, que j'en serois fort content et qu'il n'avoit qu'à en parler au Roi. Il souhaite d'y aller à la tête d'un regiment, mais en a-t-il un et puisje de droit en oter un à un autre colonel, pour le lui donner? et quand cela se pourroit par droit, cela depend il de moi et ne faut-il pas, que le Roi a qui je lui

---

[63] Leben und Thaten des jüngstverstorbenen weltberühmten Gr. Moritzens v. Sachsen. Leipzig 1751 S. 435.
[64] Prinz Eugen v. Savoyen. II 424.

ni dit de s'adresser me l'ordonne? etc. Je vous prie, Madame, de considerer encore que tout fils du Roi, qu'il est, etant soldat et dependant des articles de guerre, quoiqu'il n'ait point de regiment, s'il fait bien de se plaindre legerement de son superieur, comme je le suis par l'ordre de Sa Majesté etc. En manquant ainsi au point le plus essentiel, qui est de savoir obeir pour apprendre à commander, quel progrès pourroit il faire dans le metier qu'il a embrassé et qu'il veut continuer."

Jedenfalls wäre es vortheilhafter für Moritz gewesen, wenn man ihn seinen Jugendübermuth an den Türken hätte ausbrausen lassen, statt ihn zu einer Unthätigkeit zu verdammen, die ihn nothwendig auf Abwege führen mußte. Seine Mutter bekümmerte dies sehr und, so schwer es ihr werden mochte, sie wendete sich nochmals an den allmächtigen Feldmarschall: sie schrieb ihm im Februar 1719: „l'oisiveté du Comte de Saxe est un etat, qui le perdra de reputation et de moeurs, il est impossible qu'il puisse rester sur ce pied sans blesser mesme la gloire du Roy: c'est à sa Maj. de prononcer ce qu' Elle veut faire de luy, s'il doit partir pour les pays etrangers? ou si Elle veut l'employer dans son service? ce seroit en ce dernier cas, que l'honneur d'estre sous Votre commandement, Monsieur, flatteroit le Cte de Saxe de vous convaincre de son attachement et son obbeissance." Der Graf von Flemming versprach auch der Gräfin, die Interessen ihres Sohnes beim Könige zu vertreten und bestärkte diese Zusage sogar durch sein Ehrenwort, indessen geschah nichts, um Moritz dem ihm verderblichen Müßiggange zu entreißen. Die Folgen, welche die besorgte Mutter vorhergesehn, blieben nicht aus: was wir aus den nächsten Jahren von ihm lesen, bestätigt nur, daß er, wie wir schon im vorigen Abschnitt angedeutet, leichtsinnig und genußsüchtig, wie er war, einer sehr ungeordneten Lebensweise fröhnte und sich einer Verschwendung ergab, der selbst das große Einkommen, das er seiner Frau verdankte, nicht genügte. Neben hohem Kartenspiel war es besonders das Billard, das ihm große Summen kostete. Einmal verlor er in drei Partien über 100 Ducaten an den Grafen von Castelli, denselben, der bei der Katastrophe, welche dem Grafen Friedrich Vitzthum von Eckstädt das Leben kostete[65], eine Rolle spielte. Nach jeder Partie sagte Moritz: „je crois, que l'autre joue mieux que moi." Ein anderes Mal war er beim Billardspiel in Warschau so trunken, daß er die Bälle nicht mehr zu erkennen vermochte, er meinte auch, er spiele nicht um Geld: nachdem Moritz mehrere Partien verloren, verlangte aber sein Gegner die Summe von 1040 Ducaten, als von ihm gewonnen. Auf die Entgegnung Moritz's, er habe kein Geld, bemerkte einer der Umstehenden sehr verbindlich: „wenn Se. Excellenz es wünschten, wolle er die Summe bezahlen, der Herr Graf möge ihm nur eine Obligation ausstellen." In der Trunkenheit stellte nun Moritz wirklich einen Wechsel über jene Summe aus, worin die Zahlung „sobald als möglich in Sachsen" versprochen ward, als er aber am andern Tage ernüchtert erfuhr, daß der Empfänger des Wechsels die Post gar nicht bezahlt habe, erklärte er, er werde auch den Wechsel nicht honoriren. Dieser Erklärung blieb er auch treu, als der Wechsel später in die Hände des abentheuerlichen Generals (wie er sich nannte) de St. Hilaire gelangte, wie wir dies bereits an einem andern Orte erzählt haben[66]. Außer in den Proceßacten über Schulden, wegen deren man ihn in Anspruch nahm, finden wir Moritz's Namen in jener Zeit noch erwähnt bei Gelegenheit des Carnevals im Februar 1718, wo bei einer sogenannten Wirthschaft bei Hofe Moritz die Rolle eines Kochs übernahm[67]: ein anderes Mal trat seine Gemahlin als Köchin auf, während der Herzog von Würtemberg ihr als Koch zur

---

[65] S. des Verfassers Aus vier Jahrhunderten, N. F. I. 232 fl.
[66] Aus vier Jahrhunderten, II. 177.
[67] Ranft, Leben und Thaten a. a. O. (1746) S. 12.

Seite stand. Bei den Feierlichkeiten, welche bei der Vermählung des Prinzen Friedrich August mit der Erzherzogin Maria Josepha im August 1719 stattfanden, erregte Moritz dadurch Aufsehn, daß er, zu Pferde einen Hirsch verfolgend, demselben mit einem Säbelhiebe den Kopf abschlug, wie er sich denn überhaupt durch große Körperstärke und Gewandtheit in ritterlichen Uebungen, ein Erbtheil seines Vaters, auszeichnete [68].

Bereits im Januar des Jahres 1719 erhielt Moritz den weißen Adlerorden, nicht, wie Druckschriften angeben, bei Gelegenheit der Vermählung des Prinzen Friedrich August.

Bis zu der Verheirathung Moritz's im Jahre 1714 ward, wie wir bereits erwähnt, sein Einkommen von der Gräfin Königsmark verwaltet: sie hatte, wenn auch mit eigenen Opfern, das Gleichgewicht zwischen Einnahme und Ausgabe wenigstens einigermaaßen zu erhalten gesucht. Als diese Controle aufhörte, vergrößerte sich alsbald die Unordnung in seinen Vermögensverhältnissen, die der Secretär Sulze, welcher die Rechnungen führte, trotz aller Bemühungen, wie er versicherte, nicht zu beseitigen vermochte. Schon im J. 1717 sehn wir Moritz vom Commercienrath Fromberg wegen einer Wechselforderung von 6440 Thlrn., die er nicht zu tilgen vermochte, ausgeklagt: ein Moratorium, welches er wohl gewünscht hätte, ward ihm nicht zu Theil, vielmehr besagte ein königliches Rescript vom 29. October 1717: „Allermaaßen Wir sowohl in dieser als anderen Sachen, den Graf Moritz gleich andern unserer Vasallen tractirt wissen wollen, als begehren Wir gnädigst, ihr wollet euch darnach achten und die Frombergische Sache an das Oberamt Unseres Markgrafthum Oberlausitz zu gütlicher und rechtlicher Entscheidung remittiren." Aehnliche Klagsachen folgten nach und die Schulden-

---

[68] Dasselbe war der Fall mit seinem Halbbruder, dem Grafen v. Rutowski; wir lesen u. a. daß dieser im J. 1724 in München großes Aufsehen durch seine außerordentliche Geschicklichkeit im Fechten erregte.

masse häufte sich um so schneller an, als er für manche Darlehne sehr hohe Zinsen zahlen mußte: so hatte er an den Kammerath Oppermann für 3840 Thlr., die er ihm noch aus der Zeit des Feldzuges in Flandern schuldete, lange Jahre hindurch 12 pC. Zinsen zahlen müssen. Ueberdieß traf ihn das Unglück, daß Schöhlen abbrannte: auch mit dem Pachter dieses Gutes, Ulrici, gerieth er in Proceß wegen Forderungen, auf deren Grund dieser die Cammerscheine, welche Moritz auf seine Pension ausgestellt erhalten sollte, mit Beschlag belegen wollte, ein Antrag, der aber zurückgewiesen ward. Die Bedrängnisse Moritz's wurden aber immer größer und seine Mutter kam besonders deshalb nach Dresden, um wo möglich ein Arrangement zu treffen; allein selbst in Geschäften unerfahren, wußte sie kein anderes Mittel, als den König um Bezahlung der dringendsten Schulden zu bitten: sie schrieb ihm, er solle nur sagen: „Je veux et ce mot suffira." In einem anderen Briefe vom 14. März 1719 bezog sie sich darauf, daß der Graf von Flemming ihr das Versprechen gegeben habe, sich für Moritz beim König zu verwenden und fügte hinzu: „J'ose supplier très humblement Votre Majesté pour derniere grace, de vouloir en conferer avec ce ministre affidé, pour tascher de trouver un expedient de sauver le Comte des extremes ruines, ou il est plongé etc. J'embrasse les genoux, Sire, en mere desolée, qui voit la perte certaine de son fils, si V. M. n'a pitié de lui. Ne déferez pas Votre secours jusqu' à ce que le Prince Votre fils entre dans les affaires de Votre estat, Sire, les choses seront plus impossible alors, usez du dernier moment pour expedier Votre resolution. Que peut on attendre du Prince Royal, si Votre Majesté, Elle meme demeure inexorable? à Dieu ne plaise, que le coeur de V. M. si magnanime, si genereux et si benigne envers le malheureux, puisse ressoudre la perte de son Comte de Saxe." Der König war auch bereit, Moritz zu unterstützen. Schon durch ein Rescript d. d. Warschau den

30. December 1718 hatte er angeordnet, daß ihm die Herrschaft Tautenburg, welche er ihm schon früher zugedacht hatte und die jetzt durch den Tod des Herzogs Moritz Wilhelm von Sachsen Zeitz († 15 November 1718) apert worden war, übergeben werden sollte. Allein die Geheimen Räthe machten dagegen Vorstellung, weil die Herrschaft ein Kammergut sei und so ward Moritz statt Tautenburg durch ein Rescript vom 24. April 1719 eine Zulage von 6000 Thlrn. ausgesetzt, in Betracht, wie es in dem Rescript heißt, „seines bekannten Zustandes und anderer Considerationen." Im Jahre 1730 ward dieses Abkommen aber abgeändert und Tautenburg Moritz auf dessen Lebenszeit zum Nießbrauche übertragen. Er ließ es durch den Hauptmann von Cölln verwalten, der aber Veranlassung zu vielen Differenzen gab: die Rentkammer behielt insbesondere die Forsten im Auge, deren unpfleglicher Bewirthschaftung der Kammercommissarius Schieferdecker den Hauptmann beschuldigte: der Letztere überfiel nun einst im Februar des Jahres 1733 den Kammercommissarius, der krank in der Amtsschreiberei daniederlag, in Begleitung mehrerer Jäger, mit geladenem Gewehr und vertrieb ihn und den Amtmann Tielke, nebst dessen an den Pocken erkrankten Kindern, gewaltsam aus dem Orte. Es scheint, daß diese Gewaltmaßregeln auf Befehl oder wenigstens mit Genehmigung Moritz's erfolgten und um ähnlichen Vorkommnissen vorzubeugen, ward im Jahre 1737 ein Abkommen getroffen, nach welchem Moritz Tautenburg der Rentkammer gegen ein Pachtgeld von 10000 Thlrn. jährlich überließ. Auf den Brief der Königsmark vom 14. März 1719 erklärte der König übrigens, er müsse erst wissen, „wie die Schulden des Grafen contrahirt und wie die Haushaltung zeither geführt worden sei." Allein die Königsmark vermochte trotz aller ihrer Bemühungen darüber dem König keine Auskunft zu verschaffen: Moritz konnte oder wollte keine Nachweise geben, er behauptete, er sei durch seine Wirthschaftsinspectoren betrogen worden, die Rechnungen fehlten aber. Ein königliches Rescript

ordnete nun an, daß einige Geheime Räthe ein Arrangement mit den Gläubigern treffen sollten, dahin „daß die Schulden allmählig bezahlt würden, dem Grafen aber eine Summe zu seiner bessern Existenz annoch frei bleibe." Dies geschah, indem für Moritz auf seine Pension im Voraus Cammerscheine ausgestellt und zur Befriedigung der bringendsten Schulden verwendet wurden, allein aus Schulden kam Moritz, bis er später in Frankreich zu einem sehr großen Einkommen gelangte, niemals ganz heraus, obwohl er wiederholt außerordentliche Unterstützungen vom Könige empfing: so u. a. im J. 1722 6000 Thlr., im J. 1723 10000 Thlr., im J. 1726 3000 Ducaten, im J. 1728 1000 Ducaten, im J. 1729 60000 Thlr. in Steuerscheinen. An regelmäßigen Bezügen erhielt er später aus sächsischen Cassen, einschließlich der Tautenburger Pachtgelder nicht, wie Nanft[69] angibt, 25600 Thlr., sondern 27750 Thlr. — Als im März 1720 der Oberjägermeister von Erdmannsdorf starb, bat die Königsmark den König, er möge diese Stelle Moritz verleihn: sie schrieb deshalb: „V. M. est persuadée par avance, que je ne Luy demanderai jamais auqu' une grace sans une resignation parfaite à toutes ses volontés. Le grandveneur Erdmannsdorf venant de mourir, j'ay toujours regardé sa charge comme celle du pays, qui conviendroit le mieux au Cte de Saxe. J'ose donc suplier humblement V. M. de la lui accorder comme une grace qui etabliroit sa fortune sur un pied sur en Saxe." Auch Moritz bat selbst um Verleihung dieser Function. Der König ließ aber der Königsmark erwiedern, er habe bereits über die Stelle disponirt, „et que d'ailleurs il ne trouvoit pas, qu'elle convint au Comte." Dagegen ertheilte der König später Moritz eine Anwartschaft auf das Rittergut Gersdorff, welches die Besitzerin Margaretha Gottliebe v. Metsch geb. v. Schweinitz für 21100 Fl. erkauft hatte: er kam auch nach deren Ableben in

---

[69] Leben und Thaten a. a. O., (1746) S. 18.

den Besitz des Gutes, hatte aber einen weitläuftigen Proceß mit den Allodialerben über die Sonderung des Lehns vom Erbe, der im J. 1742 noch nicht beendigt war. Sein Halbbruder, König Friedrich August II. (August III.), war zwar, nachdem er im J. 1733 zur Regierung gekommen, weniger freigebig gegen ihn, doch wendete er ihm 1736 einen Theil des confiscirten Vermögens des Cabinetsministers Grafen v. Hoym zu [70]. Als Moritz einige Jahre später um Geld bat, motivirte er dies u. a. mit den Worten: „mes freres sont des paniers perces comme moi mais ils sont beaucoup plus riches."

Wir haben hier diese Vermögensangelegenheiten, die sich durch spätere Jahre hindurchziehn, der Uebersichtlichkeit wegen zusammengefaßt, wenden uns aber nun wieder zu dem Jahre 1720, in dem Moritz einen Schritt that, der für sein ganzes Leben entscheidend sein sollte. Er reiste nach Frankreich, um dort sich eine Stellung zu suchen, die er in seinem Vaterlande sich nicht zu erringen vermochte. Auch über die Beweggründe Moritz's sind Irrthümer verbreitet: einige Schriftsteller sagen, die Eifersucht seiner Frau habe ihn vertrieben, andere geben an, er sei wegen seiner Differenzen mit dem Gr. Flemming wider den Willen seines königlichen Vaters nach Frankreich gegangen. Die Wahrheit ist, daß der König selbst die Veranlassung dazu gab, daß Moritz sich um eine feste Stellung in Frankreich bewarb. Dies beweist nachfolgender vom Grafen von Manteuffel am 27. April 1720 an den General Feldmarschall Graf von Flemming gerichteter Brief: „le Roy m'a chargé de consulter V. E., si E'lle n'approuveroit pas, que le Comte Maurice de Saxe tachat de s'engager dans le service de la France, ou il pourroit apprendre le metier de la guerre, au lieu que chez nous, qui n'avons pas de guerre et qui ne souhaitons pas

---

[70] S. des Verfassers Aus vier Jahrhunderten II. S. 233 not. * u. S. 260.

d'en avoir, il n'apprendroit jamais rien." Flemming antwortete darauf: „la pensée, qui est venue au Roi touchant Mr. le C. Maurice, est tres bonne et juste. Pourvu qu'il s'applique, car comme il y a bon moyen d'y aprendre quelque chose, il y en a de meme d'oublier ce que l'on a apris."

Moritz war aber allerdings schon vor dieser Correspondenz nach Paris gegangen, wahrscheinlich zunächst nur, um das Terrain zu recognosciren. Wir entnehmen dies einem Briefe des Grafen von Manteuffel an den Grafen Hoym vom 20. Decbr. 1719, worin er diesem, der im Begriff war, als Gesandter nach Paris abzureisen, schrieb: „Vous y verrez aussi bientot Mr. le Cte de Saxe et Lagnasco." Auch ein Schreiben des Cabinetsministers Grafen v. Watzdorf vom 3. April 1720 bestätigt dies: er meldete darin dem Könige, Moritz solle in Paris einen großen Aufwand machen, es sei zu besorgen, daß er sich stürzen werde, in „des embarras, d'ou il serait difficile de le tirer ensuite," er stellte daher dem König anheim, ob es nicht rathsamer sei, ihm den Befehl zu geben, zurückzukommen. Dieser Befehl erfolgte aber nicht, vielmehr ward Moritz die Genehmigung ertheilt, in Frankreich zu bleiben. Er war in Paris vom Regenten sehr wohl empfangen worden und auch die Damenwelt zeigte sich geneigt, den jungen Deutschen zu cultiviren und zu acclimatisiren. Stand er doch in kräftiger Schönheit in der Blüthe seiner Jahre, mußte doch seine bekannte Neigung zum schönen Geschlecht, der Ruf seiner Freigebigkeit, seines Heldenmuths ihm bei den Pariser Damen zur vortheilhaften Empfehlung gereichen. So ward er denn schon unter dem 7. August 1720 zum maréchal de camp mit einem Gehalt von 10000 Lvrs. ernannt. Gleichzeitig trat er auch in Unterhandlung wegen des Ankaufs eines dem Frh. Spaar gehörigen Infanterie-Regiments. Der König Friedrich August war zwar nicht für den Ankauf, sondern schrieb an Moritz den 24. Juli 1720, er solle ein Regiment nur annehmen, wenn es ihm angeboten werde, wenigstens solle er nicht auf seine Börse rechnen, trotzdem schloß Moritz den Kauf ab. Nach einer Notiz in unsern Acten betrug der Kaufpreis 35000 Thlr. [71], einige Briefe aus jener Zeit geben sogar 130000 écus de France an: mit Beziehung auf diese letztere Angabe schrieb der Graf v. Flemming an den Grafen von Manteuffel am 28. August 1720: „ce sera apparament de la bourse du Roy que le Comte de S. compte payer le dit regiment: passe si l'écu est compté à 3 livr. de France, mais si ce sont de nos bons écus, je dirai à ce prix la nous aurions pu le faire ici Lieutenant général et lui donner même deux regiments." Hätte Flemming dies nur in Sachsen vermittelt, unser Held wäre wahrscheinlich nicht ins Ausland gezogen! Jedenfalls war es richtig, er hatte das Regiment, wie ein anderer Brief besagt, „en grand seigneur" gekauft; das Geld mußte aber geschafft werden, da der Verkäufer sich, wenn die Zahlung nicht bis Ende Februar 1721 erfolge, den Rückfall vorbehalten hatte. Moritz reiste daher, um wo möglich die Mittel aufzutreiben, Ende August 1720 nach Sachsen ab: am 29. August kam er in Begleitung des Lord Sunderland im Haag an und besuchte sodann seine Mutter in Queblinburg, die denn abermals Gelegenheit nahm, den König zu seinen Gunsten brieflich anzugehn; sie schrieb am 30. September 1720: „le Comte de S. ayant passé par ici à son retour de Paris, je le crois a present arrivé aupres de V. M. Il a mille raisons de se louer de la France etc. Ce qui me console effectivement, c'est qu'il n'a pas oublié un moment les ordres de V. M. n'ayant ni joué, ni pratique les petits maitres. Comme Paris est d'une assé grande epreuve pour un jeune homme, j'espere que V. M. sera content de sa conduite et luy accordera desormais ses graces." In einem andern, ebenfalls mit Bitten

---

[71] Ranft gibt nur 30000 Thlr. an. Espagnac a. a. O. I. 40 nennt das Regiment das Greberische deutsche Regiment.

für Moritz gefüllten Briefe fügte sie hinzu: „J'ay pris la liberté, Sire, de Vous donner autre fois en vers le nom de Roy genereux, pere adorable: des expressions plus touchantes ne seroient peut être pas recues et ne siedroient plus à ma bouche, si pourtant V. M. faisait quelque estime d'un coeur rempli de veneration, attaché sincerement au merite eminant de Sa seule personne, Elle m'accorderait facilement ce que je viens de lui demander." Der König gab denn auch, als Moritz im September 1720 in Dresden ankam, insbesondere auf die Verwendung eines sehr wackern Mannes, des Cabinetsministers Grafen von Watzdorf [72], seine Genehmigung zu dem Ankauf des Regiments, ja „er wollte," wie es in einem Briefe Watzdorf's heißt, „daß man ihm, weil Er ihme gern geholfen wissen wollte, aus den Cassen vorschießen sollte," allein die Cassen waren leer und Watzdorf bat daher Flemming im Auftrage Moritz's, er selbst möge eine Summe auf Scköhlen darleihen. Flemming lehnte dies aber ab, „weil er sich wegen seiner Gelder bereits in andere engagements eingelassen habe." Endlich schoß der Hofagent Jonas Meyer die erforderliche Summe vor und Moritz verkaufte 1721 zur Tilgung der Schuld Scköhlen an die Kammer, welche es alsbald wieder dem Kammerherrn Ludwig Gebhardt Grafen von Hoym für 45000 Thlr. überließ, während der König 10 Jahre früher, wie wir im 2. Abschnitt erwähnt, 55000 Thlr. dafür gezahlt hatte.

Moritz begleitete den König nach Warschau. Ein Brief von dort (2. November 1720) an den Grafen von Hoym, der damals Gesandter in Paris war, gedenkt seiner Theilnahme an einem Feste, dessen Schilderung zugleich einen Beleg gibt, in welcher Art man sich damals bei Hofe amüsirte. Der Graf Poniatowski gab dem Könige einige Tage vorher

---

[72] Er bildete oft Opposition gegen seine Collegen: einst schrieb er, um dies zu rechtfertigen, an den Grafen v. Flemming: „ich habe das, was man heut zu Tage politique nennt, nicht gelernt, weil ich von nation ein Voigtländer bin."

ein Souper, zu dem etwa 20 Personen eingeladen waren, unter ihnen mehrere der vornehmsten polnischen Damen, u. a. die Fürstin Czartoriiska, ferner der Prinz von Sachsen Weißenfels und Moritz. Gegen Mitternacht, als der Wein bereits zu wirken begann, fiel dem König ein, daß in demselben Hause die junge und schöne Gräfin Tarlo wohne; er forderte den polnischen Kron-Ober-Schenken Graf Towianski und den General Poniatowski auf, die Dame zu bitten, ihre Gegenwart der Gesellschaft zu schenken. Beide eilten dem Befehl nachzukommen, allein der Eintritt in die Gemächer der Gräfin ward ihnen verweigert, weil sie sich schon zur Ruhe begeben: vergeblich versicherten Jene, sie hätten eine dringende Botschaft auszurichten; endlich öffnete ein Kammermädchen die Thür halb, die beiden Herren drangen ein, und da sie nicht zur Gräfin gelangen konnten, forderten sie das hübsche Kind (das übrigens dem Adel angehörte) auf, die Stelle ihrer Herrin zu vertreten. Ihrer Weigerung, ihrer Entschuldigung, daß sie nicht gekleidet sei, um in so vornehmer Gesellschaft zu erscheinen, ward durch die Versicherung begegnet, sie sei so, wie sie sei, hübsch genug. Sie ließ sich denn auch bereden und folgte den Herren ohne Veränderung ihrer Toilette in die Gesellschaft; von dieser ward sie mit Applaus empfangen, zum Tanzen veranlaßt und dann wieder entlassen. Man besorgte in der heitern Gesellschaft keine übeln Folgen des Scherzes. Tags darauf erzählte die Gräfin Tarlo die Sache aber einigen Uebelwollenden, welche darin eine schwere Beleidigung zu befinden glaubten und die Gräfin veranlaßten, sich darüber bei ihren Verwandten zu beschweren. Sie eilte zu dem Kron-Ober-Marschall, der mit einer Tarlo vermählt war und traf dort mehrere ihrer Verwandten, die so eben die Tafel verlassen und der Flasche stark zugesprochen hatten. Die Mittheilung versetzte die schon Erregten in die größte Erbitterung, sie betrachteten ohne weitere Erörterung die Sache als „une affaire, préméditée de ces deux Messieurs, pour offenser toute leur famille," erklärten, es müsse blutige Genugthuung von den Frevlern gefordert werden. Der Kron-Ober-Marschall, von ruhigerem Blute, schlug einen friedlichen Ausweg, den einer Anklage wegen Hausfriedensbruch, vor: nach vielem Zureden gelang es ihm, seinen Worten Gehör zu verschaffen; die schon gezogenen Schwerter wurden wieder in die Scheide gestoßen und die Vorladung erging an Towianski und Poniatowski. Vier Tage lang bildete diese Angelegenheit den ausschließlichen Stoff des Stadtgesprächs, setzte sie den ganzen Hof in Aufregung, endlich nahm der König selbst sich der Sache an und der Streit ward friedlich ausgeglichen: „par des complimens, que les susdits Messieurs ont faites à Mademoiselle Tarlo en présence de la famille de Tarlo." Der Brief schließt die Mittheilung mit den Worten: „Mr. le Cte Flemming avoit aussi été de la fête, mais il s'étoit retiré avant l'affaire; quand ensuite il fut employé au raccommodement, voyant la fille, qui avoit été ammenée, il demanda ce corpus delicti pour ses peines et pour assoupir l'affaire d'autant plus radicalement."

Den Carneval 1721 brachte Moritz in Dresden zu; er betheiligte sich mehr als sonst an den Hoffesten, da ihn ein Magnet dahin zog, die schöne Gemahlin des lithauischen Groß-Feldherrn Grafen von Pociey, als deren Partner wir ihn u. a. am 13. Februar 1721 bei einer großen Schlittenfahrt finden. Bei einem Nachtrennen in Costüm in der kleinen Reitbahn am 24. Februar, trat er als Tartarchan auf, „in welcher Gestalt er," wie Ranft sagt [73], „eine ganz besondere Parade machte." Tags darauf war eine große Wirthschaft und Bauernhochzeit bei Hofe, wobei Moritz einen kleinen Knaben, die Gräfin Pociey seine Schwester vorstellte, sie im Flügelkleidchen mit Fallmütze, er im Kindercostüm mit einer kleinen Trommel und Pfeife. Nachdem sein Ehescheidungsproceß, wie wir im vorigen Abschnitt erzählt, beendigt,

---

[73] Leben und Thaten ꝛc., Leipzig 1746 S. 17.

kehrte Moritz zu Anfang des Monats April 1721 nach Paris zurück; ein Verwandter des Grafen von Flemming meldete seine Ankunft und fügte hinzu: „je suive le gout général, quand je le trouve un cavalier aussi poli, que bien fait." Wie Moritz überhaupt Deutsche in seine Nähe zu ziehn suchte, so bot er auch dem Briefsteller selbst eine Stelle im französischen Dienste an, die dieser aber auf Rath des Generalfeldmarschalls ablehnte.

Moritz war gerade nach Frankreich gekommen, als der durch Law hervorgerufene Actienschwindel in der höchsten Blüthe stand: auch unser Held verbrannte sich bei einigen Speculationen, durch die er seinen derangirten Finanzen aufhelfen wollte, die Finger. Mit mehr Erfolg beschäftigte er sich mit seinem Regiment, das er nach einem neuen Exercitium von seiner Erfindung einübte, welches ein competenter Beurtheiler, der Chevalier Follard, sehr rühmt [74]. Daneben studierte er sehr eifrig Mathematik, Mechanik und Fortificationskunst, beschäftigte sich auch mit Ausführung einer von ihm erfundenen Maschine, um Schiffe gegen den Strom zu führen: nach vielen Geldopfern gelang es ihm auch später, eine Maschine herzustellen, welche die Schiffe vom pont royal an bis zum Bassin zog [75]. Er erhielt, nachdem die Erfindung von der academie des sciences bewährt befunden worden, 1731 ein Privilegium auf 25 Jahre und vereinigte sich mit einem sehr reichen Manne (un homme de 800 mille livres de rente, wie Moritz selbst schrieb), der das Capital vorschoß und alles Risico gegen „un gros bénéfice" übernahm. Mit dem sächsischen Gesandten Grafen von Hoym stand er auf sehr vertrautem Fuße und diesem, der den Auftrag erhielt, über sein

---

[74] Commentaires sur Polybe, t. III. liv. II. c. 14. §. 4.
[75] Eloge de Maurice etc. p. 17 not. g. Espagnac a. a. O. I. 54: Die Vorrichtung soll darin bestanden haben, daß ein Pferd zwei Räder in Bewegung setzte (wahrscheinlich Schaufelräder), welche das Schiff vorwärts trieben. S. Der Sammler für Geschichte und Alterthümer, für Kunst und Natur im Elbthal, S. 128.

Verhalten zu berichten, verdanken wir einige Notizen aus jener Zeit. Es ging u. a. das Gerücht, Moritz beabsichtige, eine natürliche Tochter des Regenten zu heirathen, Hoym versicherte aber (11. August 1721), es sei dies unbegründet, auch habe der Regent keine ihm bekannte uneheliche Tochter in heirathsfähigem Alter. Auch ein anderes Ereigniß, bei dem der Name Moritz's viel genannt ward, meldete Hoym. Der Prinz v. Conti hatte eine schöne Frau, auf die er, damals etwas ganz Ungebräuchliches, sehr eifersüchtig war: insbesondere waren ihm die Huldigungen, welche Moritz der Dame darbrachte, sehr bedenklich. In der Nacht vom 24—25 December 1721 drang er, mit Pistolen und Degen bewaffnet, in das Schlafzimmer seiner Gemahlin, die ihn sehr kaltblütig mit der Bemerkung empfing, wenn er gewußt hätte, daß Jemand bei ihr sei, würde er sich wohl gehütet haben, so bei ihr zu erscheinen. Die Dame nahm aber die Sache sehr übel auf und verließ Tags darauf das Haus ihres Gemahls [76]. In Paris glaubte man, Moritz habe sich bei ihr befunden, man erzählte sich, der Prinz habe ihn getödtet oder wenigstens schwer verwundet. Viele seiner Freunde und Bekannten schickten daher zu ihm, um sich nach seinem Befinden zu erkundigen. Zufällig hatte er sich am 24. December im Palais Royal beim Herabsteigen der Treppe durch einen Fehltritt den Fuß verletzt, er glaubte darin den Grund der theilnehmenden Er-

---

[76] Hoym schrieb über die Dame, sie habe bei jenem nächtlichen Ueberfalle ihrem Manne gesagt, sie wolle ihm „en confidence" anvertrauen, „qu'elle avoit 7 moyens de le faire cocu." Sechs dieser Hausmittelchen habe sie ihm dabei eröffnet, aber die Mittheilung des siebenten mit den Worten verweigert, „pour le septième, je ne Vous le dirai pas, car c'est celui, dont je me sers." Der König Friedrich August wünschte nun sehr, diese „moyens" kennen zu lernen und Graf v. Manteuffel forderte daher Hoym auf, er möge sich bemühen, „de contenter la dessus sa curiosité." Hoym vermochte aber nicht hinter das Geheimniß zu kommen, er antwortete: „il seroit difficile, d'en savoir d'avantage là dessus, à moins d'avoir été, comme on dit, dans la bouteille."

kundigungen zu befinden und ließ auf die Anfragen erwiedern, seine Verletzung sei unbedeutend. Diese Antwort bestärkte aber nur die Vermuthung, daß es zwischen ihm und dem Prinzen Conti zu einem Rencontre gekommen sei. Später sollten sich der Prinz und Moritz noch auf einem andern Felde als Nebenbuhler begegnen, wie wir im weitern Verlauf unserer Darstellung sehn werden.

Am 11. Januar 1722 schrieb Hoym über Moritz: „sa conduite en général parait fort bonne, mais le dérangement de ses affaires, ne lui permet pas, de vivre d'une manière convenable à sa naissance."

Am 2. Februar 1722 reiste Moritz wieder von Paris nach Sachsen ab, wo er einige Monate verweilte.

Wir finden ihn dann bei der Krönung des Königs von Frankreich zu Rheims am 25. October 1722, wo er mit großem Glanze auftrat[77]: auch ein Schreiben Hoym's vom 9. November 1722 meldet, daß er bei den Festen in Chantilly und Villers Coterets sich sehr ausgezeichnet, man rede nur von seiner Körperstärke und Gewandtheit, „les dames surtout ont beaucoup contribué à augmenter sa réputation." Graf Manteuffel erwiederte auf diese Mittheilung: „Je Vous prie de faire mes complimens à Mr. le Cte de Saxe et de le féliciter sur ses heureuses aventures. Je recois de temps à temps une espèce de gazettes, souvent assez curieuses, ou j'ai trouvé plusieurs jolies traits sur son sujet." Leider ist diese Gazette nicht aufzufinden gewesen.

Den eigenthümlichen Brief, in welchem Moritz über den am 8. December 1722 erfolgten Tod der Herzogin von Orleans berichtete, haben wir schon früher mitgetheilt[78], wir wollen hier daraus nur wiederholen, daß die Herzogin ihn bei seinem letzten Besuche bei ihr fragte, ob er in der Bibel

---

[77] Ranft, Leben und Thaten ꝛc. (1746) S. 20.
[78] Aus vier Jahrhunderten, II. 172.

lese? Auf seine Antwort, daß ihm dies gestattet sei, erwiederte sie, habt ihr wohl das dritte Capitel im Prediger Salomonis gelesen? Moritz schließt diese Mittheilung in seinem Briefe mit den Worten: "Je songes a se qu'elle m'aves dit, en arivans je cherche parmi mes livres une bible, je trouves le chapitre qui est qurieus, je ne ses entre les mains de qui mon livre a etes et qui la paragrafes d'un bout a lotres avec des notes laconique." Dieser Zusatz deutet allerdings darauf hin, daß er das Buch der Bücher nicht sehr oft aufgeschlagen hatte.

Aus dem Jahre 1723 finden wir in den Correspondenzen des Grafen von Flemming die Notiz, daß damals der Plan aufgetaucht war, Moritz mit einer Prinzessin von Holstein-Sonderburg zu vermählen: der König sei, wird erwähnt, dem Plane nicht abgeneigt, er habe an Moritz deshalb schreiben lassen, "er möge sich nur gut aufführen, er wolle ihm weiter helfen und zum Fürsten machen." Gleichzeitig wird aber gemeldet, Moritz spiele in Paris sehr viel, er habe an einen französischen General an einem Abend 3000 Thlr. verloren, "also ist noch keine Besserung bei ihm zu hoffen." Jener Vermählungsplan scheint jedoch über die erste Idee nicht hinausgekommen zu sein.

Am 11. December 1723 traf Moritz wieder in Dresden ein: er hatte als Transportmittel eine Portechaise benutzt, welche von zwei Pferden getragen wurde: nebenher ritten zwei Postillione [79]: in älteren Zeiten waren solche Sänften, bei denen man sich der Maulesel zu bedienen pflegte, etwas Gewöhnliches, jetzt erregte aber Moritz, als er mit seinen stolz aufgeputzten Rossen in Dresden einzog, damit vieles Aufsehn. Er verweilte diesmal nur wenige Wochen in Dresden, um alsbald nach Paris zurückzukehren und dort Verhandlungen politischer Natur zu betreiben, die ihm der

---

[79] Ranft a. a. O. (1746) S. 21. Schramm, Abhandlung der Portechaises, Nürnberg 1737 cap. 3. §. 21 S. 49.

König Friedrich August übertragen hatte: was sie eigentlich betroffen haben, bleibt im Unklaren. Daß Moritz aber den Auftrag mit Geschick vollzogen, beweist ein Brief des Königs vom 24. April 1724, worin es heißt: „Je ne puis vous exprimer, combien je suis satisfait de la manière, dont Vous Vous étes acquitté de la commission, que je Vous avais donnée. Vous Vous y etes conduit avec toute l'adresse et toute l'habilete imaginables. Soyez sur aussi, que je Vous tiendray compte du zele, que Vous m'avez temoigné dans cette rencontre et que je Vous donneray des preuves de ma reconnaissance." Moritz schickte, wahrscheinlich in derselben Angelegenheit, seinen Kammerdiener Leger mit Depeschen an den König, der den Ueberbringer alsbald in seinen Dienst nahm. Im Mai 1724 machte Moritz eine Excursion nach England; dem Könige Friedrich August schrieb er, seine Absicht sei, dort Pferde zu kaufen. Nach den Angaben des sächsischen Agenten zu London le Coq trat er bei dem Marquis Desmarches, einem seiner Freunde, einem Piemontesen ab: er sagte, die Nähe von Amiens, wo sein Regiment stehe, habe ihn veranlaßt, einige Tage nach England zu kommen, er wolle aber Niemand sehn, habe auch nur das Kleid mit, das er auf dem Leibe trage. Le Coq überzeugte ihn aber von der Nothwendigkeit, sich dem Könige von England vorzustellen. Am 23. Mai führte ihn der sächsische Agent zum Könige, der sich ½ Stunde in seinem Cabinet mit ihm unterhielt: er war dann noch einige Mal bei Hof und zur Jagd in Windsor. Er besuchte auch Kensington, Hamptoncourt und das Wettrennen in Newmarket und fand dabei Gelegenheit, seine Stärke einem Karrenführer zu beweisen, der mit ihm Streit anfing: er warf ihn zur großen Belustigung der Umstehenden in den mit Schmutz gefüllten Karren, so daß er fast erstickt wäre [80].

---

[80] Sammlung von Lobschriften ꝛc. S. 107. Lettres et mémoires, I. p. XXXIX. Cépagnac a. a. O. II. S. 274 not. *.

Am 1. Juni reiste er wieder ab. Der Eindruck, den er hinterließ, war, wie le Coq versicherte, ein sehr günstiger: „on lui a trouvé," bemerkte dieser, „une politesse infinie, jointe à un naturel admirable, une figure aimable, un sens juste, une conversation deliée sans affectation et sans envie marquée de plaire. Ceux qui connoissent le Roy notre maitre, ne pouvoient ce lasser d'indiquer des ressemblances." In gleichem Sinne schrieb auch der churhannoversche Minister von Fabrice aus London an den Grafen von Flemming, indem er hinzufügte: „je puis dire, que tout le monde, hommes et femmes, se sont empresses, de lui faire honnetete, les unes à cause de sa naissance et des agrements de sa personne, d'autres sur sa reputation." Nach Paris zurückgekehrt, fand er Gelegenheit, sich einen Verwandten des Feldmarschalls Grafen von Flemming durch eine freundliche Aufnahme zu verpflichten: dieser meldete hierüber: „le Cte de Saxe me recut, on ne peut pas mieux. Il s'amuse beaucoup à chasser à une capitainerie à 7 lieues d'ici. Par rapport aux femmes, il ne se soucie guere de celles de qualité, trouvant le metier d'un amant trop rude et celui d'un joueur de quadrille trop annuyan (ennuyant), qui sont les deux voyes de faire la cour aux femmes de ce pays." Der Briefsteller gedenkt zugleich, daß Moritz ein Verhältniß mit einer „fille de la comoedie" unterhalte. Ob er damit die Schauspielerin Adrienne Lecouvreur gemeint, auf die wir noch später kommen werden, oder eine Andere untergeordneterer Gattung, ersehn wir nicht. Wenn es übrigens Moritz auch damals in Paris gewiß nicht an Gelegenheit fehlte, das Leben zu genießen, — was man gewöhnlich so nennt — so befriedigte ihn dies doch nicht: eine unzufriedene Stimmung spricht sich in einem Briefe aus, den er von Fontainebleau am 15. September 1724 an den damals in Rom verweilenden sächsischen Geheimen Rath Grafen von Lagnasco richtete, in dem es heißt: „Comen Vous trouves Vous a Rome, j'espoire qu'ne fois en votre vie, vous ores chau, chose que vous souheties toujour dans nos climas glasse ou non pas la nature expire, mais les santimens, la verites, la reconnessanse et toute les otre calites, qui rende la vie agreable et honorables." Zu Ende October 1724 verließ Moritz Paris, um zum König von Polen nach Warschau zu gehn. Angeblich um sich dort durch ihn vorstellen zu lassen, in der That aber in ganz anderer Absicht, reiste gleichzeitig dahin der Graf v. Montmorency [61]. Dieser verfolgte einen, aus der hier unklar bleibenden Correspondenz des Grafen von Hoym aus Paris mit dem Grafen von Flemming, nicht zu ersehenden geheimen Zweck. Hoym schrieb hierüber (29. October 1724), Montmorency sei es sehr erwünscht, daß Moritz's Reise zum Vorwande der seinigen diene, daß er aber den Feldmarschall bringend bitten lasse, jenem den wahren Zweck nicht zu verrathen, „et comme il craint," fügte Hoym hinzu, „que le Roy en pourroit en parler au Cte de Saxe, il desireroit que V. E. eut la bonté de prevenir sur cela Sa Majesté, de manière pourtant, que cela ne puisse point blesser Mr. le Cte de Saxe et ne paroisse qu' une précaution, qu'il est obligé de prendre pour des raisons de famille, qui ne lui permettent pas de s'en ouvrir à qui que ce soit." Moritz verblieb den Winter über am sächsischen Hofe, dem er nach Dresden folgte: wir finden seine Theilnahme u. a. an einem Hoffeste am 13. Februar 1725 erwähnt, auf dem er bei einer Wirthschaft als Gärtner mit der Castellanin Charminska auftrat. Ein Brief vom 8. Mai 1725 meldet aus dieser Periode noch „le Cte de Saxe a eu de très grosses paroles avec le Prce Czartoriski, qui lui avoit vendu une bague, mais on a trouvé moyen de les raccommoder par l'entremise du Pr. de Weissenfels pour

---

[61] Wahrscheinlich Graf Alexander Joseph von M., der dem Grafen Friedrich Vitzthum von Eckstädt in dem Duell secundirte, in dem dieser blieb. S. des Verfassers Aus vier Jahrhunderten, N. F. I. 241.

les dehors et comme ils ne sont pas agités peut-être d'un même feu, on croit que la chose restera là." Bald darauf reiste Moritz nach Frankreich zurück. Die extraordinaire kaiserliche Reichs-Post-Zeitung in Frankfurt a. M. vom 26. Juni 1725 meldete, daß der Graf von Sachsen glücklich in Paris angekommen und mit gar besonderer Distinction empfangen worden sei: dies letztere bestätigt auch eine Depesche des Grafen von Hoym aus Paris vom 13. Juni 1725. Der Gunst des Hofes vertrauend, wagte es Moritz, dem Chevalier de la Serre in seinem Hause eine Zufluchtsstätte zu gewähren, der wegen eines „placard séditieux" verfolgt ward; er wollte ihn sogar bei Hofe vorstellen, was aber verhindert wurde. Bei der Vermählung Ludwig XV. mit Marie Leszczynska am 5. September 1725 war Moritz zugegen: Hoym schrieb hierüber: „il a été présenté à la Reine par Mr. le Duc lui même et a paru d'ailleurs à la cour d'une manière fort honorable et telle, qu'il convenoit." Zu derselben Zeit finden wir ihn auch zugezogen zu Verhandlungen zwischen Chursachsen und Hessen-Cassel über die Hanauische Succession. Sachsen hatte von Kaiser Ferdinand II. unter dem 23. August 1625 eine Expectanz auf die Hanauischen Reichslehne erhalten: der Fürst Johann Reinhard von Hanau war ohne männliche Descendenz: es fanden daher über seine Lande, auf welche Hessen Ansprüche erhob, Verhandlungen statt, welche zu dem Vergleiche vom 4. Februar 1724 führten, nach welchem Sachsen seine Ansprüche an Hessen abtrat gegen eine Baarzahlung von 600000 Thlrn. und eine noch festzusetzende Landentschädigung mit einem Einkommen von 12000 Thlrn. jährlich. Diese letztere ward durch spätere Verträge geregelt, Moritz aber sollte nach ausdrücklichem Befehl des Königs, stets von allen Umständen, die mit der Succession von Hanau zusammenhingen, in Kenntniß gesetzt werden. Den Ministern war aber diese Concurrenz unangenehm und der Graf von Flemming wußte Moritz's Handlungsweise so darzustellen, als ob er unberufen zu weit gegangen sei und direct mit dem Landgrafen von Heſſen habe verhandeln wollen, ſo daß der König darüber ſehr unwillig ward. Nachhaltig kann aber dieſer Unwillen nicht geweſen ſein, denn wir finden aus derſelben Zeit Briefe des Königs an Moritz, in welchen er ihm ſcherzhafte Mittheilungen zugehn ließ über eine, dem Namen nach nicht bezeichnete Polin, der er bei ſeiner letzten Anweſenheit in Warſchau gehuldigt hatte. Er ſchrieb ihm u. a.: „Votre belle s'est retirée dans un couvent, pour se mettre à l'abry de la mauvaise humeur de son mary, qui de son coté fait tous ses efforts pour ravoir sa femme et promet d'avoir de meilleures manières, si elle veut revenir chez lui." Die Dame, „la belle à la grille," wie der König ſie nennt, verſtand ſich aber nicht dazu. Auf eine ſcherzhafte Weiſe ließ ihm der König auch das Portrait der Schönen gleichzeitig mit dem ihres Gemahls durch den Grafen von Hoym in Paris zuſtellen, beide Bilder zuſammen, „parce que c'eut été grand dommage de séparer un couple si bien assorti." Im November 1725 verließ Moritz Paris, um zum König nach Warſchau zu gehn: über einen Beſuch, den er auf der Reiſe beim Herzog Wilhelm Heinrich von Sachſen in Eiſenach machte, ſchrieb ein Herr von Heinitz von da (9. December 1725) an den Grafen von Flemming, er habe dort ſehr gefallen, nur einer der Gäſte, der Landgraf von Heſſen, ſei nicht mit ihm zufrieden geweſen, weil er bei Tafel „avec trop de libertinage" mit ihm geſprochen habe.

Am 10. December 1725 traf Moritz in Warſchau ein. Flemming ſchrieb, nachdem er ſeine erſte Unterredung mit ihm gehabt: „le Cte de Saxe m'a paru tres rebuté de la France et sent bien qu' à la longue, il n'y sauroit tenir, l'ayant pris sur un ton de depense, dont il ne sauroit rabattre et qui ne sauroit aller loin." Moritz gedachte in der That, jetzt mit hochfahrenden Plänen beſchäftigt, ſein Verhältniß mit Frankreich ganz zu löſen und verhandelte theils mit einem Neffen des Grafen Flemming, theils mit ſeinem Halbbruder, dem Grafen Rutowſki, über den Verkauf ſeines Regiments.

Allein weder der König, noch der Graf Flemming waren mit dem Handel einverstanden, der sich denn auch zerschlug. Der Graf von Hoym bemerkte, als ihn Flemming von Moritz's Absicht, sein Regiment zu verkaufen, benachrichtigte: „Mon avis est, que le Cte de Saxe seroit fort mal conseillé, s'il quittait ici un etablissement certain, agreable et qui lui convient à touts égards." Hoym hatte wohl ganz Recht, allein Moritz war nicht gemeint, einem solchen Rathe zu folgen, er begann jetzt eine Episode seines Lebens, in der er mehrere Jahre der Sorge und des Kampfes einem Ziele widmete, welches er nicht erreichen sollte.

Vierter Abschnitt.

1726 und 1727. Wahl Moritz's zum Herzog von Curland.

Das Herzogthum Curland war durch einen von Gotthard von Kettler im Jahre 1561 geschlossenen Vertrag (pacta subjectionis) zu Polen in ein Lehnsverhältniß getreten [82]. Der Kettlersche Stamm, in welchem das Herzogthum forterbte, schien aber zu Anfang des 18. Jahrhunderts seinem Erlöschen nahe. Herzog Friedrich Wilhelm starb im Jahre 1711: er hinterließ eine junge Wittwe, Anna Iwanowna (geb. 1693), die Nichte Peters des Großen [83]: das Herzogthum ging auf Friedrich Wilhelms Oheim, den Herzog Ferdinand, über, welcher, der letzte seines Stammes, noch unvermählt [84], im Jahre 1725 das 70. Lebensjahr erreicht hatte (geb. 1. November 1655): in ewigem Streit mit seinen Ständen, hatte er sich nach Danzig zurückgezogen, wo er zu Ende des Jahres 1725 schwer erkrankt darnieder lag: die Erledigung des Herzogthums schien also nahe bevorzustehn. Die Nachbarstaaten waren insgesammt bereit, sich des verwaisten Landes anzunehmen, aber die Interessen kreuzten sich. Polen wollte das heimfallende Lehn an sich ziehn, um es der Republik ein-

---

[82] Das Nähere s. u. a. bei Cruse, Curland unter den Herzögen, I. 13 fl.

[83] 1730 Kaiserin von Rußland, † 1740.

[84] 75 Jahre alt vermählte er sich noch mit Johanne Magdalene H. v. Sachsen-Weißenfels.

zuverleiben: dies wünschten aber weder Preußen noch Rußland, noch die Curländer selbst. Eine anderweite Vermählung Anna's schien die Aussicht zu bieten, ihrem Gatten zugleich die Nachfolge im Herzogthum zu sichern: sie hatte daher fast so viele Bewerber als weiland Penelope. Einige derselben erfreuten sich der Unterstützung Rußlands oder Preußens, indem beide Staaten das Herzogthum einem Fürsten zuzuwenden wünschten, der ihnen dasselbe verdanke: einige kühne Ehrgeizige traten aber auch ohne solche Protection in die Schranken. Zu diesen müssen wir u. a. den General-Feldmarschall Grafen von Flemming rechnen, der im Jahre 1720, nachdem seine erste Ehe mit der Gräfin Sapieha 1715 annullirt worden, wieder in eine Ehe zu treten bereit war, zumal wenn sie ihm einen Herzogshut bringen konnte: wir finden darüber einen Aufsatz, der den Plan als wohl ausführbar bezeichnet, unter der Voraussetzung, daß die Sache sehr geheim betrieben und der Zaar Peter, so wie seine Günstlinge, dafür gewonnen würden. Das mag aber Schwierigkeiten gefunden haben, Flemming gab das Project auf und vermählte sich am 9. Januar 1725, schon 58 Jahre alt, mit Thecla, Prinzessin von Radziwill. Schon früher, bald nach dem Tode des Herzogs Friedrich Wilhelm, war aber die Möglichkeit in das Auge gefaßt worden, einem churfächsischen Prinzen Curland zuzuwenden. Veranlassung dazu bot der Graf Friedrich Vitzthum von Eckstädt, der bei Gelegenheit einer Mission an den Zaaren aus Riga den 10. December 1711 schrieb: „Da ich letzlich durch Curland passiret, habe Gelegenheit genommen, unterschiedene von den Ständen dieses Herzogthums zu sondiren und mich bei denselben zu befragen, wohin ihre Intention gerichtet sei und was sie für mesures zu nehmen gedächten, wenn der jetzt regierende Herzog Ferdinand ohne Leibeserben mit Tode abginge, folglich dieses fürstliche Haus durch Absterben gedachten Herzogs gänzlich erlösche. Da sich dann dieselben so viel herausgelassen, daß weil ihre Privilegia ihnen verstatteten, auf solchen Fall bei

Lebzeiten des regierenden Herzogs und mit dessen Consentement sowohl, als mit Approbation und Genehmhaltung Ew. K. M. und der Republic, einen successorem zu erwählen, sie dahin bedacht sein würden, vor Absterben des Herzogs Ferdinand zu einer Election zu schreiten und, ihren Rechten gemäß, einen successorem zu benennen, indem sonst und wenn sie sich nicht noch bei Lebzeiten des Herzogs solcher Gestalt vorgesehn, dieses Herzogthum nach den polnischen Rechten wieder an die Republic zurückfiele und in Woiwodschaften sollte vertheilt werden. Ich habe mich hierauf bei Unterschiedenen discursive erkundigt, was etwan vor Candidaten hierzu in Vorschlag gekommen und was vor einen Fürsten sie sich zu ihrem künftigen Herzog ausersehn? Diejenigen, so hierüber gesprochen, temoignirten über diese Frage großen embarras und gaben genugsam zu verstehn, wasgestalt sie unter sich selbst noch gar nicht einig wären, wohin sie sich wenden und wem sie diese Dignität sollten auftragen. Sie sagten dabei, es wären zwar unterschiedene Candidaten aufs Tapet gekommen, und hätte sonderlich der Herzog Ferdinand den Erbprinz von Cassel [65] hierzu vorgeschlagen, allein wider solchen finde man dieses einzuwenden, daß er nicht dem lutherischen, sondern reformirten Glauben zugethan ꝛc. Andere von den Herrn Ständen, wovon der Hr. von Keyserling der Chef ist, wären der Meinung, man solle den Markgraf Albrecht [66] hierzu erwählen, in Consideration, daß selber mit einer Princessin aus dem curländischen Hause vermählt wäre, allein hierzu würden sich die Stände auch nicht bequemen, in Ansehung, daß dieser gänzlich von dem König von Preußen würde dependiren müssen und zu befürchten, es möchten ihre Privilegien durch Beihülfe des Königs von Preußen gekränkt oder gar über den Haufen geworfen werden. Noch Andere,

---

[65] Friedrich, welcher 1720 König von Schweden ward.

[66] Albert Friedrich Markgr. zu Brandenburg, Heermeister zu Sonnenburg, vermählt 1703 mit Marie Dorothee, Herz. Friedrich Casimirs von Curland Tochter.

aber der allerwenigste Theil, davon der General Renne der Chef sein soll, wolle gar den Prinz Menschikoff, der unter der Hand schon lange gearbeitet hätte, zu ihren Herzog haben, allein dies würden alle getreue Patrioten abzuwenden und zu verhindern suchen, indem sie leicht absehn könnten, daß sie dadurch unter das Moscovitische Joch würden gebracht werden 2c. Da mich nun Einige und unter andern der Oberst von Brink, dessen Familie gar stark und in großem Ansehn ist, gebeten, ihm meine Gedanken zu eröffnen 2c., habe ich ihnen zu erkennen gegeben, daß ich nicht glaubte, daß einer von allen denjenigen, die sie mir genennet, vor dem Lande vorträglich sein würde 2c. und dabei ihnen nur discursive und für mich zu verstehn gegeben, daß ich davor hielt, sie könnten keinen bessern choix thun, als wenn sie Ew. K. M. Prinz zu ihrem Herzog sich auserlesen 2c. Diesen Vorschlag goutirte nicht allein der von Brink, sondern auch noch etliche Andere, als die Firze und Korffe 2c., sie versicherten mir, daß sie diese Sache weiter überlegen und suchen wollten, die andern Stände zu bewegen, daß sie sich gleichfalls en faveur Ew. K. M. Prinz Royal declarirten. Ew. K. M. werden hocherleuchtet Selbst Dero mesures hierüber zu nehmen geruhen und ob ich wohl keine gewisse Versicherung vom Succes dieser Affaire geben kann, so sollte ich doch glauben, daß man in dieser Sache, wenn selbe mit dem Herz. Ferdinand und bei den Ständen unter der Hand incaminiret würde, noch wohl reussiren könne.

Der Pr. Menschikoff gibt sich viele mouvements, um dieses Herzogthum an sich zu bringen; es befinden sich auch bei demselben bereits einige Curländer allhier (in Riga) und namentlich der gewesene Obermarschall Renne und einige Andere, die von dem Herz. Ferdinand mecontent sind und bei dem Pr. Menschikoff Protection suchen. Der Geh. Rath Löwenwolde hat mir en confidence gesagt, daß Pr. Menschikoff mit ihm dieser Affaire halber gesprochen und sich dahin herausgelassen, er wolle jemand deswegen an Ew. K. M. ab=

senden und Ew. M. 200000 Rubel offeriren lassen, wenn Selbe ihm zu seinem propos hierunter behülflich wollten sein."

Dem Grafen Vitzthum ward darauf erwiedert: „Se. M. könnten bei jetzigen Conjuncturen noch keine rechten mesures deshalb nehmen: wenn Vitzthum Gelegenheit finde, in der Sache etwas zu thun oder mit Jemand von den Ständen zu sprechen, so solle er das Werk nur für sich tractiren: der Vorschlag mit dem K. Prinzen scheine nicht practicabel, es würde aber Sr. M. gefallen, wenn die Stände auf einen Prinzen vom K. Hause reflectiren wollten."

Vitzthum kam denn in seinen Depeschen noch einige Mal auf diese Angelegenheit zurück und bemerkte (5. Febr. 1712), er werde, wenn er bei seiner Rückreise durch Curland reise, die Sache „jedoch nur für sich, und ohne Se. Maj. im geringsten zu compromittiren, bestermaßen zu incaminiren suchen."

Weitere Verhandlungen führten zu einem Tractat wegen Vermählung des Herzogs Johann Adolf von Sachsen-Weißenfels mit der verwittweten Herzogin von Curland d. d. Petersburg den $\frac{12}{23}$. December 1717: nach demselben versprach der Zaar: „die Sache nach der bereits mit den curländischen Ständen genommenen Abrede dahin zu incaminiren, daß die Stände durch eine Deputation beim König von Polen Ansuchung thun würden, daß Herzog Ferdinand des Herzogthums Curland wegen ihrer bereits bekannten Beschwerden für verlustig erklärt und dasselbe dem Herzog zu Sachsen-Weißenfels für sich und seine Lehnserben übertragen werde": wenn dies geschehn und die Immission des Herzogs erfolgt, sollte die Vermählung mit Anna stattfinden: „sollte es aber nicht dahin zu bringen sein, daß Herzog Ferdinand seiner Lande mit Bestand so pure verlustig erkannt werden könne", so sollte ihm auf Lebenszeit eine Pension ausgesetzt werden. Schließlich ward bestimmt, daß „dieses Heirathsconzert vor der Hand geheim gehalten, auch die vorseiende Vermählung nicht eher als bis alles richtig sein werde, declarirt werden solle."

Dieser Vertrag [87], der sich unter den Urkunden des Haupt-Staatsarchivs, aber unvollzogen, vorfindet, kam nicht zur Ausführung. Der Zaar änderte seine Absichten und wendete sich einer Verheirathung Anna's mit dem Markgrafen Friedrich Wilhelm von Brandenburg-Schwedt zu: allein auch der deshalb unter dem 5. Mai 1718 geschlossene Vertrag zerschlug sich und Preußen brachte nun 1722 den Prinzen Karl als Heirathscandidaten in Vorschlag, wobei der Berliner Hof sich bereit erklärte, die Ansprüche, welche Preußen an Curland zu machen habe, aufzugeben und Garantie zu geben, daß das Land niemals mit Preußen solle vereinigt werden. Rußland ging aber darauf nicht ein. Ebenso wenig Erfolg erlangte der Prinz Carl Alexander von Württemberg [88], der seit dem Jahre 1720 sich mit dem Feldmarschall Grafen von Flemming und dem damaligen russischen Gesandten zu Wien, Graf Jagushinski, in Vernehmung setzte, um Anna's Hand zu erlangen, „so flattant," wie es in einem Briefe des Geheimen Raths von Zech an Flemming aus Wien vom 7. December 1720 heißt, „d'y reussir et de pouvoir un jour monter par ce moyen sur le trône de Pologne." Flemming, der, wie wir erwähnt, damals selbst Absichten auf Curland hegte, erwiederte ihm aber, daß jeder Versuch vergeblich sein werde, da die Curländer niemals einen Katholiken zum Herzog nehmen würden [89]. Der Herzog gehörte aber

---

[87] Cruse a. a. O. I. 278. Gretschel, Geschichte des sächsischen Volks und Staates, II. 573.

[88] Er kam nach dem kinderlosen Ableben des Herzogs Eberhard Ludwig 1733 zur Nachfolge in Württemberg, auf welche er 1720 noch keine Hoffnung hatte, da der Sohn Eberhard Ludwig's, Friedrich Ludwig, erst 1731 starb.

[89] Beim Eintritt in den polnischen Lehnsverband ward vorbehalten: „quod dux Curlandiae princeps sit Germanus, de Rege et Republica Poloniae bene meritus et evangelicae religionis addictus." Herr-

dieser Confession an. Jagushinski nahm zwar gern einen
werthvollen Ring vom Prinzen an, that aber nichts in der
Angelegenheit. Auch einer der beiden jungen Landgrafen
von Hessen-Homburg, welche der Zaar Peter im J. 1723
nach Rußland kommen ließ, um sie nach Befinden mit russischen Prinzessinnen zu vermählen [90], ward unter den Be-
werbern um Anna genannt. Endlich finden wir noch Correspondenzen wegen eines apanagirten Prinzen von Anhalt-
Zerbst, Johann Friedrich, der in Gotha lebte und „allda den
Königspräsidenten agirte"; er ließ 1724 „sondiren, wie es
S. K. M. ansehn würde, wenn er das Werk einer Heirath
mit der verw. Herz. v. Curland zu poussiren suchte," scheint
aber, als ihm der Geh. Rath v. Zech die „impedimenta"
vorstellte, sich resignirt zu haben. Jetzt, zu Ende des Jahres
1725, nach dem Tode Peters des Großen († 8. Februar 1725),
trat nun auch Moritz in die Schranken: Anna's Hand konnte
ihm einen Thron verschaffen; was einen Andern abgeschreckt
haben würde, die Aussicht auf die Kämpfe, die ihm vor Er-
reichung seines Zieles bevorstanden, diese Aussicht mußte den
thatendurstigen Moritz mit seiner Kampfeslust nur um so
mehr reizen. Die Herzogin Anna war im September 1725
in Petersburg: dort wurde, nach einer Depesche des sächsischen
envoyé, le Fort, vom 29. September 1725, ihre Aufmerksamkeit durch eine ihr vertraute Dame auf Moritz gerichtet. Als
diese Vertraute das Gespräch auf Anna's Wiederverheira-
thung brachte, zeigte diese eine entschiedene Vorliebe für das
sächsische Haus: sie sagte, ehe sie einen brandenburger Prinzen
nehme, wolle sie lieber in das Kloster gehn, wenn sie ihren
Gatten nicht aus der Hand des Königs von Polen empfangen
könne, werde sie gar nicht wieder heirathen. Die Vertraute
erwiederte darauf, wie le Fort schrieb: „des Princes de

---

mann, Geschichte des russischen Staates (in Heeren und Ukert, Geschichte
der europäischen Staaten), Bd. 4. O. 484.

[90] S. des Verfassers Aus vier Jahrhunderten, N. F. II. 230.

Saxe, je ne sais pas, qui put Vous convenir, mais des Comtes de Saxe, j'en sais un, qui serait Votre fait à tous égards, il ne serait pas difficile, d'en faire un Prince de l'Empire." Die Dame mag wohl noch weitere Mittheilungen über die körperlichen Vorzüge des von ihr Empfohlenen, der Anna persönlich noch ganz unbekannt war, beigefügt haben, sie verfehlten ihren Eindruck nicht und le Fort konnte daher seine Ueberzeugung aussprechen, „que la duchesse avoit son Jawort tout prêt." Aber nicht bloß die Herzogin, sondern auch die Curländer selbst, hatten ihr Auge auf Moritz gerichtet[91] und insbesondere waren es der Ritterschaftsdelegirte von Curland, Oberhauptmann Casimir Christoph von Brakel, der Kriegcommissarius von Karp, der Kanzler von Korff und von Keyserling, welche den Plan lebhaft auffaßten und nach Moritz's Ankunft in Warschau (am 10. December 1725) deshalb mit ihm in Unterhandlungen traten, welche bald zu einer Verständigung führten, durch welche Moritz sich für gebunden erachtete. Anna's Hand konnte ihm zum Ziele verhelfen: allein es zeigte sich auch noch eine andere Möglichkeit, durch eine Heirath Curland zu erlangen, eine Möglichkeit, die Moritz, der jedoch von diesem Plane erst später Kenntniß erlangte, jedenfalls vorgezogen haben würde. Anna war einige Jahre älter als er, hatte bereits die Jugendblüthe abgestreift und zeichnete sich mehr durch die Fülle, als Frische ihrer Reize aus[92], dagegen hatte sich in Petersburg in der Person der Prinzessin Elisabeth (die im J. 1725 in ihr 16. Jahr trat) eine Blüthe entfaltet, die allerdings für einen Sachkenner, wie Moritz war, viel mehr Anziehendes haben mußte. Das „portrait de la Princesse Elisabeth", welches le Fort einschickte, lautete also: „c'est une blonde, qui n'est pas aussi grande que sa soeur (Anna Petrowna) et qui incline à

---

[91] Barthold in v. Raumer's Histor. Taschenbuch, Jahrg. 7 S. 220. Cruse a. a. O., I. 285.

[92] Carlyle History of Friederich II. of Prussia, t. III. p. 116 nennt sie sehr ungalant: „a big brazen Russian woman."

devenir plus puissante. Elle est d'ailleurs bien faite et d'une belle moyenne taille: un visage rond, fort gracieux, des yeux bleus remplis de jus de moineau, le teint beau et belle gorge. Pour l'humeur et les inclinations, elles sont bien differentes de son ainée, c'est un esprit extremement enjoué, qui se soucie peu de la pluye ou du beau temps, d'une grande vivacité, qui tire assez sur l'étourderie, toujours un pied en l'air et ne songeant à rien de solide, ayant d'ailleurs l'admirable talent de savoir contrefaire la demarche et les gestes d'un chacun, elle n'epargne pas même ses proches p. e. le Duc[93]. Possedant tres bien le francois, l'allemand passablement, il semble qu'elle soit née pour la France, n'aimant que le faux brillant. Certain malicieux disoit un jour, qu'elle n'auroit jamais le coeur de se poignarder, si elle donnoit par occasion un coup de canif au parchemin conjugal."

Es erschien nun sehr wahrscheinlich, daß die Kaiserin Katharina, wenn es gelang, Moritz die Hand Elisabeth's zu verschaffen, keine Schwierigkeit erheben würde, ihren Schwiegersohn als Herzog von Curland anzuerkennen und mit ihrer Macht zu unterstützen: die dicke Anna brauchte Moritz dann nicht als lästige Zugabe mitzunehmen. Deshalb wurde durch le Fort in Petersburg insgeheim dahin gewirkt, Elisabeth für unsern Helden günstig zu stimmen, da man ihr Selbstständigkeit genug zutraute, daß sie, wenn sie nur einmal sich für Moritz begeistert, schon Mittel finden werde, ihn sich zum Gemahl zu verschaffen: es gelang dies auch über Erwarten. Lebhafte Schilderungen der Schönheit und Ritterlichkeit des jungen sächsischen Helden, mit welcher ein Freund le Forts, der bei Elisabeth Zutritt hatte, die Phantasie der lebhaften jungen Prinzessin zu erfüllen wußte, brachten sie bald dahin, daß sie eine romantische Neigung zu ihm

---

[93] Der Herzog Carl Friedrich von Holstein-Gottorp, der mit der Großfürstin Anna Petrowna vermählt war.

faßte, ihn, den Unbekannten, schon zu lieben glaubte. Sie wünschte nur vor Allem, ihn persönlich kennen zu lernen, sie erwartete sein von ihr herbeigesehntes Erscheinen in Peters=burg, wie le Fort versicherte: „avec démangeaison". Ueber eine der Unterredungen, welche der Freund (oder die Freun=din, dies bleibt ungewiß) le Fort's mit Elisabeth hatte, mel=dete der Letztere, die Prinzessin habe gesagt: „Je ne veux pas imiter les Princesses, qui d'ordinaire sont les victimes des raisons d'état, je veux me marier suivant mon gout et épouser celui, qui me plaira. Je serai pourtant toujours qui je suis et aurai la satisfaction d'aimer celui que j'épouserai. Sur quoi mon ami lui repartit, j'en sais bien un que vous aimez de tout votre coeur. Oui, dit-elle, je sais ce que Vous voulez dire, je le crois comme Vous, mais je ne l'ai pas encore vu, dites moi, ce qui'l est. Suffit, dit mon ami, qu'il mérite une couronne." Wir werden auf diese, mehrere Jahre hindurch gehende Episode später zurückkommen, müssen aber hier dieselbe, um den Zu=sammenhang nicht zu stören, abbrechen. Unsere Leser sehn aber, daß hier zwei Combinationen neben einander liefen, ein allerdings etwas gewagtes Spiel: möglich, daß es mit die Ver=anlassung dazu war, daß Moritz schließlich weder Anna noch Elisabeth erlangte, von welchen jede ihn auf den Kaiserthron Rußlands geführt haben würde.

Natürlich fanden alle diese Verhandlungen mit Vorwissen des Königs von Polen statt, ebenso wie es nicht dem minde=sten Zweifel unterliegt, daß es dessen Wünschen vollkommen entsprochen haben würde, wenn Moritz Curland erlangt hätte. Selbst der Graf von Flemming, sonst immer dessen Gegner, war damit einverstanden und schlug in einem Gut=achten vor, Moritz solle sich darauf beschränken, zunächst nur des Herzogs „associé ou coadjuteur" zu werden (eventuell nur auf Lebenszeit und ohne Anspruch auf die Erbfolge sei=ner Nachkommen), und für diesen Plan die Zaarin und die Polen zu gewinnen suchen, eine Ansicht, die auch bei der un=

ter Vorsitz des Prinzen Friedrich August (später als König von Polen August III.) gehaltenen Berathung der sächsischen Minister am 25. April 1726 deren Beistimmung fand. Wenn daher Flemming in spätern Briefen aus demselben Jahre versichert, „l'affaire de Courlande a été entreprise à l'insçu du ministère polonais et contre le sentiment du ministère allemand tant catholique, que protestant"⁹⁴, so beweist dies eben nur, daß man nicht immer auf die Wahrhaftigkeit diplomatischer Versicherungen zu bauen hat. Es kam nun aber darauf an, Moritz, ohne erhebliches Aufsehn zu erregen, nach Curland und Petersburg zu senden. Zu einer Reise dahin boten einen unverfänglichen Vorwand Ansprüche, welche die Gräfin Königsmark auf die Insel Moen und einige Güter in Esthland, als Erbin ihres Bruders Otto Wilhelm, schon seit Jahren vergeblich geltend zu machen versucht hatte. Sie wollte jetzt ihre Ansprüche auf Moen, die sie auf mehr als 100000 Thlr. berechnete, ihrem Sohne abtreten und sprach ihm in einem Briefe den lebhaften Wunsch aus, daß er in den Besitz der Insel gelangen möge. Alles war schon zu seiner Abreise nach Petersburg eingeleitet, der Empfehlungsbrief seines königlichen Vaters an die Kaiserin Katharina schon geschrieben: mehrere Briefe aus Warschau vom 15. und 18. Mai bestätigen, daß er im Begriff war abzureisen, da änderte der König von Polen plötzlich (wenigstens nach außen hin) auf das Andringen, besonders des polnischen Groß-Kronkanzlers Grafen Szembeck, seine Ansicht. Der Minister Graf von Manteuffel erhielt am 21. Mai 1726 den Auftrag vom König, Moritz den Befehl zu überbringen, nicht abzureisen. Der Minister traf ihn schon gestiefelt und gespornt, in Reisekleidern an: nach Anhörung der Botschaft, fragte Moritz (wir wollen nun Manteuffel mit eignen Wor-

---

⁹⁴ So lautet ein späterer Brief Flemming's an den Grafen v. Flodroff Grodno den 7. October 1726. Aehnliches sagte er auch in einem Briefe vom 28. August 1726 an Kurakin.

ten reden laſſen): „si ce que je venais de lui dire, étoit un ordre: je lui répondis que je croyois qu'oui, sur quoi il sortit subitement après avoir répliqué, qu'il n'avoit garde de ne pas obéir en tout au Roi, mais que s'il ne partoit pas, tout seroit perdu pour lui et qu'il songeroit à ce qu'il aurait à faire." Manteuffel gewann nach dem Benehmen Moritz's die Ueberzeugung, daß er doch abreiſen werde und ward darin dadurch beſtärkt, daß er kurz darauf von einigen Damen mit den Worten Abſchied nahm, „que bien vite serait celui, qui le rattraperait." Der Miniſter begab ſich deshalb ſofort zum König, den er aber nicht ſprechen konnte, da er ſich bereits zu Bett gelegt hatte: er theilte nun noch in der Nacht die Sachlage dem Prinzen Friedrich Auguſt mit, welcher bemerkte, er werde ſogleich an Moritz einige Zeilen ſchreiben, um ihn zu ermahnen, er möge nichts übereilen, und den Befehlen des Königs gehorchen. Das Billet traf aber Moritz nicht mehr an: auf ſchnellen Roſſen war er davon gejagt „avec sa bande de philbustiers" (flibustiers), wie der Generalmajor von Glaſenapp ſchrieb [95], und geleitet von einer Escorte, welche ihm der Groß=Feldherr von Lithauen Graf Pociey mitgegeben. Unter ſeinen Begleitern war auch ein Sieur de Blombel, der dabei ſich eines Pferdes bediente, zu deſſen Ankauf ihm der König ſelbſt 150 Thlr. hatte auszahlen laſſen. Der Prinz Friedrich Auguſt ſchickte an Moritz nun als Antwort auf einige Zeilen, die dieſer ihm am 26. Mai geſchrieben, unter dem 28. Mai 1726 einen Brief nach, in welchem es u. a. heißt: „Je crois que Vous retourneriez volontier, si votre engagement ne vous avoit mene si avant etc. On m'a dit, que votre intention estoit, de vous mettre à la teste dune partie de la noblesse, pour engager le reste par cette demarche de

---

[95] Glaſenapp meldete zugleich dem Grafen Flemming: „il m'a demandé des livres, pour s'amuser en chemin, je n'avois sous la main que l'histoire du Duc de Monmouth, il l'a pris et y trouvera quelque avis au lecteur."

prendre les armes: c'est a quoy je n'ajoute pas fois et ne balance pas un moment, de vous assurer davance, que le Roy ne vous sauroit approuver dans ce cas, moy je suis toujours du sentiment conforme au votre, quune belle mort est preferable a une honteuse vie, je donne a penser si vous szauriez rencontrer une belle mort par une pareille entreprise."

Allein die Würfel waren gefallen. Moritz's Antwort lautete also:

„Cauen le 30 de May 1726.

Le sacrifice est prest en Courlande et l'on n'attend que la Victime, je ne manqueray de l'etre, si le Roy me condamne, mais je ne puis trahir des gens, a qui ma parole me lie et me deshonorer chez une nation entiere, qui a mit sa confiance en moy, j'espere que l'univers ne me condamnera pas, quand il scaura, que j'ay toujours eté soumit et obeissant aux ordres du Roy, meme dans mon engagement avec les Courlandais.

Je vous represente ces choses pour vous persuader, Monseigneur, que ma fermeté ne peut que m'etre honorable, si malheureusement il en falloit venir à ces extremités, que vous me faitez redouter, et quand j'ay eu l'honneur d'ecrire a Votre Altesse Royale, que je prefererois toujours une mort honorable a une honteuse vie, j'ay voulu dire, que si le coeur de sa Majesté me desavouoit, je me remettroit entre les mains de ceux, a quil voudroit bien me livrer, apres avoir mit mon parti a couvert. Votre Altesse Royale a les sentiments trop elevé, pour ne pas approuver cette conduite, apres quoy, Monseigneur je ne crains point les evenements, ny la guerre, et s'il ne faut que combattre des polonois, vous me verrez bientot une armee, a les opposer, mais sans m'engager dans des vains propos, je continueray de rendre conte à Votre Altesse Royale de la situation des choses. Le grand General [96], que j'ay vûe ici, est plus ferme que jamais, il m'a dit, qu'il falloit tenir bon, que l'affaire estoit avantageuse pour le Roy, et qu'il ne pouvoit pas manquer d'y revenir, desque la situation le permettoit, qu'il falloit attandre ce moment avec constance et se conduire en attandant avec prudence, qu'il me promettoit, de ne jamais m'abandonner, dut il y perdre la vie, qu'il ne pouvoit assez s'etonner de ce que l'on croignoit les piailleries dans le temp, que luy le grand general les meprisoit et rendoit des services par pure gayeté de coeur, sans qu'aucun interest ly engage. Au reste, les Moscovites donnent les mains et la guarnison de Riga a ordre de me soutenir en cas de besoin, la diete est convoqué en Courlande et se tiendra le 26 Juin, on massure, que je seray unanimement elû, mon dessein pourtant est, pour ne choquer personne, de ne prendre que le titre de Regent pour un an, mais de successeur pour moy et ma posterité apres la mort du Duc Ferdinant, je crois, Monseigneur, que l'on ne peut user avec plus de modestie et je souhaite plus que la vie, que cette conduite plaise a Sa Majesté et a Votre Altesse Royale. J'ay mit sur le papier cy joint les droits des Courlandois au sujet de l'election dun Duc et je vous prie Monseigneur de le lire avec attention, quand il s'agira de faire la guerre sur le papier, je vous en feray voir bientot d'autres et je vous assure, Monseigneur, que je ne crains la republique ny de lun ny de l'autre facon etc."

Einige Zeit darauf traf Moritz mit der Herzogin Anna in Mitau zusammen. Der Eindruck, den er auf sie machte, war ein so günstiger, daß, wenn sie noch ein Bedenken gegen

---

[96] Der schon erwähnte Groß-Feldherr von Lithauen, Palatin von Wilna, Graf Pociey. Der Graf von Flemming schrieb über ihn: „il s'est engagé dans cette affaire comme Adam dans le peché, seduit par sa femme."

eine Verbindung mit ihm gehegt haben sollte, dieses sehr schnell beseitigt ward. Moritz schrieb hierüber an seine Mutter[97]: „was die Herzogin betrifft, so wird mir das Glück, ihr nicht zu mißfallen. Sie zeigt mir alle Zuvorkommenheit und hat selbst an die Zaarin geschrieben, um zum zweiten Male durch mich Herzogin von Curland zu werden."

So schienen denn allerdings zu dieser Zeit seine Hoffnungen nach allen Seiten hin begründet. In Polen hatte er für sich den König, der ihn heimlich begünstigte und mehrere mächtige polnische Große selbst, von denen er hoffen konnte, daß sie bei ernstern Zerwürfnissen wenigstens eine mächtige Partei zu seinen Gunsten bilden würden. Insbesondere rechnete er dabei auf den schon erwähnten Groß-Feldherrn von Lithauen Grafen Pociey: ein Brief eines seiner Genossen, v. Fontenai, aus Riga vom 18. Juni 1726 meldete, Pociey bleibe Moritz getreu, er habe in Koweno, wo er seinen Neffen als Starosten eingeführt, bereits 500 Edelleute, darunter auch Sapieha's, versammelt: dort habe er Moritz ein Rendezvous gegeben, bei der Tafel seien auf das Gelingen des Plans viele Gläser geleert worden: „les Jesuites," fährt der Briefsteller fort, „et autres gentilhommes, qui avoient des affaires en Courlande ont demandé notre protection. A Mitau on nous a donné une escorte de dragons et des houllans, qui sont à nos ordres tant que nous en aurons besoin." In Curland war die Ritterschaft ganz für ihn gestimmt, sie hoffte unter dem tapfern, ritterlichen, jungen Helden die Unabhängigkeit des Landes den mächtigen gefährlichen Nachbarn gegenüber gesichert zu sehn: seine Persönlichkeit sprach allgemein an „ma phisionomie leur ayant plu," wie Moritz selbst damals in einem Briefe nach England schrieb. Ein von den Landesdeputirten an den am 22. März einberufenen Landtag erstatteter Bericht hatte bereits den Vorschlag gethan, man möge bei dem hohen Alter

---

[97] Cramer, Denkwürdigkeiten ꝛc., II. 114.

des Herz. Ferdinand den Prinzen Moritz von Sachsen even=
tuell zum succedirenden Herzog wählen"". Aus Petersburg
klangen le Fort's Berichte ebenfalls günstig. Die Zaarin
selbst war Moritz persönlich zugeneigt und le Fort schrieb
(11. Juni 1726), wenn er zum Herzog gewählt werde, „on
pourroit hardiment tenter un mariage avec la Princesse
Elisabeth": mehrere russische Große „de crédit et dignes
de foy", hatten ihm die Sache als faisable" bezeichnet. Der
Herzog von Holstein=Gottorp war über Moritz's Erscheinen
in Curland sehr bestürzt und schien unentschlossen, welchen
Weg er einzuschlagen habe: er begnügte sich vor der Hand
damit, den Ansprüchen Moritz's auf die Insel Moen, die jetzt
diesem sehr in den Hintergrund traten, entgegen zu wirken.
Le Fort meinte, Menschikoff werde wohl zu gewinnen sein;
obwohl er selbst Absichten auf Curland hege, werde er sich
doch wohl beruhigen, wenn man ihm gebe „un os à ronger":
er hatte sich auch schon insoweit für Moritz ausgesprochen,
als er geäußert, es sei immer noch besser, diesen zum Herzog
von Curland zu machen, als auf einen Vorschlag Englands
und Frankreichs einzugehn, „nach welchem der Herzog von
Holstein Curland erhalten und dagegen Schleswig abtreten
solle." Moritz, hiervon in Kenntniß gesetzt, bat deshalb in
einem Briefe vom 7. Juni 1726 den Grafen von Manteuffel,
der König möge an Menschikoff direct schreiben, was, wie
ihm versichert worden, diesen außerordentlich schmeicheln
werde: er fügte hinzu: „comme j'ay appris, que le titre de
Comte chocque la Duchesse de Courlande, faites en
sorte, je Vous supplie, Monseigneur, que dans cette lettre S. M. me nomme simplement mon fils legitime
Maurice de Saxe." Es kam allerdings bei der letztern Be=
zeichnung etwas darauf an, ob der Schreiber, wie Moritz be=
antragte, geschrieben hätte: „legitime," oder „legitimé."
Der Graf Manteuffel antwortete Moritz aus Warschau am

---

⁹⁸ Cruse, Curland unter den Herzögen, I. 286.

15. Juni 1726, der König habe seinen Wunsch genehmigt, er schicke ihm daher den Brief an Menschikoff, der "en termes généraux" gehalten sei und "sans que V. E. soit qualifié de Comte." Das geheime Cabinet beschloß zugleich mit diplomatischer Vorsicht im Voraus, "que si cette irregularité de qualification devoit tirer à quelque consequence, elle seroit regardée comme une omission de chancellerie." Der Brief war übrigens auf den 10. Mai 1726 zurückdatirt, unter welchem Datum auch ein Brief des Königs an die Kaiserin Katharina erging, in welchem er sich bei dieser wegen der Ansprüche Moritz's auf Moen ꝛc. verwendete. Moritz selbst fand es jetzt auch seiner Seits angemessen, den Grafentitel wegzulassen und unterschrieb sich in vielen uns vorliegenden Briefen nur "Maurice de Saxe."

Einer Macht aber haben wir noch zu gedenken, die, in aller Herren Länder zerstreut, sich am lebhaftesten für Moritz interessirte, für ihn warb und mit Selbstaufopferung wirkte: das waren die Frauen, von der Seine bis zum Newastrande. In Paris war es die schöne Adrienne Lecouvreur[99], die berühmte Schauspielerin, mit der er, wie aus einem Briefe an seine Mutter hervorgeht, seit dem J. 1723 im intimsten Verkehr stand. Sie brachte ihm, wie uns zahlreiche Schriften erzählen, sogar ihre Pretiosen zum Opfer, um ihm deren Ertrag, 40000 Lvrs., zuzusenden. In Queblinburg sammelte seine Mutter die wenigen Trümmer ihres Vermögens zur Unterstützung des Sohnes, dessen gefahrvolles Unternehmen sie mit größter Besorgniß erfüllte: sie hatte 3 große Perlen, von denen eine 208 Gran wog, bei dem Juwelier Döring für eine Schuld, die mit den Zinsen beinahe 7000 Thlr. betrug, versetzt: die Perlen waren von holländischen und englischen Juwelieren aber auf 12000 Thlr. geschätzt worden. Die Gräfin Königsmark wünschte daher sie einzulösen und

---

[99] Sie war geboren 1690 und starb, wie man erzählt, von einer Nebenbuhlerin vergiftet, am 20. März 1730.

bat den General-Feldmarschall Grafen Flemming, er möge den König bestimmen, ihr das Geld vorzuschießen, allein Friedrich August, der die Perlen wahrscheinlich schon einmal bezahlt hatte, zeigte dazu keine Neigung. Er soll zwar, wie Cramer[100] angibt, die Zahlung zugesichert haben, jedenfalls ist sie aber nicht erfolgt und die Perlen konnten daher nicht zu Moritz's Bedürfnissen verwendet werden. In Warschau werden uns als seine Parteigängerinnen vorzugsweise genannt, die schon erwähnte schöne Gräfin Pociey und die Marschallin Bielinska (wahrscheinlich die Halbschwester Moritz's, Gräfin Rutowska, welche an den Grafen Bielinski verheirathet war): von der letztern schrieb der Generalmajor von Glasenapp (Warschau den 1. Juni 1726): „elle a prêté sa vaiselle d'argent et même la personne de M. d'Astel pour y prendre un peu garde à M. le Cte de Saxe." Auch wurden aus schönen Händen 2500 Ducaten in Moritz's, deren sehr bedürftige, Börse nachgesendet. In Curland hatte er die Herzogin Anna und in Petersburg die schöne Elisabeth zu Vertreterinnen. Le Fort hatte daher ganz Recht, wenn er schrieb, daß Moritz's Gegnern „une guerre de quenouilles" drohe.

So nahte denn der entscheidende Tag heran; zum 26. Juni 1726 war der Landtag nach Mitau einberufen. Dagegen erging von Seiten des Königs von Polen ein in lateinischer Sprache abgefaßtes inhibitorium vom 8. Juni 1726, in welchem den Ständen verboten ward, „sub praetextu absentiae hactenus a ducatibus ducis Ferdinandi, homagiique ejus non redditi, seu alia quavis palliata ratione," einen „conventum particularem privatum" zu halten. Am anberaumten Tage waren in Mitau 32 Abgeordnete erschienen. Zum Referenten in der Wahlfrage ward der günstig gestimmte Oberhauptmann von Brakel bestellt; sodann fand ein großes Bankett für den Adel bei der Herzogin Anna

---

[100] Denkwürdigkeiten 2c., II. 105 fl.

statt, bei dem auch Moritz, als der Held des Tages, zugegen war und bei dem man bis tief in die Nacht zechte. Der 28. Juni war zur Entscheidung über die Wahlfrage bestimmt. Der Starost Nakwaski übergab das polnische rescriptum inhibitorium, das man aber lediglich zu den Acten nahm, da Moritz erklärte, es sei ihm vom Hofe mitgetheilt worden, daß das Rescript als „obreptitie obtentum" werde cassirt werden. Auch der Herzog Ferdinand wollte durch den Ober-Secretair Zentwowe ein Inhibitoriale in der Landbotenstube einreichen lassen, das aber unerbrochen zurückgegeben ward: er ließ dann erklären, wenn der Landgraf Georg von Hessen-Cassel, der in schwedischen Diensten stehe, gewählt werde [101], wolle er zu dessen Gunsten entsagen. In Petersburg hatte man sich inzwischen doch noch gegen Moritz entschieden, der Herzog von Holstein schlug den Herzog Adolf Friedrich von Holstein-Glücksburg vor, der russische Abgesandte Bestucheff dagegen im Namen der Kaiserin, den Herzog von Holstein selbst, und endlich meldete sich auch Menschikoff als Bewerber, da man le Fort's Rath „de lui donner un os à ronger" nicht genügend befolgt hatte. 50000 Rubel, die er zur Unterstützung seiner Bewerbung „unter die Landschaft employiren wollen," wurden nach Petersburg zurückgesendet: besteht doch der Curländische Adel aus Deutschen, das hatte Menschikoff nicht beachtet! Einstimmig ward Moritz gewählt, da auch der Landmarschall Eberhard Philipp von der Bruggen, der erst die Unterschrift verweigerte, schließlich nachgab: nach der Wahl ward von sämmtlichen Deputirten die Gratulation dem „Prinzen" Moritz, wie man ihn nun nannte, abgestattet. Er meldete das Ereigniß dem ihm vertrauten und verschwägerten Oberkammerherrn Graf Heinrich Friedrich von Friesen [102], mittelst folgenden eigenhändigen Briefes:

---

[101] Cruse, Curland unter den Herzögen, I. 286.

[102] Derselbe, der der erste Verlobte der Gemahlin Moritz's war, wie wir im 2. Abschnitt erzählt: er vermählte sich am 3. Juni 1725 mit Augusta Constantia Gräfin von Cosell (Tochter Friedrich August I.),

„Mitau le premier de Jeullet.

Je vous aimme trop, mon cher comte, pour ne vous pas faire pars de se qui vien de m'arriver, j'ay etes elus duc suxesseur de Courlande et l'on ma defferes le gouvernement, j'uscasse (jusqu'à ce que) le Duc Ferdinant pusse aitre (être) einvestis par le Roy, j'ay eu des conqu'rans tout pleins, mais les courlandes ont etes inebramlable, ny les promesse, ny les menasse, n'ont rien peu (pu) sur eux et j'ay aites (été) elus unanimement. Vous vaires (verrez) par lais (les) copi si jointe, la situassion, ou je me trouve et les drois des courlendes, faite moy la grasse (grace) de m'ecrire, si le factoum ait bien resones et sil ait de votre gou, je suis encore n'ovisse en sais (ces) sorte d'ouvrage et votre suffrage me flateret baucoup, se n'ait pas, que je lexige, mais je madresse avous, parseque je sais, que vous me dires naturellement se que vous en penses. Mais il faut auparavan, que je vous maite (mette) un peu au fait de se qui sait (c'est) passe.

Le Roy ma permis de prendre des angagement avec les courléndes, dis (d'y) evoier, dengager Pochy (Pociey), qui si ait (s'y est) mis juscau cou, de la maniere du monde la plus genereusse, san que je luis ay rien promis, ny que le Roy luy an ais parler selement, seluy si en a engages d'autre en Lituany de fasson, que je me suis fait un partis asse considerable, dalieurs (d'ailleurs) il ma falus des gans en courlende pour portes la noblesse a une axion hardy, tout selns (cela) fait un prossais (procès) d'einquisition, cant la change tourne. Mon projet aitait, que le Roy apres avoir ecoutes les

---

ward 1726 Oberkammerherr und Cabinetsminister, 1731 General der Infanterie, † bei Montpellier am 8. December 1739, s. Geneal. histor. Nachrichten, Theil VIII. S. 675 fl. Leipzig 1740. Pöllnitz, état abregé de la cour de Saxe, p. 42. Bülau, Geheime Geschichten, I. 300.

reson (raisons) des Courlendes, put dessider en leur faveur comme juge naturel, il me presset toujours sur mon depars, mais je me recuses (recusais) sur se que laffaire nétait pas encore mure et que je cregnais, ca (qu'à) larivee du Granchangelie (chancelier) et du Primas[103], il ne signa quelque chosse contre moy, sur cois (quoi) il m'assuret toujour, quil tiendret bons et quil me donerait le tans (temps) de faire mon coup, enfein se maudit Granchangelie arrivas, il parla et je ressu ordre de restes a Varsovis. Settet (c'était) le momans, que javes bien prevus et que je pris pour me determines, je partis sur le champ et jecrivis au Roy se (ce) que je pus de plus persuasif, il me fit repondre que la reson d'etat lenportet (l'emportait) sur leinclinassion, que je deves abandones mon proget, man aller a Dansik et de las menbarques pour atendres (attendre) sous des climas plus heureuse, des congoncture plus favorable: tout sela nites (était) dit fort elegammant. Depuis se tans la, j'ais restes en re..ssion avec le Preinse (𝔓rinz 𝔉riedrich 𝔄ugu𝔰t), qui ma toujour exortes a abandoner mon partis. Le Roy a continues, comme il a comense et il a envoies ici Mr. le Staroste de Chicanof, avec un rescrit fulminant, qui deffan de tenir la diette, avec des mennasse orible et luy ait (est) un personage tres einpertinant, il parle de confederassion, de faire coupes des tetes etc etc. Tousa (tout cela) a fait un effait tout afait contraire a seluy, que Messieurs les polones (Polonais) en attendet et jay vu les Courlendes pret a tenir une conduite san borne et a jeter Mr. le Staroste dans la riviere, avec le rescrit pendus au cou, se que jais heuresment enpeche. Les courlendes ont la taite (tête) ossi pres du bonet, que les francais, et il me paresse (paraissent) tres brave gans. Je ne sais, comme tout sen finiras: se qu'il y a de tres

---

[103] Erzbischof von Gnesen, Primas, war Theobor Graf Potocki.

sur, sait (c'est) que je n'en demorderes pas et si les Polones mataque (m'attaquent), jes (j'ais) paine que ou les Moscovite ou les Prussien, voudron bien me pretes douse ou ckeinse (quinze) mille homme, sove (sauve) a moy a les entretenir au frais et depans de la republique. Le partis des desidans (dissidents) et (est) asse for (fort) en Pologne et se joindres (joindrait) bien tot a moy, en fein l'affere de Toren (Thorn [104]) nait (n'est) pas encore tout affait assoupis, que sait on je pouves petetre me soutenir et les obliger a macorder la pais (paix).

Voila ma situassion, mon cher comte, jay trop dopinion de votre amitie et de vos lumiere, pour ne vous pas prier de macorder vos avis. Je vas apresan (à présent) au plus presse et je suis oqupes a faire une milisse, pour maitre (mettre) le peis (pays) hor d'einsulte, qui doit toujour y restes. Elle pourra bien aller a 10000 ou 20000 homme, les offissies ne me menqueront pas et tout en fourmille ici, je ny meteres que des courlendes et si je puis avoir dautre troupe, soit de la Prusse ou de l'Alemagne, je pouseres en avans tousela (tout cela) en cas d'ataque: les moscovite pouret (pourraient) bien men doner ossi, si j'epousse la Prinsipesse, mais sais (ces) Messieu se plaise quelque fois dans les endres (entrées) et sait (c'est) un operas pour les faire demarer (démarrer) set (c'est) pourcoy, je n'aime pas avoir a faire a eux, enfein je veres (verrais) si sela commense et que

---

[104] Bei einem Tumult 1724 war das Jesuitercollegium verwüstet worden. Eine aus Katholiken bestehende Commission führte die Untersuchung, in deren Folge ein Assessorialgericht zu Warschau ein Urtheil fällte, welches die Häupter des Magistrats, der künftig zur Hälfte aus Katholiken bestehn sollte, zum Tode verdammte. Der König Friedrich August vermochte, durch Drohungen und die Stimmung in Polen geschreckt, die Vollziehung des Bluturtheils nicht zu verhindern. S. Gretschel, Geschichte des sächs. Volks und Staates, Th. II. S. 572. Anno 1724: zur Characteristik der polnischen Herrschaft, von Dr. Clar. Bromberg 1862.

vous voullies aitre (être) de la partis vous me feres gran plaisir et honeur. Pettetre, que le Roy vous le permeteras, je vous propose sesi (ceci) comme un amusement digne de Vous. Adieu mon cher comte, honores moy de votre amities et soies persuades, que vous n'aures jamais personne, que vous soit ossi seinserement atache
Maurice de Saxe.

Ressones je vous pris (prie) de toutsesi un peu avec le Pr. de Wirtenberg, il m'onhore de sais (ses) bontes et il ait de tres bon conseil, assurez je vous prie en maime tans (même temps) des mais (mes) obeissense. Mais complimans a ma chere seur (soeur). Vous ne croires petetre pas, que jais entrepris sette expidition sans un sous et que l'on mat reffuse de largan (l'argent) avan que le Gran chanselie fut arives."

Wir sehn, Moritz stützte seine Hoffnungen immer noch mit auf Rußland; er sollte aber hierüber bald enttäuscht werden. Menschikoff sendete dem General-Auditeur Sentrowicz, den er zuerst zur Vertretung seiner Interessen abgeschickt hatte, den Adjutant Lieben (oder Lieven) nach, der am 29. Juni in Mitau eintraf. Als man ihm die Wahl Moritz's als fait accompli mittheilte, verkündete dieser drohend die baldige Ankunft Menschikoff's und eines russischen Corps von 12000 Mann. Um dem Sturm zuvorzukommen, warb der General von Pflugk nach Petersburg abgesendet: gleichzeitig aber erließ Moritz Notificationsschreiben seiner erlangten Würde an die benachbarten Fürsten: ein solches gelangte auch an den König von Preußen, der aber großen Anstoß an der Fassung nahm: „en ce que le Cte de Saxe y demande l'amitié du Roy et l'assure d'un bon voisinage." Ebenso wenig Glück machte Moritz mit verschiedenen Schreiben vom 1. Juli an den Primas von Polen, den Großkronkanzler Grafen Szembeck und andere polnische Magnaten. Die Antworten waren gleichlautend, bezeichneten ganz laconisch Moritz's Unternehmen als „contraire à la volonté de S. M. et à ses droits, comme aussi à ceux de la Republique." In Petersburg verursachte die Nachricht der Wahl Moritz's ungemeines Aufsehn. „Mardefeld," schrieb le Fort, „est presque tombé en apoplexie: nos amis et surtout les femelles n' en dorment pas de joye etc., s'il ne vient pas bientot, j'apprehende qu'elles ne lui courent au devant: autant de mille ecus, que notre heros va faire d'Acteons m'accomodcroient fort." Moritz hatte allerdings die Absicht, selbst nach Petersburg zu gehn, allein die Verhältnisse hielten ihn in Curland zurück. Die Deputirten ließen sich zwar durch russisches Geld, das ihnen jetzt abermals geboten ward, nicht gewinnen, im Gegentheil erbitterten diese Anerbietungen den Adel noch mehr, aber bei einem Theil der Deputirten erregten doch die Drohungen, welche ein Courier nach dem andern aus Petersburg brachte, große Besorgnisse: da erklärte Moritz am 3. Juli, wenn der Vertrag mit ihm nicht am nächsten Tage zum förmlichen Abschluß gelange, werde er abreisen: der Vertrag ward denn auch am 5. Juli unterzeichnet und am 6. ging der Landtag auseinander. Tags darauf erschien als Abgesandter der Kaiserin Katharina, welche Menschikoff jetzt bestimmt hatte, seine Interessen wahrzunehmen, in Mitau der Fürst Wasili Dolgorucki, mit einem Kaiserlichen Schreiben an die Oberräthe und Hauptmänner der Ritterschaft, welches ihn beauftragte, denselben „in Angelegenheiten, welche die Conservation und Wohlfahrt der Herzogthümer Curland und Semgallen concerniren, Vorstellung zu thun." Am 8. Juli eröffnete Dolgorucki den Oberräthen: „sie möchten geruhen, allen Kirchspielen zu notificiren, daß sich diejenigen Herrn Deputirten, welche auf dem letzten Landtag gewesen, zu Mitau einzufinden hätten, um die Moritzische Wahl zu cassiren und sich einen Herzog aus den Candidaten, welche J. Russ. Kais. Maj. vorgeschlagen, zu wählen: bei solchem Fall versichere J. K. M. dem Lande Dero Protection und Gnade nicht zu entziehn 2c. Im Fall sie Obiges nicht eingehn würden, seien nichts anders als sehr schlimme suites daraus zu vermuthen, es wollten sodann J. K. M. dem Lande nicht nur alle Dero Protection entziehn, sondern auch zur Theilung und äußersten Ruin des Landes consentiren." Als Candidaten bezeichnete Dolgorucki den Fürsten Menschikoff, auf den es allein abgesehn war, ferner den Herzog Adolf Friedrich von Holstein-Glücksburg und den Landgrafen Georg von Hessen. Die Oberräthe verlangten diese ihnen mündlich abgegebene Erklärung schriftlich und Dolgorucki dictirte sie nun in russischer Sprache, während der Canzlei-Secretär Beckmann sie deutsch niederschrieb.

Da die Mittheilung, so kategorisch sie lautete, doch ohne den erwarteten Erfolg blieb, reiste Dolgorucki alsbald nach Riga ab, um Menschikoff, der dort am 8. Juli eingetroffen war, zu benachrichtigen. Ihn günstig zu stimmen, fuhr auch die Herzogin Anna am 9. Juli, nur von einem Diener und 3 Dragonern begleitet, nach Riga, kehrte aber sofort wieder nach Mitau zurück, da Menschikoff ihr gleich bei Eröffnung des Gesprächs jede Hoffnung abschnitt. Am Abend des 10. Juli traf Menschikoff selbst in Mitau ein, begleitet von einer zahlreichen Suite, u. a. 24 Cavaliers und einer Anzahl Dragoner: er trat in des russischen Gesandten Bestucheff Hause ab, vor dem eine Wache von 60 Dragonern aufzog: im Ganzen hatte aber Menschikoff nach Moritz's eigenen Mittheilungen während seiner Anwesenheit in Mitau mehr nicht als 300 Mann bei sich, wornach die Angaben in Druckschriften über zahlreiche russische Truppen, die er in der Nacht habe nachkommen lassen c., als übertrieben erscheinen. Am 12. Juli fand das erste Zusammentreffen Moritz's mit seinem Nebenbuhler statt: Moritz fuhr mit 12, mit curländischen Edelleuten gefüllten, Carossen vor Menschikoff's Wohnung vor, ward an der Treppe von den „vornehmsten Bedienten" desselben begrüßt und zu dem Fürsten geleitet, mit dem er nun ein langes Gespräch hatte. Moritz gibt selbst in mehreren Briefen Mittheilungen über den Inhalt desselben: in einem Briefe an den Grafen von Manteuffel schreibt er: „Il me seroit difficile, de Vous exprimer tout ce que j'ai trouvé d'obstination, de folie et d'ignorance dans le Pr. de Menzikow. La vanité inseparable de ces qualitez est chez lui dans son plus haut degré." In einem andern Briefe erzählt er, Menschikoff habe ihm ganz entschieden gesagt, es sei die Absicht der Zaarin, daß die Stände sich zu versammeln und eine neue Wahl vorzunehmen hätten, welche nur auf ihn selbst, den Herzog von Holstein oder einen der beiden Landgrafen von Hessen, welche in Moskau seien, fallen könne: bloß deshalb sei er nach Mitau gekommen: „m'ayant demandé," heißt es ferner in dem Briefe, „comment je prétendois me soutenir, je luy ai repondu, que je savois bien, n'être pas en état de me soutenir, mais que l'affaire se soutenoit d'elle même."

Auch dem östreichischen Gesandten zu Petersburg, Grafen von Rabutin, ließ Moritz eine Mittheilung über Menschikoff's Verhalten zugehn, die noch andere interessante Details enthält. Er schrieb ihm:

„Menzikoff a paru ici comme l'arbitre des humains; il a été tres surpris, que de chetives créatures fussent assés inconsidérées et connussent assez peu leurs interêts, pour refuser l'honneur, qu'il veut leur faire de les regir et reparer par là la honte de leur choix: elles ont beau lui representer les plus respectueusement du monde, qu'elles ne peuvent recevoir ses ordres, il leur repond, qu'elles ne savent ce qu'elles disent et veut le leur prouver à coups de baton. Comme je n'avois point du tout envie d'être persuadé de cette façon et qu'il étoit question de le renvoyer à Riga, j'ai cherché tous les biais imaginables pour cela et ne sachant comme lui offrir honnettement cent mille roubles, je lui ai dit, que celui de nous deux qui seroit Duc de Courlande confirmé par le Roi de Pologne, les donneroit à l'autre [105]. Il a

---

[105] Also 100000 Rubel bot er Menschikoff, nicht Degen und Pistolen, wie Herrmann a. a. O. IV. 486 sagt.

topé et m'a demandé une lettre de recommandation pour le Roi. Je Vous avoue, Mr., que je m'attendois nullement à la proposition, elle m'a paru singuliere et trop plaisante pour la refuser. On m'a dit, qu'il en tiroit un grand avantage et qu'il regardoit cette lettre comme un desistement absolu de ma part."

Der Brief, den Moritz Menschikoff übergab, enthielt allerdings keine Entsagung, sondern nur die Worte: „le Prince de Menzikow presume assez des bontez dont Votre Majesté m'honore, pour croire, qu'Elle accordera quelque chose à mes tres humbles prieres. Il a souhaitte, Sire, que je Vous recommande ses interêts et comme je desirerois luy temoigner combien ils me touchent, je supplie Vre Mte, d'y avoir une attention particuliere."

Nachdem Moritz diese Schrift Menschikoff ausgestellt, trennten sich die beiden Gegner „sans démordre, ni l'un ni l'autre." Menschikoff aber ließ am Nachmittag den Landmarschall v. d. Bruggen, den Kanzler v. Keyserling und mehrere andere curländische Edelleute zu sich kommen und drohte ihnen für den Fall der Verweigerung seines Verlangens mit Sibirien: 20000 Mann würden einrücken, wenn nicht binnen 10 Tagen eine neue Wahl vorgenommen werde: von dem Grafen von Sachsen, versicherte er, wolle er sie schnell befreien. Die Curländer blieben aber standhaft, sie erwiederten, ihre Function als Landtagsabgeordnete sei mit dem Schluß des Landtags erledigt, die Wahl Moritz's sei auf dem Landtag erfolgt, sie könnten in der Sache für ihre Person nichts thun. Am Abend verbreitete sich das Gerücht, Menschikoff habe alles Pulver und Blei in Mitau aufkaufen lassen, er beabsichtige einen Angriff auf seinen Gegner: die noch in der Stadt anwesenden Edelleute eilten mit ihrer Dienerschaft bewaffnet zu dem Hause, in welchem Moritz seine Wohnung genommen hatte: man verbarricadirte dasselbe und erwartete einen Angriff, der aber nicht erfolgte. Wenn wir in mehreren Schriften lesen, daß die Russen, 800 Mann stark,

unsern Helden, der nur 60 Mann bei sich gehabt, in der
Nacht angegriffen, daß er ihren Sturm abgeschlagen, ihnen
16 Mann getödtet, viele verwundet habe, daß ein Mädchen,
welches gerade bei ihm gewesen, sich in seine Kleider gehüllt,
an einem Strick aus dem Fenster herabgelassen, um die Auf=
merksamkeit auf sich zu richten und Moritz Gelegenheit zur
Flucht zu geben, daß endlich die Garde der Herzogin herbei=
gekommen und die Russen vertrieben habe [106], so gehört alles
dies in das Capitel romantischer Fiction, der wir schon wie=
derholt in der Lebensbeschreibung unseres Helden begegnet
sind. Es liegt uns ein Journal vor, über Alles, was in je=
ner Zeit in Mitau sich ereignete: es steht aber nicht mehr als
das, was wir selbst hier angegeben, darin. Moritz schrieb
über den Vorgang an den Grafen Friesen noch am Abend
des 12. Juli selbst:

„Le soir du même jour (12. Juli), il me vient des
avis de differens endroits, qui me confirment, qu'il ne
veut pas traiter l'affaire dans les regles: n'ayant envie,
ni de me laisser surprendre, ni de lui abandonner la
place, je me prepare d'être alerte la nuit, avec le peu de
monde, que j'ay. La noblesse, qui est encore en ville,
vient me joindre de la meilleure grace du monde, la
bourgeoisie de son côté m'avertit de tout ce qu'elle peut
decouvrir et je scais, que le dragons russes ont ordre de
mettre leurs armes en etat et de se tenir prêts à monter
à cheval: ma petite trouppe n'en est point effarouchée,
quelques dispositions, que je fais et la fermeté, qu'elle
me temoigne, me font juger à raison, que je ne serai pas
attaqué impunement: nous passons enfin la nuit assez gaye-
ment pour gens, qui sont menacés. Vraisemblablement

---

[106] U. a. Histoire de Maurice, Cte de Saxe, Dresden 1752, I. 154.
Espagnac a. a. O., I. 44. Herrmann, Geschichte des russischen Staates,
IV. 485. de la Barre Duparcq a. a. O., p. 27. Andere Fabeln finden
wir in der Sammlung von Lobschriften auf Moritz Gr. v. Sachsen, Carlsruhe 1777, S. 124 not. k.

l'ordre donné aux dragons, n'est que pour leur sureté et celle de leur chef."

Daß aber auch der Angriff nicht etwa an einem spätern Tage, insbesondere am 17. Juli, den einige der angezogenen Schriften als den Tag des Kampfes bezeichnen, erfolgt ist, beweist ein Brief des Major von Glasenapp vom 20. Juli 1726, in welchem eben nur des Umstands gedacht wird, daß man in einer der Nächte, während deren Menschikoff in Mitau war, einen Angriff der Russen besorgt habe. In der That scheint Menschikoff, trotz seiner Dragoner, sich viel mehr vor Moritz gefürchtet zu haben, als dieser vor ihm: denn er verließ Mitau schon am 13. Juli wieder in aller Eile und ging nach Riga, wo er seine Wuth über das Mißlingen seines Planes an den Rathsmitgliedern ausließ, die er mit Fußtritten und Ohrfeigen regalirte. Dolgorucki blieb in Mitau in Ungewißheit, was er thun solle: er erhielt noch am Abend des 13. Juli zwei Couriere aus Petersburg, deren Einer ihm den Befehl brachte, energisch vorzugehn, während der Zweite „lui defendait de brouiller les affaires." Von ihm war also nichts zu befürchten, wohl kam es aber darauf an, der Ausführung der Drohungen Menschikoff's vorzubeugen. Die curländischen Oberräthe richteten daher unter dem 18. Juli 1726 ein Schreiben [107] an den König von Polen, worin sie um Schutz gegen Rußland baten. Man hatte zwar erst am 10. Juli 1726 von Warschau aus Circulare an alle Gesandten abgehn lassen, des Inhalts, daß der König den Gang der Dinge in Curland entschieden mißbillige (was später in gleicher Weise unter dem 24. Juli und 14. August 1726 wiederholt ward), es war auch zu derselben Zeit eine Protestation Seiten mehrerer polnischer Magnaten gegen Alles, was in Curland zum Nachtheil des Königs und der Republik ge-

---

[107] Es ist unterzeichnet von Heinrich Christian von der Brinken, Landhofmeister, Johann Keyserling, Kanzler, Eberhardt Philipp von der Brüggen, Landmarschall.

schehe, eingegangen, — doch bot jetzt die Art und Weise, wie Menschikoff in Curland aufgetreten und die dictatorische Form, in welcher er die Befehle Rußlands verkündet hatte, dem König von Polen eine erwünschte Gelegenheit, zu Gunsten Moritz's zu wirken, unter dem Scheine, als gelte es bloß die Rechte der Krone Polens zu vertreten. Der König ließ in Petersburg durch le Fort erklären, er sei sehr erstaunt über Menschikoff's Verfahren, der mit Drohungen aufgetreten sei gegen ein Polen untergebenes Land: der König habe zwar den curländischen Ständen ausdrücklich untersagt, einen Herzog bei Lebzeiten des Herzogs Ferdinand zu wählen und er werde die Nichtbeachtung seiner Befehle mit der gesetzlichen Strenge zu rügen wissen, allein die Mitglieder der curländischen Regierung seien als Unterthanen der Krone Polen nicht berechtigt, mit einer auswärtigen Regierung zu verhandeln, es laufe auch das Verfahren Menschikoff's, der sich selbst als Bewerber aufgestellt und mit russischen Truppen gedroht, der „étroite alliance" der beiden Höfe zuwider: der König müsse daher annehmen, daß Menschikoff und Dolgorucki ohne Wissen der Kaiserin gehandelt hätten und lasse daher dieselbe ersuchen: „de désavouer authentiquement les dits Princes, en leur enjoignant de cesser de s'intriguer en des affaires, qui étant uniquement du ressort de la couronne de Pologne, ne regardent ni la Czarienne, ni encore moins eux en particulier."

Auch die Herzogin Anna beschloß nicht unthätig zu bleiben und ihre Herzensangelegenheit persönlich zu betreiben. Gleichzeitig mit Menschikoff, der am 26. Juli 1726 Riga verließ, reiste sie nach Petersburg ab. Ihr folgte wenige Stunden später Bestucheff, der schon einige Tage vorher von den Russen scharf beobachtet worden war und sobald er die Grenze von Liefland überschritten, arretirt ward. Mit Dolgorucki traf Moritz zu derselben Zeit auf der Jagd zusammen; als Jener, der mit ihm befreundet war, im Gespräch bemerkte, es werde ihm sehr leid thun, wenn er den Befehl erhalte, ihm zu cröffnen, daß er Curland zu verlassen habe, erwiederte Moritz, wie er schrieb: „que ces sortes de propositions ne se faisoient ordinairement que la bayonnette au bout du fusil. J'ay ajouté que je me ennuyois fort a Mitau et que je le priois de me depecher."

Ebenso meldete er in einem Briefe, der die Unterschrift trägt, „le Pr. Maurice", dem Grafen Friesen aus Mitau am 27. Juli 1726:

„Je continu, mon cher Comte, a vous einformer de se qui se passe ici, vous veirez (verrez), que ma situation devient de jour en jour plus gaillarde, mais je men f.... et je vas toujours le maime (même) trein. Hier, je dis a Dolgorouki sur quelque remontrensse, quil me fit, de me retirer, comme Torosmanne dans Rodamiste, sais (ces) superbe Romains ne conbateties (combattent) plus, que par ambassadeurs. Toute la compagny se mit a rire et Dolgorouki ne sut ou se fourer. Quelque extravagansse, que vous trouvies dans ma conduite, je vous repons, que je la rendres memorable. Menchikof sen ait retourner hier de Riga a Petersbourge, avec tanto di nasso [108]. Il a jouer a Riga positivement la comedie de Harlequein prichippe etc.

P. S.

Le Dolgoroucki, dont je parler et (est) selluy, qui a etes ambassadeur en Frensse (France) et en Pologne. Je luy ay demendes, sil naitet (n'était) pas honteux du metier, quil feset icy et sil convenoit a un ministre du premier ordre, de travailler par des vois (voies) obsqure a seduire les peuple, que sela allet donner un bau l'ustre dans le monde a l'empire de Russie et son ministere, sil croiet en bonne fois, que quelqun voulut tretes (traiter) apre selas avec eux, que la honte de l'artiffisse, quils avet emploies avec moy, ne tomberet sur eux, puisquils

---

[108] Hier hat der Briefsteller die lange Nase beigezeichnet.

an avet (avoient) etes la dupes? J'ay retrenche (retranché) baucoup du journal, pour le rendre modeste, mais j'ay veu le momans, que la nuit du 11 au 12 allet aitre (estre) bien chaude. La P. (rincesse) a fait des chosse admirable et a ordones a sais (ses) gardes, de se renger de mon cotes au premie coup dones de part ou dautre. L'on ren (rend) son gren maitre responsable de tout se qui sait passe ici et il fut emmener hier sans eclat a Petersbourge, ou l'on dit quil ne feras que passer pour aller en Siberis, la Princesse la devansais de quelque heure, je ne say si elle a fait bien ou mal et l'on pouret bien lui faire epouser une quille."

Während nun in Petersburg Anna[109], le Fort und Fontenay, den Moritz dahin sendete, den Kampf zu seinen Gunsten aufnahmen, suchte er sich die Zeit zu vertreiben durch Besuche des Adels auf dem Lande, Jagden und Bankette. Er machte auch eine Excursion nach Lithauen, über die er am 5. August 1726 dem Grafen Friesen meldete: „Je viens de faire une excursion en Lithanie, qui ma asse bien reussi et si les Moscovite entre, vous me verez bientot a la taite de 12000 Polone(ais) qui mangeront maffois (ma foi) les poulle du peis ossi (aussi) bien que les autre." Ausführlicher sprach er sich über seine Lage und Hoffnungen in nachstehendem, ebenfalls an Gr. Friesen gerichteten Briefe aus:

„A Mitau le 10 daut 1726.

Mon cher Comte etc. Je crois que je ne me suis pas bien exprimes, quant je vous ay parles des affaire de se peis ci et il faut pour vous en doner une juste idée, que je vous disse la situation en deux mos. Il y a trois puissanse, qui visse (visent) a avoir se peui (pays),

---

[109] Moritz gab ihr Briefe an den Herzog von Holstein, Ostermann, Rabutin und Andere mit, welche in einer Pastete verborgen waren und so bei der Grenzvisitation unbemerkt blieben.

qui sont les Polonois, les Moscovites et les Prussien:
il ait (est) sertain, que des qu'ne feras un pas contre moy,
les deux autre se declareront pour moy de quelque fasson, que sela se tourne, sait (c'est) toujour de maime
(même), voilla le preinsipe, sur lequel j'ay agis et qui
ma fait envisages, que le prinsipal ettet (était), de si
etablire, je lesse a demeler la fussee a qui voudra, se
nait (n'est) pas mon affaire. Outre cela, je nais point
voulus axepter la regansse, parse que je sentes (tais),
que les Moscovites me voulet tromper, mais a trompeur
trompeur e demis: pour se qui regarde la Pologne, comme
sait (s'est) d'ou j'ay le plus a creindre, j'ais fait en sorte,
que j'y ay une confederation toute praite, que je lacheres
comme un chien enrages, sil veullet faire les agreables.
Se quil y a de constant, set (s'est) que la Courlande seras ou partages en Palatinas, ou elle deviendras la con-
quete des Russe ou des Prussien, ou je resteres le Duc,
apres la mors du Duc Ferdinant. Vous n'aves qua voir,
le quel ait le plus vraisamblabl et si les deux premie (premiers) sont praticables par leinteres (l'intérêt), que les
puissense et la religion protestante ont, a conserver la
forme du gouvernement en Courlende."

In Petersburg gestaltete sich anfänglich alles günstig
für Moritz. Die Herzogin Anna gewann viele einflußreiche
Männer, wie Goloffin, Tolstoi, Jagushinski, „l'ancienne
noblesse et les partisans de l'ancienne famille Czaarienne," wie le Fort schrieb und selbst den Herzog von Hol=
stein, der ein Memoire der Kaiserin übergab, in welchem er
einige Vorschläge that: „pour aider et appuyer notre élu
dans son élection et pour son mariage." Selbst Menschi=
koff, der einsehn mochte, daß er zu weit gegangen sei, sprach
von „schlimmen Sachen, die wieder gut zu machen." Le
Fort vermuthete, er würde gewiß gern das Geschehene unge=
schehn machen, „pourvu pourtant, qu'il put un peu y trouver à glaner, un mari pour sa fille en pourroit faire

l'objet, ou autre chose sans y paroitre." Die Kaiserin
ließ denn auch le Fort auf die Beschwerde des Königs von
Polen erwiedern: „qu'Elle avoit appris avec étonnement
diverses démarches, qui s'étoient faites en Courlande et
qu'on eut pû luy en attribuer la connaissance." — Men=
schikoff und Dolgorucki wurden also besavouirt. — Sie ließ
zugleich beifügen, daß ihr die Erhaltung der Privilegien Cur=
lands am Herzen liege, daß sie aber auch den König und die
Republik bei Aufrechthaltung ihrer Souverainetät über das
Herzogthum unterstützen werde. Zum richtigen Verständniß
dieser Aeußerung ward aber von le Fort später hinzugefügt,
daß Rußland nie zugeben werde, daß Curland Polen einver=
leibt und in Palatinate getheilt werde: in dem letzten Ver=
trage mit Preußen sei ein Artikel, welcher ausdrücklich besage,
daß beide Mächte eher einen Krieg wagen würden. Moritz selbst
gedenkt auch eines Vertrags, der im August 1726 zwischen
England, Dänemark und Preußen geschlossen worden sei,
nach welchem der Krieg erklärt werden solle an Polen, „si
la Pologne persiste a vouloir changer la forme du gouvernement de la Courlende," und an Rußland, wenn es
Truppen einrücken lassen sollte.

So konnte denn Anna froher Hoffnungen voll nach Cur=
land zurückkehren, wo ihr die Brautkrone zu winken schien.
Sie ahnete nicht, daß le Fort hinter ihrem Rücken diesen
ihren Wunsch zu durchkreuzen sich bemühte. Er hatte die
Princeß Elisabeth nicht aus den Augen verloren, diese aber
ebenso wenig Moritz: ihre Gouvernante zog bei der Vertrau=
ten le Fort's die genauesten Erkundigungen ein über „toutes
les qualites de l'elû, jusqu'aux plus secrètes": die Gou=
vernante sprach zugleich den Wunsch aus, daß man das Por=
trait Moritz's nach Petersburg schicken möge, mit dem Rathe,
„wenn man etwas thun wolle, so müsse man es bald ma=
chen, sonst möchte es zu spät sein." Die Uebersendung des
Portraits fand eine Verzögerung darin, daß keines en mi-
niature vorhanden war; der König Friedrich August ließ da=

her ein großes, das in seinem Cabinet in Dresden hing, nach Warschau kommen; Graf Manteuffel schickte es jedoch erst im October 1726 an le Fort, mit der Anweisung, er solle es „sans affectation" bei sich aufstellen und beliebigen Gebrauch davon machen. Le Fort aber bemerkte in seinen Depeschen wiederholt, daß es nöthig sei, daß Moritz selbst nach Petersburg komme: „il faut," schrieb er u. a. am 10. August 1726, „qu'il fasse belle figure, grande table, fêtes, cadeaux, und lassen drauf gehn, car les femelles aiment la joye et le parti Russien demande ça. J'ose dire aussi qu'il faut des largesses a propos." Graf Manteuffel antwortete le Fort hierauf: „dites moi a l'oreille, combien Vous croyez qu'il faudroit au C. de S. pour gagner les amis en vos cantons." Die Erwiederung le Fort's lautete: „la chose n'est pas facile à determiner, il s'agit de savoir si c'est pour Nan (Anna) ou pour Lis (Elisabeth), l'un differe de l'autre etc. Si moi j'avois une telle affaire à mener, je tiendrais ici une vingtaine de 1000 ecus pour la sacrifier à propos, sans pourtant faire le généreux sans fondement." Er meldete ferner, daß Fontenay insbesondere beim Geburtsfeste Elisabeth's sehr ausgezeichnet worden sei, und daß Graf Bassewitz ihn auf die Möglichkeit einer Verheirathung Moritz's mit Elisabeth hingewiesen. Auch der Graf von Flemming correspondirte deshalb mit le Fort; er schrieb (26. September 1726): „Vous pouvez bien croire et Vous pouvez même l'insinuer là, ou vous étez, que si l'affaire pourrait se faire, on en seroit bien aise chez nous. A l'égard de ce que Vous ditez, qu'il seroit bon de gagner les Matadors à la cour de Petersbourg, je crois aussi, que notre cour y donnera volontiers les mains, mais il faudra, que Vous specifiez ceux, que Vous comptez de ce nombre et la somme, que Vous croyez, qui y devrait être employé, pour qu'on puisse s'y préparer." Eine Stelle in dem Concept ist durchstrichen: „Mais il faut que cela se fasèe d'une

maniere, que notre cour n'y paraisse point." Le Fort
kam dieser Anordnung nach, allein es ward durch das
Schwanken zwischen Anna und Elisabeth auch natürlich ein
bestimmtes Abkommen behindert, da Ostermann, mit dem
le Fort und Fontenay deshalb sich besprachen, dabei blieb,
die Kaiserin müsse vor Allem bestimmt die Absichten des Kö=
nigs kennen. Der erfinderische le Fort kam denn jetzt auch
wieder auf die Tochter Menschikoff's zurück, deren er bereits
früher beiläufig gedacht hatte. Er schrieb an Flemming: „la
Princesse Elisabeth est une place forte à emporter non
impossible, car à l'aide du cofre fort, la place se rendra.
La D. de Courlande coutera, mais pas tant. Pour ces
deux, l'on a en chef à gagner Menzikow, Tolstoy et
Ostermann et les gens de la cour. L'on juge icy, que
si la Pr. Elisabeth manque, l'on feroit mieux de s'atta-
cher à la fille de Menzikow, qu'à la D. de Courlande,
elle aura des especes, sera bien fournie et l'on est d'o-
pinion, qu'en ce cas la Czarienne soutiendra tout aussi
bien le nouvel elû."

Moritz glaubte denn nun, nach den günstigen Nachrich=
ten aus Petersburg, sich seinem Ziele ganz nahe gerückt: am
9. September 1726 schrieb er zwar noch an Flemming, wenn
es der König befehle, werde er sofort die Flagge streichen
und gehorchen, allein sein nachfolgender Brief an Flemming
vom 20. September 1726 deutet nichts weniger an, als die
Absicht, sein Unternehmen aufzugeben. Er lautete:

„Monseigneur,

J'ay veu hier Jagozinski, qui ne sait (s'est) aretes
ici que quelques heure, ottant (autant) que jay le peu
(peux) juger, il ait (est) portes a me rendre servisse,
mais pour l'onheur du ministere Russe, il feras premierement quelque proposition en faveur du preinse de Hollestein, ensuite pour seux (ceux) de Hesse, qui sont au
servisse de Russie, et puis il a ordre de travailler en ma
faveur et de declarer naitement (nettement) à la re-

publique, que la Russie ne permeteras jamais, que la forme du gouvernement soit change en Courlende. Votre excellensse pouras faire son plans ladessu, pour moy, je luy remais le tout entre lais mains avec confiansse entiere et la prie daitre (d'être) persuades de l'admiration, dans laquelle je suis de la fasson genereusse et peu commune, dont Elle soffre a entreprendre une affaire, qui a etes conduite contre sais avis [110]: sela ait d'un grent (grand) homme, Monseigneur, et l'honneur, qu'ne pareille conduite merite, vous en reviendras, soit dit en passant. Si je ne me trompe, la melieure fasson de negossier avec Messieu les Russe et (est) selle, qui se fait en bon et bau ducas de Dieu, il me semble que Jagozinsky ne s'en elogneras pas. Votre Ex. pourras le tater la dessu, de mon cotes je me fais fors de luy obtenir les ordre nessire (nécessaires) pour les differents demarche, quil seras apropos qu'il fasse, pour veu quelle ne soit (soient) pas hor des regles.

Je ne sais, si je dois ajouter fois a sertein (certain) bourdonnement, qui m'ait venus de St. Petresbourge, comme si l'on songet a un autre partis pour moy, que selui de la Duchesse, au cas, set (c'est) a dire, que mon ettablissement put avoir lieu, je regarde sependant se bruit comme une chimaire, V. E. en feras lusage quelle jugeras apropos, j'atans ici la Duchesse, qui doit ariver en peux de jour, apres cois (quoi) je me depecheres pour ariver a Grodno, ou jores (j'aurois) l'onheur dassurer V. E. de l'atachement avec le quel je suis etc."

Ganz als Herzog von Curland, als Beherrscher eines Landes, das er glücklich zu machen beabsichtigte und hoffte, fühlte er sich offenbar, als er einige Tage später, in einem

---

[110] Wie wir bereits oben bemerkten, war Flemming's Ansicht dahin gegangen, Moritz solle sich nur zum Coadjutor des Herzogs Ferdinand ernennen lassen.

mit Luftschlössern angefüllten Briefe, (Mitau den 25. Septbr.) dem Grafen von Friesen schrieb [111]:

Mon cher Comte, c'est quelque chose de bien singulier que le bonheur, que j'ay de me rencontrer avec vous, j'en suis tres flatez et je m'aplaudis toujours, quand je me trouve avoir pensé comme vous; je me suis proposé de tenir positivement la même conduite, que Vous me conseillez, des Cadets, pour avoir une pipiniere d'officiers et pour soulager la noblesse, une millise employées a d'utiles usages, des ecolles pour instruire, ma reconnoissance envers le païs, tout sera conforme a Vos idées; je me propose avec cela de vivre fort simplement, les domaines sont endetez et ruinés par la peste et par la guerre; Ce n'est pas, qu'avec de l'industrie et de l'economie, il ne se remette en peu d'années et jy employeray toute mon attention. Mais quelque suyay (sujet) que puisse avoir mon aplication, je ne donneray jamais dans le faste, j'ay toujours abhoré celuy des petites cours et en effet il me semble, qu'il n'y a rien de plus ridicule, que cette sotte grandeur, qui attire la raillerie des petits et le mepris des grands; beaucoup de fuzil (fusils) et de bayonnettes dans mes salles d'arme et peu de Kammer-Junker dans mes antichambres, avec cela j'etabliray quelque amusements public, pour attirer la noblesse dans la ville, ce qui la polira et luy oteras le sauvage, qu'une perpetuelle vie a la campagne augmente, se qui en même temps fera fleurir le commerce, augmenter la depense et par consequent l'industrie; Vous qui aimez la vie retirée, Vous desaprouverez peut-être ce dernier article, Mais il est absolument de la Politique, d'amuser le public, j'avoue que les delices corompe

---

[111] Der Brief ist bis auf den Schluß, den Moritz eigenhändig beigefügt hat, von fremder Hand, daher etwas orthographischer als die frühern.

les moeurs, mais il augmente la puissance du souverain, personne ne se revolte contre cette maxime, elle attire les etrangers, les richesses et ne cause aucun envie. Mais en Vous ecrivans tout ce cy, je reve ma foy, Mon cher Comte, je n'y suis pas encore et l'on peut apeller cela faire des chateaux en Espagne. Je pars en peu de jours pour Grodno, avec une bonne provision de cotton a mettre dans mes oreilles. Mes Courlandois cependant sont ferme comme roche. J'ay recu des lettres de tous les Kirchspiel, ou petit et grand se sont signez, ces lettres sont remplies de fermetez, ils me conjure, de ne les point abandonner et qu'ils coureront ma fortune au prix de leurs biens et de leur vie, qu'ils sont de trop bonne race pour se laisser aneantir, sans faire payer la perte de leur liberté a ceux, qui veulent la ravire et quantité d'autre belle chose, enfin vous verons. Adieu mon cher Comte, aimez moy toujours un peu et soyez persuadez, que l'on ne scauroit être plus parfaittement Votre tres humble et tres obisent serviteur
         Maurice de Saxe.

Faite copier mon cher Comte vos l'aitre (lettres) par votre sequetere car en verites einsique moy Vous ecrives comme un chat.

Moritz ahnete noch nicht, welches Ungewitter sich in Polen über ihm zusammenzog. Schon vom 8. September 1726 finden wir eine an den König Friedrich August gerichtete Beschwerde der curländischen Oberräthe, daß die polnischen instigatores regni sie, als des Hochverraths angeklagt, vor das nächstkommende k. Relationsgericht zu Grodno peremptorisch vorgeladen hätten. Um weitern übeln Folgen vorzubeugen und um wegen seiner Anerkennung zu verhandeln, sendete denn Moritz einige Abgeordnete nach Warschau, welche dort einige Zeit vor dem Zusammentreten des Reichstages zu Grodno eintrafen. Allein die polnischen Magnaten, an welche sie sich wendeten, wollten sie gar nicht anhören, sie wurden vielmehr, da der König nicht offen zu ihren Gunsten aufzutreten wagte, ebenfalls zur Untersuchung gezogen: sie suchten sich bei ihrer Vernehmung zu Grodno am 1. October 1726 darüber, wie sie ohne vorherige Benachrichtigung des Königs und der Republik für den Herzog Ferdinand einen Nachfolger hätten wählen können? mit dem Herkommen und der Verfassung Curlands zu rechtfertigen. Die sächsischen Minister, welche sich beim König in Polen befanden, beriethen nun über den Weg, den man in der „curländischen Affaire" einzuschlagen habe. Flemming entwarf dazu folgenden Plan: 1) die curländischen Abgeordneten sollten nicht das Gerücht verbreiten, als ob der König sie ermuthigt, sondern jeden Verdacht von diesem ablenken. 2) Moritz solle das Verfahren der Curländer nicht zu rechtfertigen versuchen, sondern den Polen bloß die Frage stellen, ob man es ihm verargen könne, wenn er das ihn ehrende Anerbieten angenommen? 3) die Damen am Hofe sollten die Sache ebenfalls nicht förmlich vertheidigen, sondern sich damit begnügen, nichts dagegen zu sagen und Moritz's Aeußerungen zu unterstützen, „car si elles parloient pour l'affaire, elles feraient parler le Roy malgré lui, ce qui auroit un mauvais effet." 4) der König möge sich dahin aussprechen, es dürfe allerdings Nichts zum Nachtheil der Republik geschehn, allein da Curland behaupte, es geschehe ihm Unrecht, so müsse man es hören: Er wünsche den Frieden, man dürfe Curland nicht zur Verzweiflung treiben: unter 4 Augen könne der König den polnischen Ministern sagen, Er sei zwar unwillig auf Moritz, daß er die Sache gegen sein Verbot unternommen, aber da es nun einmal geschehn sei, so werde Er es gern sehn, wenn Moritz seinen Zweck erreiche, wenn dies ohne Beeinträchtigung der Republik geschehn könne. Nach solchen Einleitungen solle man dann versuchen, die Wahl Moritz's durch Polen genehmigen zu lassen, indem die Republik durch Ertheilung ihrer Einwilligung ihre Rechte wahre: man müsse dahin streben, daß Curland von Polen dem Churfürsten zu

Sachsen zur Lehn gegeben werde: dieser werde dann einen Statthalter einsetzen, „de la religion du pays avec la qualité de Prince, qui gouverneroit ce pays dans les formes requises et in fundamento pactorum subjectionis": diese Function würde erblich Moritz übertragen werden. Wenn diese Vorschläge keinen Eingang bei den Polen fänden, und diese darauf beständen, Curland in Palatinate zu theilen, so solle man wenigstens Moritz eines derselben verleihen. Diese Vorschläge fanden die Beistimmung der sächsischen Minister und die Genehmigung des Königs so wie des Prinzen Friedrich August, dem man sie nach Dresden übersendete. Ganz im Sinne der Flemming'schen Vorschläge sprach sich denn auch der König am 30. September 1726 in einem Gespräch mit dem Bischof von Cracau aus, dessen Inhalt Flemming niederschrieb: allein weder der Bischof, noch die mächtigsten Magnaten waren für diese Ansicht zu gewinnen: die Partei, welche für Moritz war, bildete eine ganz geringe Minorität. Unklug war es jedenfalls von ihm gewesen, daß er, wie wir aus seinen Briefen ersehn haben, damit gedroht hatte, daß er in Polen auf die Conföderirten rechnen könne, denn dies waren Anhänger Leszczynski's, mithin Gegner des Königs Friedrich August und der Anhänger desselben. Als vorherzuziehen war, daß der Versuch ein Abkommen, nach den Flemming'schen Vorschlägen zu vereinbaren, mißlingen werde, fand am 11. October 1726 eine nochmalige Ministerberathung statt, bei welcher darauf Bezug genommen ward, daß die Polen bereits lebhaften Argwohn gefaßt hätten, so wie daß die Curländer allein der Gewalt nicht würden widerstehn können und die Russen gewiß nicht die ernste Absicht hätten, Moritz zu halten [112]: das Resultat war denn, „qu'il n'y avoit

---

[112] Flemming schrieb in diesem Sinne am 26. September 1726 an den Prinzen Friedrich August: „Je crains que le C. d. S. ne se flatte trop de la commission de Jagosinski: les Russes sont des fins renards et Jagosinski voudra à mon avis voir comment les choses iront à la diéte, s'il voit jour, que l'affaire du C. d. S. puisse reussir,

aucune espérance de soutenir l'affaire." Dieser Ueberzeugung entsprechend ward denn unter dem 11. October ein königliches Schreiben an Moritz entworfen, worin ihm befohlen ward, Curland zu verlassen, um den Curländern jede Hoffnung darüber zu benehmen, daß sie unter seiner Führung etwas den Rechten der Krone Polens Zuwiderlaufendes unternehmen könnten: auch solle er die zu seinen Gunsten ausgefertigte Wahlurkunde sofort übersenden. Daneben aber schrieb der König in einem eigenhändigen Handbillet: „c'est tout de bon, que je vous demande l'acte de Votre election et je Vous dedommageray d'une autre maniere du sacrifice que Vous me ferez en cela," allein das Billet gelangte anscheinend nicht an seine Adresse. Gleichzeitig (11. October 1726) erging an den Reichstag ein lateinischer Erlaß, worin demselben eröffnet ward, daß der König nie die Trennung Curlands von Polen gestatten werde und Moritz den Befehl ertheilt habe, es sofort zu verlassen. Hiermit war Moritz's Schicksal entschieden: die Bemühungen seiner Anhänger, insbesondere des Grafen und der Gräfin Pociey, Flemming noch zum Einschreiten zu seinen Gunsten zu bestimmen, waren erfolglos: Flemming schrieb deshalb an den Prinzen Friedrich August, die Gräfin sei bei ihm gewesen und habe ihm vorgestellt, man müsse Moritz retten von „toutes les infamies dont on le menacait": er habe sich gern dazu bereit erklärt, er wisse aber nur nicht, wie dies möglich sein werde. Ueber einen Besuch, den er sodann bei dem erkrankten Grafen Pociey gemacht, meldete er: „Mad. P. me parla en francais, pendant que son mari me parla en latin, tous deux à la fois, de maniere que je ne compris rien." Flemming that aber doch Etwas, er entwarf selbst eine Rede, welche der Kammerherr Grabowski auf dem

---

il y donnera les mains, mais je ne crois pas, que pour l'amour de lui, il veuille faire des propositions à brouiller sa cour avec la Pologne."

Reichstage halten sollte, aus der wir folgende Stelle aus dem Flemming'schen Concept ausheben: „que ne fait le Roy, il agit non seulement en veritable Roy en nous faisant voir comment sur toutes choses, il cherit son peuple, mais il agit encore en républicain, en Brutus, ce Romain, ce grand républicain, comme lui il abandonne son fils à son peuple. Ce Prince ne se contente pas, d'être orthodoxe par rapport à la foy, il l'est aussi par rapport aux lois: donnons luy des à present le surnom de Roy républicain."

Moritz war immittelst um den Ereignissen näher zu stehn, von Curland nach Polen aufgebrochen: unterwegs kam ihm aber ein Courier mit der Warnung entgegen, nicht nach Grodno zu kommen. Er blieb also in Covenau, von wo aus er dem König am 6. October schrieb, daß er dort bis auf weitern Befehl verweilen werde. Hier traf ihn nun wie ein Donnerschlag das Schreiben vom 11. October, das alle seine Hoffnungen zerstörte. Seinem Ingrimm ließ er in nachstehendem Briefe an den Grafen von Friesen vollen Lauf:

dopres (d'auprès) de Grodnau le 20. Oct.

Le Feltmarrechal ma servit un plat de sa fasson. Mon elexion a ctes cassée par un diplome ostantique, que le Roy a donnes, ou il soblige de me faire revenir et rendre toute le piesse faite et dresse entre moy et les courlendes etc. Il ait tres singulier, que le Roy n'aie pas eu la fermetes, de tenir bon, aiant eu tout les ministres ettrenges pour moy, un gren (grand) general (Pociey) et un parti asse nombreux dans la pologne: l'on a maime fait la minne a seux des nonsse (nonces), qui parloit en ma faveur. La Pochi (die Gräfin Pociey) sait (s'est) tuce de faire dire au roy, qu'il n'avoit que declarer, qu'il fera ce que la republique voudroit, mais quil faloit sitre (être) d'acord, non tout sela n'a rien fait! Le ministre de Russie luy a fait savoir, quil devet seulement luy

doner le tems de parler, qu'il avet de coy (quoi) faire
bien vite taire la republique, poin (point du) tout, sela
n'a rien fait. Saves vous, se que se galant homme de
Feltmarechal a fait pour mempecher dariver, il a fait a
croire au Roy, que tout iroit le mieu du monde, pourvu
que ma presense n'egritta pas les esprits. La dessu lon
menvoit un courier, je demeure a Covenau et dans un
tour de mein, lon fait peur au Roy, lon le fait signer.
Voilla ou jen suis, mon cher comte, il ait facheux, quune
affaire ossi bien annoncee, que laittet sella la, deviene
d'une difficulte affreuse par la faute de ceux qui devet
(devaient) maider. Le Gren general sait (s'est) tire
d'affaire en grent (grand) homme et ne ma pas tourne le
d'au (dos) un moment, ses ainemis out etes trop heureux
de se taire et il les pousse encore actuellement, l'épée
dans les reins, qu'ils ne save ou se fourrer. Une autre
fois je vous dires se qui a fait peur au Roy .... (mehrere
unlesbare Zeilen). Je ne puis me resoudre a vous lesser
dans le doute de se, que je ne vous ais pas explique
dans ma laitre (lettre). Saches dons, que la Zarienne
voulait contracter une alianse etroite avec le Roy, pour
aitre soutenu dans sais veu (ses vues) et que pour sait
(cet) effait, elle vouloit me donner la P. Elisabait, saitet
(c'était) une affaire baclée. Le courier, que jai ressu de
Petersbourg, je lenvois au Roy, qui le ressut a Bialla-
stock ches Branicki. Sur saitte (cette) bonne nouvelle,
l'on but et le Roy qui recomende toujours aux autres de
se taire, eu la bonte den faire confidense a saitte grande
haquenée de corongine (?), qui la dabor dit a qui la voulus entendre, juges comme sela les a hates daller. On
luy a parler de confederation, la peur lui a pris, Vous
saves le reste. Le Preinse (Royal) du tans (temps) quil
nitet a Varsovie, ma fait les premieres ouvertures la dessus et ma ecrit que saitte affaire se proposait. Je lay
mise .... (unleserlich) et puis l'on me la fait peter dans

la main. Je vous avoue, j'en suis furieux et pour moy et pour le Roy et pour le Preinse, a qui je suis seinsercment attache. Croies mon cher Comte ... (unleserlich) et si la posterité le croirat.

Moritz war allerdings zu sehr Partei in der Sache, um unbefangen die Schwierigkeiten würdigen zu können, welche den König von Polen behinderten, entschieden zu seinen Gunsten aufzutreten, aber wir mögen ihm wohl Recht geben, wenn er sich über das Schwanken der Politik des Königs in seiner Angelegenheit beklagte und dabei Flemming, seinem frühern Gegner, abermals die Schuld beimaß. Was er zu thun habe, darüber war er keinen Augenblick im Zweifel. Flemming befand sich am 27. October 1726 zu Grodno in einer Abendgesellschaft, als ihm ein Brief mit der Bemerkung, er sei von dem Grafen von Sachsen, übergeben ward. Der Feldmarschall glaubte, es sei nicht nöthig, sein Spiel zu unterbrechen und steckte den Brief uneröffnet ein: zufällig bemerkte er aber, als er später seine Hand in die Tasche steckte, daß in dem Briefe noch ein anderes Schreiben eingeschlossen war. Hierdurch aufmerksam gemacht, öffnete er das Siegel und fand, daß das Couvert lediglich einen an den König adressirten Brief enthielt: er beeilte sich, diesen dem König, der sich in der Gesellschaft befand, zu übergeben und erhielt den Befehl, den König in ein Nebenzimmer zu begleiten, um das Schreiben zu eröffnen. Es lautete:

„Grodno le 23.

Sire
en arivant ici, l'on ma remis la laitre, dont V. M. ma honores le 11 du courant, jy vois avec une doulleur extraime la nessesites, Sire, de Vous desobeir, ou de me deshonores; j'appelle de ma situation au coeur de V. M., sil ne me condonne pas. Je me consoleres avec plesir du saurt (sort) que la destinée me prepare."

Der König sagte: „cette reponse ne veut rien dire, wir sind eben so klug als zuvor."

Auf dem Reichstag unternahm es, als alle Hoffnung für Moritz verschwunden war, noch einer seiner Anhänger, von Dieskau, sich im polnischen Szupan mit geschornem Kopfe in die Versammlung zu schleichen und durch sein „nie poz walam" den Reichstag zu sprengen [113], allein es mißlang und am 9. November 1726 ward die Ungültigkeit der Wahl Moritz's ausgesprochen und der Bann über ihn verhängt; die Curländer, welche ihn gewählt, wurden für Hochverräther erklärt, doch soll der König gleichzeitig in einer Privataudienz den curländischen Abgeordneten zugesichert haben, daß dem Hochverrathsproceß kein Fortgang solle gegeben werden [114]. Auch wegen Moritz hegte man selbst im Ministerium keine großen Besorgnisse; denn als die Gräfin Königsmark, die auf die Nachricht hin, daß ein Preis auf den Kopf ihres geliebten Sohnes gesetzt sei, in ihrer Herzensangst schon das Henkersschwert über seinem Haupte schweben sah, sich an einen der Cabinetsminister (wahrscheinlich den Grafen von Watzdorff) wendete, antwortete dieser ihr (14. December 1726):

„Par la lettre dont V. E. a bien voulu m'honorer du 6me, je vois la peine que les nouvelles de M. le C. de Saxe, Vous ont causés. Je puis vous assurer, Madame, que sans parler des sentimens d'autrui sur une affaire de cette nature, j'en ai en mon particulier conçu un veritable deplaisir, non que je croye, que pour tout ce qui s'est passé à Grodno, Mr. le C. de Saxe en soit moins Duc de Courlande un jour, mais par une suite de mon humeur accomodante, qui souhaiterait que toutes les choses justes, louables, se fissent de bonne grace. Pour celle-ci, ce n'est pas en cela, qu'elle aborde et c'est de quoi je suis fort faché! Quand à la conservation d'une dignité acquise par son merite, j'espere, Madame, que

---

[113] Berthold in v. Raumer's Histor. Taschenbuch, VII. 224.
[114] Cruse a. a. O., I. 289.

Vous aurez assez bonne opinion des Courlandais pour croire, qu'ils n'ont pas entrepris cette affaire legerement, qu'ils ont prevu une partie de ce qui s'est passé et bref, qu'ils ont reponse à tout. L'acte de prescription ne m'est connue que par ouy dire, cela ne tire pas en consequence, Mr. le C. de Saxe n'est pas polonais, par consequent il ne doit plus s'en affliger que moi, si les Espagnols me reprochaient, de ne pas aimer leur nation, ce ban pretendu ne suppose pas un prix pour la tête. Je ne sache pas, qu'il en ait été question, mais quand cela seroit, comme il n'y a pas de fou en Pologne pour ces sortes de depense, je crois que M. le Comte de Saxe peut voyager dans ce pays-la sans s'attendre à rien de funeste. Vous savez au reste, Madame, que la proscription n'est pas toujours une augure certaine à faire echouer les personnes, qui en font l'objet. Jules Cesar l'a été et s'il a trouvé des Vestales sous la main, pour dissiper l'orage, le Cte de Saxe dans un siecle ou un pareil secours pouvoit devenir un peu caut, le Cte de Saxe, dis-je, trouvera dans l'entremise de la cour Russienne de quoi conjurer l'orage d'une façon ou d'autre. Enfin, Madame, vous en serez quitte selon toute l'apparence pour un peu d'inquiétude et d'allarme, en quoi la distance des objets aura plus d'influence que l'importance de la realité."

Der Brief ist auch insofern interessant, als man daraus sieht, wie selbst ein den Verhältnissen nahestehender Cabinetsminister über Moritz's Unternehmen dachte und sich in einem im Concept zu den Geh. Cabinetsacten gegebenen Schreiben darüber aussprechen konnte.

Moritz faßte aber entweder seine Lage wirklich tragischer auf oder er gefiel sich in der ihm neuen Rolle eines verfolgten Prätendenten, eines Märtyrers. Er eilte nach Mitau zurück und schrieb von dort am 15. November 1726 seinem ihm vertrauten Grafen von Friesen:

„Eh bien cher comte, me voilla proscript, ma tete misse a prix. Dieu me fasse misericorde, si je suis pris, et je croy, que l'on ne me fera non plus de cartier (quartier), qu'a un loup. Tout sela sont des gentilliesse de Mr. le Feltmarechal, mais comme je ne men etone pas, ossi nen suije pas autremen fache, car entre vous et moy je me f.... de la vie, se quil y a de tres seingulie, sait (c'est) que jay ete condamne, sans avoir ete sites (cité), sans avoir etes aquse, ni conveinque doqun crimme ni demi; en verite, sela ait fort drolle, sependans (cependant) ce decret ait etablis a eternite par la constitution de lanée 1726 et le Roy, mon tres honores paire (père), cinsi que toute la noble, prudente et juste assenblée l'ont signé. Si je vous disses, que jen suis afflige, je ne dires pas la verite, car lon mouvre une belle cariere, sependant il ait innouis, que l'on ait trete quelqu'un de ma sorte einsi; queije (qu'ai-je) donc fait pour me voir proscrit comme un scelerat infamme? ah Messieurs du senat et de la republique, vous me paieres la sotisse que le Flemming vous a fait faire et vous alles voir un beau trein, l'on veut donc, que je prenne les armes, soit, je les prens, mais ten (tant) que je poures tenir mon epce dens mes mein, je men servires pour vous detruire, sait ici mon cher comte ou il faut vaincre ou mourir. Je commenserai, n'usse je que sent (cent) homme et cant il seront tues, jen chercheres d'autre et cela ten (tant) que je respireres. Si vous saves quelque pars officiers ou soldas, adresses les moi, il seront mes compagnon de fortune. Adieu, je suis furieux, non pas de se que l'on me fait, mais parse que j'ay resson (raison) de laitre etc. le Feltmarchal et Mendeuvel sont deux gren (grands) coquein, sela nait pas nouveau, mais je veux faire à lavenir comme ce barbier, qui se cachan dans les rossau crie toujour, Midas, le Roy Midas, a des oreille d'ane etc."

Der Reichstag zu Grodno hatte übrigens noch vor seinem Auseinandergehn eine Commission ernannt, welche den Auftrag erhielt, sich nach Curland zu begeben, um dort den Reichstagsbeschluß zur Ausführung zu bringen. Als dies Moritz erfuhr, richtete er (Mitau den 2. December 1726) an den General-Feldmarschall Grafen von Flemming folgende Zeilen:

„Votre Excellence peut aitre persuade, que les Courlendes perirons tous plutot, que de lesser entrer la commission en Courlende et seux qui seret (seraient) d'un autre sistemme, seret tues sur le champ comme tretre (traitres) a la patrye, bref, amoin, que l'on ne les extermine, l'on nen viendras pas a bout, sait (c'est) se que jay l'onheur dassurer a V. E. et il ne faut pas croire que remontrensse, ou autre chosse ici fasse einpressions: le desespoir est general et ils aimerons mieu aitre la victime des Russe, sil ne peuvet leviter, que selle des polonais, se flatant toujours, q'un evenement, qui chenge le sour (sort) des roiaume et des enpire, pouras ossi chenger le leur un jour. Je suis tres par faitement

  Monseigneur
   de Votre Excellense
    le tres humble et tres obisent
     serviteur
      Maurice de Saxe.

Dixi et liberavy animam meam."

Einige Tage später hatte sich aber Moritz bereits etwas beruhigt, er meldete am 15. December 1726 dem Grafen von Friesen, daß die curländischen Abgeordneten bereit seien, mit den Polen in Unterhandlung zu treten: in diesem und in einem andern Briefe aus dieser Zeit spricht er immer noch die Ueberzeugung aus, daß er auf die Unterstützung der Russen rechnen könne und versichert, daß Bestucheff die Curländer aufgefordert habe, nur standhaft zu bleiben, Rußland werde ihnen beistehn, „jusqu' à la dernière extrémité."

Moritz's Hoffnungen waren auch nach den Depeschen le Fort's aus Petersburg damals nicht unbegründet: obgleich nämlich der König von Polen, als solcher, ihm jedes weitere Unternehmen feierlich untersagt hatte, verhandelte doch der sächsische Gesandte am russischen Hofe im Stillen immer noch zu seinen Gunsten. Der Graf von Manteuffel schrieb deshalb an le Fort am 5. December 1726, er solle Ostermann eröffnen, er möge aus der Unthätigkeit des Königs nicht folgern, daß er Moritz's Plänen entgegen sei, der König wünsche vielmehr sehr den Erfolg, „pourvu que la chose put se faire, sans que le Roy y paroisse," es seien ihm aber von dem letzten Reichstage in Polen die Hände gebunden, er habe sogar an die Kaiserin ein Schreiben Seiten der Republik abgehn lassen müssen, um sie abzumahnen, sich zu Gunsten irgend Jemandes in die curländische Successionsangelegenheit zu mischen: Ostermann werde sich aber selbst sagen, daß der König lieber wünschen müsse, Moritz als Herzog von Curland zu sehn, als den Herzog von Holstein oder einen Brandenburger. Oeffentlich solle aber le Fort seine zeitherige Sprache fortführen. Wer freilich diese Instruction nicht kannte, dem mußte es gehn, wie dem Grafen von Flobroff, der, obwohl ein gewandter Diplomat, damals über Moritz's Unternehmen an de Brosse schrieb: „il est difficile de se former une idee de son entreprise, quand on voit les declarations et les ordres de Sa Majesté, on s'y perd."

Fontenay, der bei le Fort in Petersburg wohnte, betrieb nun mit diesem gemeinschaftlich Moritz's Angelegenheit, allein ein bestimmtes Resultat war nicht zu erzielen. Bei einer Berathung der russischen Minister am 31. December 1726 beschloß zwar die Majorität (Menschikoff, Ostermann, Apraxin und Gallizin), der Kaiserin einen für Moritz günstigen Bericht zu erstatten, allein man verlangte von dem säch=

sischen Gesandten mit Bestimmtheit zu wissen, was der König Friedrich August zu thun beabsichtige: ohne festen Plan könne man in keine weitern Verhandlungen sich einlassen. Einen solchen vorzulegen vermochte aber le Fort nicht, weil er trotz wiederholter Bitten, um eine bestimmte Instruction, eine solche nicht erhielt. Er schrieb damals (24. Decbr. 1726):

„Pour que l'affaire ait lieu, l'on ne voit que deux moyens pour la mettre en mouvement ou pour la brusquer. L'un c'est si la Cour de Russie voit, que cette affaire la mette en danger de rupture, en ce cas, se voyant à la veille de quelque voie de fait, elle soutiendra l'elû plûtôt, que de consentir au partage, mais ne prendra des resolutions qu'à l'extremité. L'autre, de la brusquer par argent, gagner les suffrages et laisser à la Czaarienne le choix du mouvement. Alors elle pourroit s'affermir et bientôt se determiner, car si l'on donne le temps aux cabales de se reconnoitre, les Prussiens feront manquer le coup et la cour de Holstein vivre toujours en esperance pour une telle expedition."

Daneben kam aber le Fort auf eine neue Combination, wie er denn in der That ein förmliches Heirathsbüreau für Moritz errichtet zu haben scheint. Schon im Jahre 1724 erwähnte er in seinen Depeschen, daß ein Verwandter der Kaiserin Catharina, Namens Carlsamuelowitz, seit einiger Zeit in Petersburg incognito lebe: er habe in Curland als Müller „sur une terre de Bokoms" gelebt, sei dem Zaaren bei dessen Rückkehr von Deutschland vorgestellt und von diesem mit den Seinigen nach Rußland gesendet worden. Im Jahre 1726 bestand die Familie aus dem Vater, der Mutter (einer Polin), mehreren Söhnen und 3 Töchtern: die älteste Tochter war damals 18 Jahre alt, die zweite, Sophie Carlowna, 16 Jahre alt: diese letztere war seit dem Jahre 1725 „première demoiselle de la Czarienne": le Fort beschreibt sie als „peu jolie, hardie, espiègle et raisonnablement têtue, elle doit avoir de l'esprit." Diesem Familienkreis schlossen sich noch 2 Tanten an, „qui ont," wie le Fort schrieb, „pépinières d'héritiers, cohéritiers etc." Katharina unterstützte diese Verwandten, die jetzt nach Peter I. Tode mehr an das Licht traten, kaufte „pour ces familles prolifiques" Häuser, und beschenkte die Mädchen mit Kostbarkeiten; der eine Sohn ward Page. Den Vater ernannte sie am 16. Januar 1727 zum Grafen, und le Fort bemerkte: „on assure, qu'il n'en restera pas là et qu'on le verra sans delai cordon bleu et declaré Prince: l'on travaille avec rigueur à reparer les defectuosités de deur état." Später fügte er hinzu: „il a été nommé Iskoworonsky." Der Gesandte glaubte nun, daß Sophie Carlowna, die eine sehr reiche Partie sei, sich auch zu Moritz's Gattin eigne, indem er die Vermuthung aussprach, daß der Graf Devier den Vorschlag zu dieser Verbindung gemacht habe. Es scheint aber nicht, als ob weiter etwas in der Sache geschehn sei.

Moritz war inzwischen nicht unthätig gewesen. Da er bei seinen nächsten Nachbarn keine Unterstützung fand, wendete er sich durch den ihm sehr befreundeten englischen Gesandten am sächsischen Hofe Finch und den Marq. de Visconti zu Brüssel, an England, wo man glaubte, daß der König Friedrich August heimlich seine Pläne fördere. Der Graf Sinzendorf in Wien theilte dem dortigen sächsischen Gesandten Marquis de Fleury[115] mit, daß Moritz „avoit invité les Anglois à aller faire un établissement dans un port de la côte de Courlande." Graf Manteuffel schrieb, ohne daß wir etwas Weiteres zu ersehn vermögen, über Moritz's Vorschläge an England, „ses propositions sont des plus vastes, des plus scabreuses et des plus mal digerées: er ließ zugleich Fontenay warnen, daß man nichts in Petersburg davon erfahre, sonst, „la moindre chose, qui lui arriverait, seroit d'aller écrire des libros tristium quel-

---

[115] Er ward aus Savoyen nach Sachsen berufen, früher führte er den Namen Wicardel de Trivié.

que part en Siberie." In Wien ward man aber durch jene Nachrichten lebhaft beunruhigt, und der Kaiser ließ in einem Schreiben vom 8. Januar 1727 bemerken, er glaube zwar nicht, daß der König von Polen diesen Plänen geneigt sein könne und einigen Antheil daran habe, wünsche aber sich bei Zeiten dessen zu vergewissern. Der Graf von Manteuffel antwortete darauf: „Le Roy a trop bonne opinion de la sagesse de Mr. le C. Maurice, pour le croire capable de penser à un tel projet et que, quand il le seroit, S. M. est si eloignée d'y avoir la moindre part, qu'Elle serait le premier à l'en blamer."

Moritz hatte aber ferner in einem Schreiben der Kaiserin Katharina mitgetheilt, er müsse nun, da die Ankunft der polnischen Commissare bevorstehe, einen Entschluß fassen, er hatte in ihr zugleich die Besorgniß erweckt, daß er sich mit den Polen verständigen werde. Darauf ward in aller Eile der Graf Devier („otrement," wie Moritz schrieb, apele Anton Massoulitz) aus Petersburg nach Curland abgesendet, der dem in Mitau zahlreich versammelten Adel am 16. Januar 1727 eröffnete, die Kaiserin habe ihn abgeschickt, um den Curländern zu erklären, daß sie mit Bedauern den Grodnoer Reichstagsbeschluß erfahren und daß sie die Curländer bei ihrer Verfassung schützen werde [116]. Auch der Oberhofmarschall des Herzogs von Holstein, Graf Bassewitz, erklärte in Petersburg, daß wenn die Polen Miene machen sollten, Curland zu besetzen, russische Truppen einrücken würden, Curland könne dann leicht zwischen Rußland und Preußen getheilt werden. In Warschau begann man aber Besorgnisse wegen ernster Verwickelungen zu hegen und die polnische Partei drängte den König, Moritz um jeden Preis zu veranlassen, sich aus Curland zu entfernen. Der König

---

[116] Le Fort vermuthete, er habe zugleich den Auftrag erhalten, Herzog Ferdinand zu bewegen, nach Curland zurückzukehren, „et d'etablir une autre succession en faveur de quelque adherant de la cour de Russie."

schrieb auch deshalb am 6. Januar 1727 an Moritz, er möge sogleich Curland verlassen, wozu die Kriegsgerüchte in Frankreich ihm einen ehrenvollen Vorwand geben könnten: er bot ihm auch zu Bestreitung der Reisekosten 3000 Ducaten an und übersendete ihm sogleich 1000 Ducaten durch den Capitain von Glasenapp. Moritz erwiederte aber, er könne die Curländer nicht aufgeben „par une lâche desertion." Ebenso wenig Erfolg hatten zwei Memoires, welche der Graf Lagnasco an Moritz absendete: sie kamen mit eigenhändigen Randbemerkungen desselben zurück, in denen es u. a. heißt: „Je demande, si cant l'on a une fois livres sa parolle, on ait le metro de la retirer sans le consentement de ceux, a qui on la livree et si le Roy peut ordonner a quelqu'un de la violer etc. Il vaut mieu, que je perde les bontes du Roy, par une si noble cosse (cause), que si je les conserve par une lachete, apres sela il en iras comme il pleras a la fortune, pourvu que je naie rien a me reprocher et soit sur une breche, sur un echafot ou par une fievre, que je termine na vie il meinporte guere." In einer andern Stelle, in der es hieß, wenn Moritz sich füge, werde sich Gelegenheit finden, ihm andere „occasions favorables" zu öffnen, fügte er hinzu: „Je déteste toute fortune, qui me viendras par une trahison."

Bald nach diesen Aufforderungen an Moritz, erging auch nach Petersburg die Weisung an le Fort (20. Januar 1727), er solle Fontenay eröffnen, daß nachdem Moritz den Befehl erhalten, nach Frankreich zurückzukehren, er selbst sofort sich bei den chevaliers gardes (bei denen er stand) wiedereinzufinden habe[117]: le Fort solle ihn bei sich nicht ferner wohnen lassen, um seine Negotiationen sich nicht kümmern, sie vielmehr desavouiren. Le Fort meldete auch am 8. Februar 1727, daß Fontenay in einigen Tagen abreisen werde. In

---

[117] Denselben Befehl erhielten auch 2 andere sächsische Offiziere welche sich bei Moritz befanden.

Petersburg war sonach Moritz jetzt jede Vertretung seiner Interessen entzogen: warum er nicht selbst nach Rußland ging, wie le Fort wiederholt gerathen hatte, bleibt uns unklar. Am 9. Februar 1727 kehrte Devier aus Curland zurück und plötzlich trat in Petersburg abermals ein entschiedener Umschwung zu Ungunsten Moritz's ein. Le Fort schrieb deshalb am 18. Februar 1727:

„Depuis quatre jours, il paroit un phenomene qui fait bien changer tout le sisteme de la machine. Je sais de bonne part que samedie passé le mariage entre Sapicha et la niece Sophie [118] s'est conçû, l'on dit meme signé et que le fils de Menzikof doit epouser la soeur de Sophie et etre fait Duc de Courlande: cet enfant fut fait avanthier Chevalier de l'ordre des mains de Catherine, chose inouie. La Czarienne lui donna son meme ruban et la croix et l'etoile qu'Elle a porté, ornés de brillants."

Le Fort meldete zugleich, er glaube, Devier habe den Befehl erhalten, er solle die Curländer bestimmen, die Wahl Moritz's zu cassiren und den Sohn Menschikoff's zu erwählen.

Welches die eigentlichen Ursachen dieser so plötzlich und entschieden zu Moritz's Ungunsten eingetretenen Aenderung der Ansichten in Petersburg gewesen, haben wir nicht zu ermitteln vermocht, vermuthen aber, daß sie mit durch seine eigne Schuld herbeigeführt worden ist. Er hatte sich die Gunst der Herzogin Anna von Curland verscherzt, indem er sie da am tiefsten verletzte, wo die Frauen von jeher am empfindlichsten waren. Alle Schriften, welche des Verhältnisses Moritz's zu Anna gedenken, besagen übereinstimmend, daß er ihre Eifersucht durch andere Liebesabentheuer erregt habe:

---

[118] Die bereits erwähnte Nichte der Kaiserin Catharina, Sophia Carlowna: die Vermählung mit dem Grafen Sapieha fand Mitte November 1727 statt.

es stimmt das so zu unseres Helden Wesen und Character,
daß wir es nicht in Zweifel ziehn mögen, wenn auch unsere
archivalischen Quellen darüber keine Nachweise enthalten.
Man erzählt [119] u. a. folgendes Abentheuer. Die Herzogin
hatte ihm in ihrem Pallast eine Wohnung eingeräumt: ihm
gegenüber wohnte im rez de chaussée eine ihrer Damen,
mit welcher er ein Liebesverhältniß angeknüpft hatte: einst
in der Nacht fiel, während sie ihm einen Besuch abstattete,
viel Schnee: um ihre zarten Füße zu schonen, nahm Moritz
die Schöne auf seine Schultern und trug sie über den Hof:
unglücklicher Weise begegnete er einer alten Frau mit einer
Laterne, die beim Anblicke der ihr entgegentretenden sonderbaren Gestalt mit zwei Köpfen einen Schreckensschrei aus-
stieß: Moritz wollte mit einem Fußtritt die Laterne einstoßen,
glitt aber dabei aus und fiel mit seiner Last auf die Alte,
die nun ihr Geschrei verdoppelte, so daß die Wache herbei-
eilte, welche denn die Betheiligten erkannte. Anna blieb dieses Abentheuer nicht verschwiegen.

Noch waren aber die für Moritz ungünstigen Nachrichten
nicht nach Curland gedrungen, oder man legte ihnen wenigstens noch kein entscheidendes Gewicht bei, als der Landtag
wieder zusammentrat und am 4. März 1727 den Beschluß
faßte, „man wolle bei der Wahl des Prinzen Moritz standhaft und fest beiander bleiben" [120]. Moritz meldete dies
dem Grafen Friesen mittelst nachstehenden Briefes:

„A Mitau le 4 de Mars (1727)

Me voilla enfein venus a bout de se monstre, qui a
tende taite (tant des têtes), plus de bouche, peu d'o-
reille et poin de bras, sait (c'est) a dire la diete, tout si

---

[119] Lettres et mémoires etc., t. I. p. XIV. Histoire de Maurice
Cte de Saxe, 1752, I. 199. Carlyle, History of Friedrich II. of Prussia III. 116 sagt in seiner originellen Sprachweise: „the big widow
discovered, that he did not like Westphalia hams in that particular
form, that he only praetended to like them."

[120] Cruse, Curland unter den Herzögen, I. 291.

ait termines selon mais souhais et les Courlendes y on confirmes tout se quils ont fait en ma faveur a la pressedante (précédente), sans avoir egars a tou les foudres, que l'on a lanse (lancées) sur eux a Grodnau, il(s)envoie (envoient) un deputes a Varsovie, non pour treter (traiter) mais pour protester contre tont se qui sait fait a Grodnau contre eux, einsi que notre comition (commission), qui doit venir, assurant qui l'on ne la resseveras pas. Voilla, mon cher comte, ou en sont les chosse, si Vous trouves, que je me sois bien conduit pour un homme proscrit sens argen, sans alianssé et sens troupe, je seres tres content et votre suffrage me dedomajeras de toute mes veilles et mais paine etc. Je crois, que lon seras dans une belle fureur contre moi a Varsovie et que le ministere Saxon saute au nue etc. Pries dieu pour moi, je vais entreprendre lavanture la plus perilieusse etc."

Die allerdings etwas gefährliche Mission, den Beschluß des Landtags in Warschau zu verkünden, übernahm der Landtagsdeputirte von Medem. Der Senat ward zum 12. März 1727 in Warschau einberufen und ihm am 24. durch den Oberhofmarschall die curländische Angelegenheit vorgelegt, zugleich mit der der curländischen Commission ertheilten Instruction, in welcher das Verfahren der Curländer als offne Rebellion bezeichnet war. Der Senat war einstimmig der Ansicht, daß Medem zu arretiren sei, was noch an demselben Tage mit des Königs Genehmigung erfolgte, indem man ihm eine Wache in seine Wohnung legte: er scheint aber bald wieder entlassen worden zu sein.

Man mußte sich nun in Curland auf ernste Ereignisse gefaßt machen: Moritz war der Mann, der auch einer großen Uebermacht gegenüber den Kampf versucht hätte, wenn er nur einige zuverlässige Truppen und namentlich Geld gehabt hätte; damit waren aber die Curländer sehr zähe: Moritz konnte in Mitau nicht einmal eine Leibwache von

100 Mann, die er zu errichten beabsichtigte, zusammenbringen[121]. Er hoffte, daß er in Frankreich und England Unterstützung finden werde und beschloß daher, sich selbst dahin zu begeben. Nach Warschau schrieb er aber, daß er sich den Befehlen des Königs zu fügen bereit sei; er erhielt von dort den Rath, Danzig zu vermeiden, welches ihm wegen des Aufenthalts des Herzogs Ferdinand gefährlich werden könne: zugleich sendete ihm der König eine Anweisung auf 2000 Ducaten, zu erheben in Königsberg bei Adolf Saturgus. Ungefährdet reiste er durch Polen, wo er in Bialistock den König gesprochen haben soll[122]: in Breslau verblieb er einige Tage incognito. Am 7. April 1727 kam er in Dresden mit nur zwei Dienern an: im Thorzettel ward er, angeblich ohne sein Wissen, als Herzog von Curland bezeichnet: er hatte mit dem Prinzen Friedrich August und dem Grafen Wackerbarth Besprechungen, in denen er seine Absicht, bald wieder nach Curland zu gehn, nicht verhehlte. Auch seiner Mutter meldete er, daß er von Dresden nach Frankreich gehe, aber hoffe, Ende des Monats Mai wieder in Curland zu sein[123]. Seine Reise war aber vergeblich: ebenso wenig wie seine Anerbietungen in England Annahme gefunden, war man in Paris geneigt, sich wegen Curland in einen Krieg zu verwickeln: er mußte ohne Unterstützung wieder abreisen und nur in dem Juden Lehmann, der ihm 20000 Thlr. auf seine Pension vorschoß, fand er einen Helfer, der sich aber seine Unterstützung theuer bezahlen ließ, denn im Jahre 1728 gab Moritz selbst seine Schuld bei Lehmann mit den Zinsen auf 27600 Thlr. an. Am 2. Juni 1727 reiste er von Paris wieder nach Sachsen: am 21. Juni hatte er in Pillnitz eine Audienz bei seinem königlichen Vater, über die er schrieb, es

---

[121] Förster, Friedrich August II., 217 fl.

[122] Espagnac a. a. O., I. 46. Histoire de Maurice de Saxe 1752. I. 173.

[123] Cramer, Denkwürdigkeiten ꝛc., II. 119. Förster a. a. O., S. 213.

sei ihm mit dem König geglückt, er sehe sich mit ihm, als sei nichts vorgefallen: Curland ward nicht erwähnt [124]. Heimlich verließ Moritz bald darauf Dresden und ging verkleidet durch Polen, nicht ohne Gefahr festgenommen zu werden, da er an mehreren Orten erkannt ward, glücklicher Weise nur von Polen, die ihm wohlwollten. In Liebau bestieg er ein Schiff, allein widrige Winde hinderten ihn in See zu gehn: mit 4 Offizieren ließ er sich an einer wüsten Stelle der Küste ans Land setzen: 36 Stunden wanderte er mit seinen Begleitern durch Wald und Moor, bis er zu einem Rittergut gelangte, dessen Besitzer ihn nach Mitau brachte [125], wo er von dem Adel mit Jubel empfangen ward.

Während seiner Abwesenheit war aber die Kaiserin Katharina, die nach den Depeschen le Fort's Moritz persönlich immer wohlgesinnt gewesen war, († 17. Mai 1727) gestorben und man war in Petersburg entschlossen, der Sache jetzt mit Gewalt ein Ende zu machen. Auch die polnische Commission näherte sich mit einem Corps Dragoner Curlands Grenzen. Der General Lascy, der mit 8000 M. Russen in Riga stand, erließ an Moritz die Aufforderung, sich sofort aus Curland zu entfernen und zeigte ihm für den Fall seiner Weigerung „un pays eloigné en perspective." Moritz zog sich nun mit einer kleinen Schaar, die zum Theil aus in Lüttich geworbenen Recruten bestand, welche zur See angelangt waren, auf die Inseln und Holme in dem See von Usmaiten zurück und warf dort auf einer derselben Verschanzungen auf: sie hat seitdem, wie einige Schriftsteller angeben, den Namen Moritzholm erhalten. Von hier bat er um 10 Tage Bedenkzeit, allein Lascy gestand ihm nur 2 Tage zu: nach Ablauf dieser Zeit rückten die Russen gegen ihn vor: Moritz sah die Unmöglichkeit ein, sich gegen die Uebermacht zu halten: unnützes Blutvergießen hat er zu jeder Zeit ge-

---

[124] Cramer a. a. O., II. 120.
[125] Cramer a. a. O., II. 129. Förster a. a. O., S. 216.

scheut: er befahl daher seinen Leuten, wie er selbst dem König Friedrich August schrieb, sich nicht zu vertheidigen, indem er hinzufügte: „il ne me prendront ni aujourdhui ni demein" und „nous verrons par ou toute saite comedy finiras." Am 19. August 1727 schwamm er allein zu Pferde durch den See [126] und entkam nach Windau: sein kleines Corps, 12 Offiziere (darunter der Generalleutnant Belling und der Capitain de la Gascherie, der erst 3 Tage vorher zu Moritz zum Besuch gekommen war), 33 Bediente, 98 Dragoner und 104 M. Infanterie, ward von den Russen gefangen genommen: ebenso fielen 9 Kanonen und alles Gepäck Moritz's in deren Hände, nur die Wahlurkunde rettete der treue Kammerdiener Moritz's Beauvais [127]. Die Gefangenen wurden von den Russen gut behandelt, man ließ ihnen sogar zum Theil ihre Waffen: später erfolgte ihre Auslieferung an Polen; die Gemeinen wurden dort unter die Regimenter gesteckt, die Offiziere entlassen. Die Garderobe Moritz's ward gegen ein Geschenk an den Commissar Obersten Krasziński an Moritz zurückgegeben. Das Silberzeug der Marschallin Bielinska aber, welches sie, wie wir oben erwähnt, ihm geliehen, wurde zu milden Zwecken confiscirt. In Curland nahm nun die Sache einen raschen Verlauf. Am 26. August 1727 zog die polnische Commission, an deren Spitze der Bischof von Ermeland, mit 500 Dragonern in Mitau ein: sie fand nicht den geringsten Widerstand, die bewaffneten Bürger bildeten eine Haye, durch welche der Bischof zur katholischen Kirche zog, um dort eine Messe zu lesen: dann begab er sich auf das Rathhaus. Die Oberräthe, Brinken, Keyserling und Brakel, wurden in ihren Häusern mit Wache belegt, die aber auf „menacante Propositionen des General Lascy" ihnen

---

[126] Ranft, Leben und Thaten ꝛc. (1746), S. 70.

[127] In der Sammlung von Lobschriften ꝛc. wird erzählt (S. 124 not. k.): Beauvais sei gefangen, mit dem Strick um den Hals nach Polen geführt und gefoltert worden, um von ihm zu erfahren, wo die Urkunde sich befinde: wohl nur Fabel!

bald wieder abgenommen ward: die Untersuchung gegen sie
ward ganz niedergeschlagen, nachdem sie unter dem 26. September 1727 einen Revers ausgestellt, in dem sie die Wahl
Moritz's als ungültig und die polnische Oberherrschaft anerkannten. Ein Landtag ward nach Mitau zum 15. Septbr. einberufen, der die Wahl Moritz's für ungültig erklärte. Die Russen
zogen sich nun zurück. Polen hatte in Curland ohne Blutvergießen gesiegt, ein Erfolg, über den in einem spätern Briefe
der Geh. Kriegsrath Thiolly dem General Debrose schreibt,
er sei ein Triumph „de la prudence personelle du Roi
(ce mot a sa force et demanderoit un grand commentaire
d'anecdotes peu connues)."

Moritz hatte sich immittelst nach Memel begeben, was
aber Preußen beunruhigte: der Minister von Viebahn wendete sich deshalb am 3. October 1727 an den Grafen Manteuffel, der ihm aber erwiederte, „qu'il paraitroit fort inhumain, que S. M. Prussienne ne voulut pas accorder
également à M. le Cte de Saxe, qu'à tout autre étranger
la liberté de sejourner dans ses états." Nach einem Briefe
des Stadtsyndicus von Rosenberg aus Danzig vom 15. November 1727 war Moritz dort zu Anfang dieses Monats angekommen: der russische Agent erhielt ein kaiserliches Schreiben, welches er Moritz, dem erhaltenen Befehle gemäß, zu
eignen Händen übergab. Sein Inhalt mag Moritz's Weiterreise beschleunigt haben, denn er verließ alsbald in einem
Miethwagen Danzig und bestieg auf einer 4 Meilen von da
entfernten Poststation den gewöhnlichen Postwagen, ohne daß
man weiter erfuhr, wohin seine Reise gehe. Sein Ziel war
Paris.

Das ganze Ergebniß der curländischen Expedition,
welche Moritz 2 Jahre kostete, war eine Vermehrung seiner
Schulden und als Entschädigung das Pergament, welches
seine Wahl bestätigte: er hat diese Urkunde auch später, obwohl König Friedrich August ihn mehrmals zu deren Uebergabe aufforderte, nicht herausgegeben: das Document ist auch

nach seinem Tode nicht erlangt worden. Daß er selbst, wie Böttiger[128] angibt, sich später den Titel Herzog von Curland und Semgallen beigelegt, haben wir wenigstens in den Acten des Haupt-Staatsarchivs nicht bestätigt gefunden: von Dritten ist er allerdings hin und wieder so genannt worden.

Aber auch in Paris sollte seiner, wenn wir anders dem glauben dürfen, was Turpin erzählt[129], eine Enttäuschung warten, die er jedoch mit vieler Resignation ertrug. Dort eingetroffen, eilte er, ohne nur die Kleider zu wechseln, zu seiner geliebten Lecouvreur: auf dem Camin des Zimmers, in welches er eingeführt ward, fand er den Liebesbrief eines Neffen des Cardinals von Tencin, worin dieser sich über die zu erwartende Zurückkunft seines Nebenbuhlers beklagte. Kaum hatte Moritz die verrätherischen Zeilen gelesen, als die Lecouvreur eintrat und ihn mit größter Zärtlichkeit empfing. Moritz entzog sich jedoch ihren Liebesbetheuerungen sehr bald und entfernte sich unter dem Vorwande, sich umkleiden zu wollen: statt dessen eilte er aber zu seinem Nebenbuhler und bat ihn, ihn zu der Lecouvreur zu begleiten. Dieser meinte, es gelte einen Kampf auf Tod und Leben und war daher sehr überrascht, als ihn Moritz der Lecouvreur mit den Worten zuführte, hier, mein Täubchen, bringe ich Dir diesen Herrn, der Ueberwundene muß den Ueberwinder krönen. Die Lecouvreur, als gewandte Schauspielerin, verfiel natürlich in Krämpfe, ächzte, wollte sich entleiben, es ging aber alles ohne Selbstmord ab.

---

[128] Geschichte des Kurstaates und Königreichs Sachsen, II. 258 not. 1. In spätern Briefen (1748) nannte ihn der Herzog von Cumberland Duc de Saxe. (Lettres et mémoires etc. V. 258. 264. 274 u. f.).

[129] Sammlung von Lobschriften auf Moritz Graf von Sachsen. S. 66.

Fünfter Abschnitt.

1728—1740.

Kaum war Moritz nach Paris zurückgekehrt, als der für seine Vermählung mit einer russischen Großfürstin unermüdlich thätige le Fort ihn schon wieder nach Rußland als Heirathscandidaten citiren wollte. Schon zu Anfang Januar 1728 meldete er, der General v. Münnich habe Moritz's Vermählung mit Elisabeth wieder in Anregung gebracht, er habe gefragt, wo Moritz sei und was er treibe? „il dit," schrieb le Fort, „je m'etonne, qu'il ne pense pas serieusement à se placer, il peut faire sa fortune, si la cour de Pologne veut aider de son coté. Je repliquai, que je comprennis ce qu'il vouloit dire, mais que je ne voyais pas que le Comte put faire aucune tentative, avant que de savoir les idées de la Pr. Elisabeth, que sans doute je l'estimerais fort heureux de posseder une si aimable Princesse. Il me repliqua, s'il ne tient qu'à cela, je le saurais demain." Das Resultat der Nachfrage war, daß Elisabeth ganz geneigt befunden ward, aber gegen Münnich erklärte: „qu'elle avoit résolu, de ne s'engager avec aucun médiateur, qu'elle n'eut vu celui, qui devoit la posséder."

Ein fernerer Brief, vom 20. Januar, wiederholte, Elisabeth wolle Moritz durchaus persönlich kennen lernen, sie habe geäußert, sie müsse sehn „si la marchandise lui plairait", seine Freunde würden daher wohl thun, ihm zu einer Reise nach Moskau zu rathen: auch Ostermann scheine für den Plan zu sein: le Fort bemerkte dabei: „sans ce qu'on donnera à la Pr. Elisabeth, elle est deja un très gras parti, les terres de la Czarienne, que le Czar lui a donné, passent 100000 roubles de revenus."

Am 24. Januar 1728 schrieb er über die Abreise des Collegienrathes Bacon:

„Bacon est parti cette nuit pour aller rejoindre le Cte de Saxe. Les discours, qu'on luy a tenu et la facon, que la cour Czarienne luy fait precipiter son voyage, semblent luy dire à mot couvert, alles Vous en et amenez nous le. A vue de pays tout parle en faveur du Cte, depuis que l'amour du Czar (Peter II.) a passé sur la Sibin. Le zele des Dolgorucki s'est aussi reveillé en faveur du Cte, enfin je suis emerveillé de voir ce qui se passe. Il n'est non plus question de la Courlande, que s'il n'en fut jamais: chacun crie mariage, mariage! Ce ne sont pas les partis qui manquent à la Princesse Elisabeth, jusqu'au Duc Ferdinand, qui a fait faire des propositions. On se flatte, que le genie du Cte plaira infiniment au Czar, il est chasseur, aime à monter à cheval et viele andere qualités, qui sympatisent."

Außer le Fort nahm auch der Herzog von Livia, der seit 1727 spanischer Gesandter am russischen Hofe war, an der Angelegenheit Interesse, ein Mann, dessen Dienste le Fort für unbezahlbar erklärte: er suchte insbesondere Dolgorucki zu gewinnen, der aber der Ansicht war, „que la poire n'étoit pas encore mûre." Graf Manteuffel erwiederte auf le Fort's Mittheilungen, wenn Münnich und der Herzog von Livia die Sache arrangiren könnten, ohne den König zu compromittiren, „tout le monde ici en serait charmé": als aber le Fort ihm die Aeußerung Jahugsinski's berichtete, daß man in Petersburg doch vor allem wissen müsse, „dans quelle situation on voudroit mettre le Comte?" entgegnete Manteuffel, man könne sächsischer Seits darüber keinen

Plan eröffnen, müsse vielmehr einen solchen von Rußland, von dem die Idee ausgegangen sei, erwarten. Während nun le Fort darauf drang, daß Moritz nach Rußland komme, erhielt dieser dagegen 2 Briefe von dort von einflußreichen Personen, welche ihm ganz von der Reise abriethen. Manteuffel, der überhaupt der Ansicht war, le Fort sei zu sanguinisch in seinen Hoffnungen, schrieb über diese Briefe: „le plus grand des deux lui ecrit, qu'il faudrait être fol, pour le lui consciller." Moritz selbst war auch dieser Ansicht, was er mit den Worten meldete: „Je ne puis me risquer à de certaines demarches, qui me donneraient un ridicule et me fatigueroient inutilement par l'ennuy du sejour et par la longueur du voyage. Je vous diray en outre, que je ne suis pas du tout pressé de me marier, si je ne trouve toutes les convenances qui peuveut mettre les choses à couvert des événements."

Trotzdem gab le Fort aber seine Bemühungen nicht auf: wir wollen seine, noch durch mehrere Jahre hindurchgehenden Verhandlungen hier gleich zusammenfassen. Nachdem le Fort im Laufe des Sommers 1728 wiederholt seine Ueberzeugung ausgesprochen, daß sich der Plan recht wohl realisiren lasse, wenn man nur eine Vertrauensperson nach Moskau sende und der Graf sich in der Nähe halte, um zur rechten Zeit zu erscheinen, erzählte er später wiederholt Anecdoten von Elisabeth, als Beweise ihrer Sehnsucht nach Moritz. Als im September 1728 ihr ein werthvolles Porcellanservice, ein Geschenk des Königs Friedrich August, übergeben ward, sagte Einer aus ihrer Umgebung, „das ist auch das erste Präsent, das Ihro Hoheit von einem fremden gekrönten Haupt erhalten haben." Elisabeth's Antwort lautete: „Das ist wahr, ich wollte aber, daß mir der König ein anderes Geschenk gemacht hätte," und als Jener darüber seine Verwunderung äußerte, fügte sie hinzu, „ich wollte, daß er mir einen Mann gegeben hätte." Ein anderes Mal, im December 1728, legte man ihr einen untergeschobenen Brief vor, den angeblich ein Freund Moritz's, Freneuse, an eine Frau von Name, welche in Elisabeth's Umgebung war, geschrieben haben sollte. Es stand darin, die Name möge die Gesinnungen der Prinzessin zu erforschen suchen. Elisabeth ließ sich den Brief vorlesen, lächelte holdselig über das Schmeichelhafte, das der Brief sonst noch über sie enthielt und sagte dann, man solle einige Tage auf die Antwort warten. Sie ließ hierauf le Fort zu sich kommen und sagte ihm in Gegenwart der Frau von Name, er solle nicht schreiben, daß sie von dem Briefe Kenntniß genommen, er könne Moritz aber versichern, daß sie ihn mit Vergnügen sehn werde. Auch später wiederholte le Fort, daß Elisabeth die Ankunft Moritz's mit Ungedulb erwarte, und daß sie sich mehrmals nach ihm erkundigt habe. Selbst die Herzogin Anna brachte le Fort wieder in Erinnerung, indem er von ihr, die nun wahrscheinlich ihre Eifersucht überwunden hatte, im October 1728 meldete, sie habe geäußert, sie werde sich nicht wieder verheirathen, „à moins que ce ne fut avec le Comte de Saxe" [130].

Zu irgend einem bestimmten Resultat vermochten aber le Fort's Bestrebungen die ihm so sehr am Herzen liegende Angelegenheit nicht zu bringen, zumal man Seiten der sächsischen Regierung zu keinen größern Opfern geneigt war und Moritz selbst auch keinen Eifer zeigte: er konnte allerdings damals nicht ahnen, daß ihm Elisabeth's Hand eine Krone zugebracht hätte, gegen welche der Herzogshut von Curland nur wie ein Spielzeug erscheinen mußte.

---

[130] Nachdem Anna 1730 den russischen Thron bestiegen, soll Moritz noch den Versuch gemacht haben, sich ihr zu nähern und deshalb die Absicht geäußert haben, nach Moskau zu gehn, was aber Ostermann verhinderte, indem er zu verstehn gab, daß die mit des Grafen Reise verbundenen Gerüchte wider die Würde der Kaiserin liefen. Berthold in v. Raumer, Historisches Taschenbuch, Jahrgang 7, S. 268. Herrmann, Geschichte des russischen Staates, IV. 550. de la Barre Duparcq a. a. D., p. 31.

Schließlich erging unter dem 7. Februar 1729 an le Fort nachstehende Weisung:

„Le Roy ayant oui les differents rapports, que son Envoyé Extraord., le Sr. le Fort, Luy a faits au sujet du projet formé par quelques amis à la Cour de Russie, pour marier Mr. le Comte de Saxe avec la Princesse Elisabeth et ayant fait attention, entre autres à ce, que ces amis souhaittent, que le Comte se rende sur les lieux, et à ce que le dit Sr. le Fort demande d'être instruit des sentiments de Sa Majesté sur ce projet, Sa Majesté a ordonné de luy faire savoir, qu'Elle ne s'opposera ny au projet en question, ny à ce que le Comte de Saxe aille à Moscou, pourvû qu'Elle puisse être assurée preallablement 1) que la Princesse Elisabeth veuille l'avoir pour époux, 2) que Sa Majesté le Czaar y consente, 3) qu'on veuille et puisse procurer au Comte un établissement convenable en Russie et 4) qu'on n'exige pas du Roy, que Sa Majesté luy fasse Elle même un établissement, qui ne depende pas d'Elle de luy procurer.

Sa Majesté ne pouvant consentir, que le Comte de Saxe fasse encore, comme cy devant, le galoppin et l'avanturier, à moins d'être sûr de ces 4 conditions préliminaires, Elle enjoint au Sr. le Fort de bien recommander aux amis susmentionnés, de l'éclaircir, avant toutes choses là dessus, luy defendant en même temps, de ne rien avancer ou assurer, ou d'agir au nom de Sa Majesté pour faire reussir le mariage en question, avant d'être assuré des 4 points susdits."

Die Sache schließt mit einer Depesche le Fort's vom 21. März 1729, worin er schrieb:

„La conduite irreguliere, que la Princesse Elisabeth tient depuis quelque temps et qui se manifeste de jour en jour, semble avoir entièrement dégoûté les amis de S. E. le Comte de Saxe, de pousser son projet plus loin.

La chose est si vray, que l'on n'est plus d'opinion, qu'il faille renouer l'entrevue dont j'ay parlé cy devant, il paroit même que cette conduite engendre de mepris, que les amis du Comte disent, qu'il n'y faut plus penser."

Man sieht offenbar, daß le Fort sich über die Fruchtlosigkeit seiner jahrelangen Bemühungen damit zu trösten suchte, daß er die Weintrauben für sauer erklärte.

Wir kehren nun zu Moritz, den wir zu Anfang 1728 zu Paris verlassen haben, zurück. Er machte im Februar 1728 eine Reise nach Amsterdam und wahrscheinlich dort erreichte ihn die Nachricht von dem in der Nacht vom 15.—16. Februar erfolgten Tode seiner Mutter, den die Sorge, die sie um ihren Sohn im Jahr vorher getragen, beschleunigt hatte. Einer ihrer letzten Briefe war noch im Interesse Moritz's an den Grafen Flemming geschrieben: die Scheidende bat ihn, „si le Cte de S. s'est plaint, comme on a voulu le dire, je supplie V. E. de le pardonner à l'aigillon de l'honneur et de l'ambition, qui le piquoit." Moritz ging auf die Todesbotschaft nach Deutschland, verweilte am 11. April 1728 einige Stunden in Cassel, wo er sich mit dem Chevalier de la Serre ein Rendezvous gegeben hatte und reiste dann nach Queblinburg weiter. Die Nachlaßangelegenheiten waren sehr verwickelt: was an baarem Gelde sich gefunden hatte, war zum Begräbniß verwendet worden, „es war," wie es in einem Briefe des Dr. Vockel heißt, „kein Pfennig mehr da." Derselbe meldete zugleich: „die Gräfin Lewenhaupt hat grausam gehauset und hinweg genommen, was sie gewollt hat." Moritz war am wenigsten ein Geschäftsmann und erkannte bald, daß er selbst nicht geeignet sei, die Auseinandersetzung und die Regulirung des Schuldenwesens (es fanden sich 22325 Thlr. Passiven) durchzuführen: bis zu seinem Erscheinen hatte auf Befehl des Königs von Preußen der Geh. Rath und Stiftshauptmann zu Queblinburg von Posadowski seine Rechte wahrgenommen: Moritz beauftragte jetzt den Geschäftsführer seiner Mutter, Mussey, mit seiner Vertretung[131], später aber den Dr. Vockel, den er anwies, sich besonders zu erkundigen, wo ein Koffer mit Familienbriefschaften verwahrt sei, und ein Kästchen mit schwarzem Leder überzogen. Dr. Vockel reiste deshalb 1734 nach Quedlinburg, wo er nach seiner Mittheilung von der Aebtissin Durchlaucht (Marie Elisabeth H. v. Holstein-Gottorp) am 11. November 1734 zur Tafel gezogen ward, bei der er aber „wegen der vielen Fragen der Damen sich nicht satt essen konnte." Der Koffer und das Kästchen mit den Briefschaften stand damals im Kirchengewölbe: jedenfalls sind dies dieselben Schriften, von welchen Cramer unter Bauschutt und Kehricht Ueberreste fand[132], welche er bei seinem Werke benutzt hat. Vielleicht auch in der Nachlaßangelegenheit oder vielleicht, um sich der Herzogin Anna von Curland nochmals zu nähern, ging Moritz nach Danzig, von wo aus er noch am 9. Mai 1728 einen Brief an den König richtete, der aber über den Zweck seiner Reise nichts enthält. In Begleitung des Königs erschien er am 26. Mai in Berlin, bei dem Besuche, welchen Friedrich August dem König von Preußen abstattete. Hier machte er zuerst die Bekanntschaft des Kronprinzen Friedrich[133], mit dem er von da an in freundschaftlichem Verhältniß blieb. Ranft[134] erzählt uns die wichtige Thatsache, daß Moritz bei einem Schnepperschießen den ersten Preis erhielt und Förster[135] theilt uns mit, daß er bei einer Jagd auf der Jungfernhaide am 14. Juni 1728 das Erstaunen der preußischen Jäger erregte, indem er einem Keiler den Kopf mit einem Hiebe abschlug. Sonst lesen wir aus diesem Jahre nur in einem Briefe als Gerücht, daß Moritz mit der Wittwe seines steten

---

[131] Cramer, Denkwürdigkeiten 2c., II. 146.
[132] S. a. a. O. Vorrede Th. I. S. VII.
[133] Oeuvres de Frédéric le Grand. Berlin 1851. t. XVII. p. XII. Preuß, Friedrich der Große, III. 167.
[134] Leben und Thaten 2c. 1746. S. 73.
[135] Friedrich Wilhelm I., Th. I., S. 224.

Widersachers, des Feldmarschalls Grafen von Flemming, der am 30. April 1728 zu Wien gestorben war, verlobt sei: sie war allerdings eine sehr reiche Partie, denn wenn Flemming auch nicht, wie u. a. Gretschel[136] angibt, 16 Millionen Thaler hinterlassen hatte, so ergab sich doch ein Activum von 993700 Thalern. Ob sich Moritz in der That um die Dame beworben hat, ersehn wir nicht mit Bestimmtheit, halten es auch bei den glänzenden Aussichten, die ihm damals noch in Petersburg sich öffneten, nicht für wahrscheinlich, sollte aber die Thatsache begründet sein, so wollen wir der Angabe[137], daß andere Verhältnisse, welche er unterhielt, die Gräfin abgehalten hätten, ihm ihre Hand zu reichen, wohl Glauben beimessen. Sie vermählte sich später mit dem Fürsten Wisniowieczki.

Das Jahr 1729 verlebte Moritz in Frankreich; unsere Correspondenzen enthalten über ihn nichts als die Notizen, daß er eine Meute Jagdhunde vom Grafen Livry für den Prinzen Friedrich August (August III.) erkaufte und diesem nach Sachsen übersendete, und daß er dem König vorschlug, seine Erfindung, die Schiffe zu bewegen, auf 4 Galeeren anzuwenden, die auf der Elbe nach Hamburg fahren sollten: er bemerkte, jede Galeere habe 32—42 Ruder und lege damit stromabwärts in einer Stunde $1\frac{1}{2}$ Meile, stromaufwärts $\frac{1}{2}$ Meile zurück. Der Vorschlag fand aber keinen Eingang. Ein Brief des sächsischen Gesandten zu München vom 19. Januar 1730 meldet, daß man Moritz dort erwarte: man sage, er beabsichtige dort einen Theil des Carnevals zuzubringen und dann nach Dresden zu gehn. Hier finden wir ihn im Frühjahr 1730: er wünschte ein Privilegium zu erlangen auf 30—40 Jahre zu Errichtung einer Stahl- und einer Schwefelfabrik, die er in Liebenwerda zu gründen beabsichtigte: der Schwefel sollte der Regierung zu einem billigen

---

[136] S. Geschichte des sächs. Volkes und Staates, II. 657.
[137] Histoire de Maurice etc., I. 202.

Preis für die Pulverfabriken überlassen werden: Moritz scheint aber die Sache selbst wieder aufgegeben zu haben, nicht einmal zu der Stahlprobe kam es. Bei dem prachtvollen Lustlager bei Mühlberg oder Zeithayn, welches König Friedrich August vom 30. Mai — 29. Juni 1730 mit einem sehr großen Kostenaufwand abhielt, war er mitzugegen: er traf abermals mit dem Kronprinzen von Preußen, der seinen Vater dahin begleitet hatte, zusammen[138]. Den Winter verlebte Moritz in Paris, und kam dann am 21. April 1731 auf kurze Zeit nach Dresden: am 29. Mai war er bereits wieder in Paris, um sich von dort sofort nach Marly zu begeben. Auch seine Aufmerksamkeit zog damals eine Erscheinung auf sich, die ganz Paris in Staunen versetzte: „un bon prêtre Janseniste" war einige Jahre früher im Geruch der Heiligkeit gestorben: viele Fromme besuchten sein Grab und es verbreitete sich das Gerücht, daß der Verstorbene Wunder thue: der Zudrang ward so groß, daß der Erzbischof den Zutritt zu der Grabstätte verbot, allein das Verbot ward nicht durchgeführt und die Zahl der Wunder vermehrte sich täglich. Moritz schrieb darüber, daß ihn die Sache in großes Erstaunen versetze und daß er nicht wisse, was er dazu sagen solle. Im September 1731 machte er eine zweite Reise nach Sachsen, zu der er sich vergeblich bemühte, eine berühmte Tänzerin, Madame Sale aus Paris, zur Begleiterin zu gewinnen: sie sollte in einer neuen Oper von Hasse mitwirken, welche am 14. September 1731 in Dresden zum ersten Male aufgeführt ward und in der die berühmte Faustine, Hasse's

---

[138] Oeuvres de Frédéric le Grand (Berlin 1851), t. XVII. p. XII. Histoire de Maurice etc. (1752), I. p. 211. Als der König von Preußen den König Friedrich August fragte, wo er das Geld zu den großen Kosten des Lagers hernehme? zog dieser einen Ducaten aus der Tasche und sagte, wenn Ew. M. diesen Ducaten hätten, würden Sie ihn behalten, ich gebe ihn aus und er kommt 5 oder 600 Mal in meine Tasche zurück. Mémoires du Duc de Luynes publiées par Dussieux et Soulié. Paris 1760. II. 334.

Gattin, sich sehr auszeichnete; die Tänzerin lehnte aber das Anerbieten ab. Mehr Erfolg hatte er das Jahr darauf, als er den Chevalier de Follard aufforderte, mit ihm nach Sachsen zu reisen, um sein Gutachten über die Befestigung Dresdens abzugeben. Von dieser Reise nach Frankreich zurückgekehrt, erkrankte er: der sächsische Legations-Secretär de Brais meldete hierüber aus Paris den 3. November 1732, Moritz sei mit derselben Krankheit behaftet, welche der König gehabt, die man „les oreillons" nenne, er habe Fieber und es sei ihm zweimal zur Ader gelassen worden. Noch am 8. December war er unwohl, indem er besonders an Schlaflosigkeit litt. In dieser Zeit, nicht wie Druckschriften angeben im Jahre 1722, 1728 oder 1738, hat er in 13 schlaflosen Nächten sein berühmtes Buch „mes rêveries" geschrieben, ein Werk, das große Anerkennung gefunden hat, und in dem er kühne und neue Ansichten über die Kriegswissenschaft niederlegte: es ist nach seinem Tode in mehreren Ausgaben erschienen. Auf der königlichen Bibliothek zu Dresden befinden sich zwei Manuscripte dieses Werkes: das eine ist ganz vollständig und mit sauber gemalten Abbildungen versehn[139]: am Schlusse desselben steht: „J'ay composé cet ouvrage en 13 nuits; j'etois malade, ainsi il pourroit bien se ressentir de la fievre, que j'avois, cela doit m'excuser sur la regularité et l'arrangement, ainsy que sur l'elegance du stile. J'ai ecrit militairement et pour dissiper mes ennuis. Fait au mois de Decembre 1732." Es ist dieses jedenfalls dasselbe Exemplar, welches er mittelst eines Briefes vom 12. Januar 1733 dem König Friedrich August übersendete, indem er die Sendung bezeichnete als: „un ouvrage, que j'ai composé sur l'art de la guerre durant ma maladie." Er bemerkte zugleich in dem Briefe, daß er auch eine neue Erfindung für die Laffetten der Kanonen gemacht habe: ein anderer Brief

---

[139] Falkenstein, Beschreibung der k. öffentl. Bibliothek zu Dresden. S. 458. Dresden 1839.

enthält Klagen, daß seine Vorschläge gegen die Routine nicht
aufkommen könnten. Moritz war, als er den eben erwähnten Brief vom 12. Januar 1733 schrieb, eben nach Dresden
gekommen, einen Tag nach der Abreise seines Vaters nach
Polen, von wo denn bald die Nachricht von des Letzteren
Tode (1. Februar 1733) einging. Moritz blieb während der
Huldigung in Sachsen bis zum 24. Juli 1733. Viele
Schriftsteller erzählen [140], daß ihm sein Halbbruder Friedrich
August II. (als König von Polen August III.) das Commando über die sächsische Armee angeboten, er dies aber abgelehnt habe: wir haben darüber nichts aufzufinden vermocht.
Daß das bis dahin sehr freundschaftliche Verhältniß Moritz's
zu Friedrich August II. in dieser Zeit etwas getrübt ward,
kann Seiten des Letztern auf dieser Ablehnung beruhen, Moritz aber glaubte seiner Seits sehr erheblichen Grund zur
Beschwerde über seinen Halbbruder zu haben. Er hatte Curland nicht aus den Augen verloren, meinte immer noch, er
könne seine Wahlurkunde wieder geltend machen: in dem
Defensiv- und Garantietractat zwischen Rußland und Sachsen
vom 10. Juli 1733 ward durch einen geheimen Artikel
(no. 2) festgestellt, daß Curland „als ein Lehn Polens bei
seiner gegenwärtigen Regierungsform, Freiheit und Privilegien und absonderlich bei einer freien Wahlgerechtsame nach
Ableben des jetzigen Herzogs Ferdinand und also unter seinem
eignen Herzog beständig und ungekränkt zu ewigen Zeiten
gehandhabt und geschützt werde." Moritz's Name ward aber
bei dem darauf folgenden Schriftenwechsel mit dem sächsischen
Gesandten zu Petersburg, Graf Lynar, gar nicht erwähnt,
obwohl Biron, der damals bereits als Candidat aufgetreten
war, kein Hinderniß und zurückzutreten geneigt zu sein schien:
Lynar schrieb hierüber (10. October 1734): „ich versichere

---

[140] Histoire de Maurice etc. (1752), I. 222. Eloge de Maurice
etc. Paris 1763. p. 24 not. 1. Sammlung von Lobschriften ꝛc. S. 71.
Lettres et mémoires a. a. O., I. p. XVI. Espagnac a. a. O., I. 55.
de la Barre Duparcq. p. 37.

aus den oft wiederholten Discoursen des Grafen Biron, daß
wofern Ew. M. sonst einen Candidaten in Gedanken haben,
er sich vor denselben so gern und vielleicht lieber als für sich
selbst Mühe geben und in allen Dingen, zu dem was Ew.
K. M. angenehm sein kann, bestens cooperiren werde." Ein
Cabinetsrescript vom 23. November 1734 besagte hierauf,
Lynar solle Biron die Erklärung geben, daß wenn die Stände
Curlands ihn wählen sollten, „er alsdann auf Unsere dazu
erforderliche Einwilligung und Confirmation gewisse Rechnung
zu machen habe und Wir ihm, als Unsern so lieben und wer=
then Freunde, die Erhebung in den Fürstenstand und den
Besitz des bei Unserer Krone zu Lehn gehenden Herzogthums
vor allen Andern am liebsten gönnen würden." Dies ward
Biron durch Lynar mündlich mitgetheilt, also Moritz ganz bei
Seite geschoben.

Am 10. October 1733 erklärte Ludwig XV., verbündet
mit Spanien und Sardinien, dem Kaiser Karl VI. den Krieg,
wozu die Wahl Friedrich August II. von Sachsen zum König
von Polen zum Vorwand diente. Ein französisches Corps
unter dem Marschall Berwick ging über den Rhein: Moritz
ward diesem zugewiesen und trat hier zum ersten Mal in den
Laufgräben vor Kehl Deutschen feindlich gegenüber. In der
Nacht vom 23.—24. October 1733, wo er die Wache in den
Trancheen hatte, ward der ihm befreundete, von uns schon
erwähnte Chevalier de la Serre neben ihm erschossen [141].
Der Feldzug endete mit der Eroberung von Kehl, und Mo=
ritz, der in der untergeordneten Stellung eines maréchal de
camp keine Gelegenheit gefunden hatte, sich durch selbststän=
dige Kriegsoperationen auszuzeichnen, brachte den Winter in
Paris zu. Auch an dem Feldzuge 1734 nahm er Theil und
stand diesmal erst unter dem Grafen von Belle=Isle, dann
unter dem Herzog von Noailles. Als der Marschall v. Ber=
wick die Ettlinger Linien anzugreifen beabsichtigte, stieß Moritz

---

[141] Histoire de Maurice etc., 1752. I. 226.

zu ihm und ward von ihm mit den Worten empfangen: „J'allais faire venir trois mille hommes, mais vous me valez seul ce renfort." Wir lesen in mehreren Druckschriften, daß er sich nicht nur bei dieser Gelegenheit einer solchen Anerkennung würdig zeigte, sondern auch sonst mehrfach seine Tapferkeit bewährte, indem er z. B. am 19. September 1734 mit 100 Grenadieren einen Trupp Husaren angriff und ihren Commandanten mit eigner Hand tödtete: er erhielt dabei einen Säbelhieb über den Kopf, vor dessen tödtlicher Wirkung ihn nur eine Eisenplatte in seinem Hute schützte, den er aber doch noch nach Jahren bei Veränderung der Witterung spürte. Das Bewußtsein seines Verdienstes, das aber bis dahin keine entsprechende Belohnung gefunden hatte, veranlaßte ihn, den Herzog von Noailles anzugehn, sich für sein Avancement zu verwenden: er sagte in seinem Briefe [142] u. a.: „je ne suis pas d'espèce à être assujetti aux règles, et à viellir pour parvenir aux grades." Er ward denn auch im August 1734 zum Generalleutnant ernannt [143]. Hiermit war vor der Hand seinem Ehrgeiz genügt und Moritz fand sich daher um so weniger veranlaßt, einer Aufforderung, die, wie Espagnac erzählt [144], damals an ihn erging, in des Kaisers Dienst zu treten, Folge zu geben. Der Fürst von Liechtenstein soll ihm nämlich, als er zu dieser Zeit mit ihm in Mannheim zusammentraf, dazu veranlaßt haben mit der Bemerkung, daß er in Oestreich an dem Prinzen Eugen einen Freund habe, der für ihn sorgen werde, während es ihm als Ausländer in Frankreich sehr schwer fallen werde, eine Carriere zu machen. Moritz gab aber zur Antwort, daß er sich schon so verhalten werde, daß er sich die Achtung der Franzosen erwerbe, sobald er diese gewonnen, werde er aber bei ihnen schneller avanciren, als anderwärts.

---

[142] Lettres et mémoires etc., I. p. 8 fl.
[143] Ranft, Leben und Thaten ꝛc., 1746. S. 84.
[144] a. a. O., II. 278.

Nachdem Moritz den Winter wieder in Paris verlebt, kehrte er im Frühjahre 1735 zur Armee zurück, ohne daß er jedoch Gelegenheit gefunden, sich durch größere Thaten hervorzuthun. Dagegen ersehn wir aus einem von ihm an Noailles unter dem 23. October 1735 gerichteten Briefe [145], wie viel Tadel er gegen die Führung der französischen Armee auszusprechen hatte. Am 5. November 1735 ward ein Waffenstillstand geschlossen, dem Verhandlungen folgten, welche den Präliminarfrieden vom 3. October 1736 herbeiführten. Moritz, der nach beendigtem Feldzuge seinen Aufenthalt wieder in Paris nahm, soll sich nun eine Zeitlang ernsten Studien hingegeben, insbesondere unter Follard's Leitung den Polybius eifrig studiert haben, der sein Lieblingsschriftsteller ward [146]. Er scheint während dieser Jahre in gar keiner Verbindung mit Sachsen gestanden zu haben, wir finden wenigstens seinen Namen nur einmal erwähnt, in einem Briefe des Abbé Accoramboni vom 2. Februar 1735 an den Grafen Wackerbarth, worin der Briefsteller eines Gerüchts gedenkt, als ob es in der Absicht liege, den damals 11jährigen Prinzen Friedrich Christian (den spätern Churfürsten) mit der ältesten Tochter Ludwig XV., Luise Elisabeth (geb. 1727), zu vermählen: Moritz habe davon gesprochen „comme d'une chose facile et très avantageuse." Der Briefsteller fügte aber hinzu: „le Roy est très éloigné d'y prêter oreille, quand même on lui en ferait la proposition." Moritz mochte aber doch das Bedürfniß fühlen, sich seinem Vaterlande nicht ganz zu entfremden und insbesondere sich mit Friedrich August II. wieder auszusöhnen. Er schloß sich daher dem Marquis de Livry an, der nach Dresden reiste, durch dessen Vermittelung auch das Mißverhältniß sehr bald vollständig ausgeglichen ward [147].

---

[145] Lettres et mémoires, I. 17.

[146] Eloge de Maurice etc., p. 28 not. p. Histoire de Maurice etc., I. 277. de la Barre Duparcq, p. 43.

[147] Histoire de Maurice etc., I. 279. Ranst a. a. O., S. 85. Lettres et mémoires etc., I. p. XIX. Espagnac, I. 80.

Als Beweis dafür dient auch, daß der König ihm, wie wir bereits in Abschnitt 3 erwähnt haben, damals einen Theil des confiscirten Hohm'schen Vermögens zuwies, auch ihm den Heinrichsorden bei dessen Stiftung zu Hubertusburg am 7. October 1736 bei Tafel selbst überreichte. Er begleitete den König zur Michaelismesse 1736 nach Leipzig [148] und verweilte dann den Winter und das Frühjahr 1737 in Sachsen. Hier erfuhr er den am 4. Mai 1737 erfolgten Tod des Herzogs Ferdinand von Curland und war sofort entschlossen, wenigstens den Versuch zu machen, ob er, wenn auch nicht das Herzogthum, doch wenigstens eine Entschädigung erlangen könne; er versprach zwar dem Grafen Brühl, der inzwischen in Sachsen ans Ruder gelangt war, nichts zu thun, was dem König und Rußland mißfällig sei, doch vermochte dieser ihn nicht davon abzuhalten, ein Schreiben an die Ritter- und Landschaft in Curland zu richten, in welchem er seine Theilnahme an dem Tode des Herzogs ausdrückte und dann fortfuhr: „Vous avez prévu cette triste situation et avez fait une élection eventuelle en ma faveur, qui devroit avoir son effet a présent, si la fatalité n'étoit inseparable des choses humaines etc. Quant à moi, je me flatte, que vous me rendrez assez de justice, pour croire, que je me ferais une félicité de mourir en combattant pour vous, s'il étoit question de combattre; ce seroit m'acquitter en quelque façon de ce que je Vous dois [149]."

Gleichzeitig schrieb Moritz an den russischen Gesandten von Keyserling:

„Je me trouve dans la situation du monde la plus peinée, je voudrois ne rien faire, qui put deplaire à Votre

---

[148] Ranft a. a. O., S. 85.

[149] Hiernach scheint es nicht begründet, daß, wie Mehrere angeben, Moritz damals einige Personen nach Mitau gesendet habe, um gegen eine neue Wahl zu protestiren, daß diese aber nicht zugelassen worden seien. Espagnac a. a. O., I. S. 80 not. t.   Ranft a. a. O., S. 87.

cour, mais aussi je ne saurois me resoudre à tenir une conduite foible, qui entraineroit avec elle le blame de toute l'Europe dans la situation presente. V. E. connoit mes sentimens et je lui ai ouvert mon coeur, mais le silence, qu'Elle garde depuis son depart, me fait juger, qu'ils n'ont pas été recus favorablement; il ne m'est plus possible de temporiser, il faut que je me decide, je n'y vois point de plus court moyen, qu'en me faisant venir à la Cour de Russie, ce qui abregera toutes les longueurs: je m'y rendrai sur la parole, que V. E. me donnera, que l'on ne me contraindra sur rien et que je pourrai me retirer, quand je le jugerai à propos. Je serai à Paris, quand V. E. recevra cette lettre, pour être en liberté de disposer de ma personne et j'y attendrai la reponse de V. E. le temps qu'il faudra pour la recevoir. J'ai l'honneur de Lui envoyer la copie de la lettre que j'ecris a Mrs. de la Regence de Courlande. J'espere qu'Elle n'y trouvera rien, qui soit contraire à ce dont j'ai eu l'honneur de l'entretenir etc."

Um Moritz's Interessen zu vertreten, ward der General-Major de la Serre im August 1737 nach Petersburg gesendet: ein Rescript vom 20. August 1737 an den dortigen sächsischen Gesandten Geh. Rath von Suhm bezeichnet, in einer etwas verwickelten Periode, als Zweck der Mission „er solle an dortigem Hofe des Grafen v. Sachsen Meriten und anständiges Betragen in der curländischen Sache, da selbiger aus egard vor beide Höfe sein eigen Interesse ganz bei Seite gesetzt, mündlich, so wie der Frh. von Keyserling bei des Herzogs von Curland[150] sowohl, als bei seiner Souveraine selbst und derselben Ministerio schriftlich zu thun auf sich genommen, vorzustellen und dadurch einige proportionirte Vergütung auf den Fuß einer freiwilligen Gratification und Generosität J. M. der russischen Kaiserin, gleichwie von Uns

---

[150] Biron war bereits zum Herzog von Curland gewählt worden.

auch geschehe, von ihr auszuwirken suchen." Suhm ward zugleich angewiesen, de la Serre „in seinen Insinuationen mit guter Art beizustehn." Moritz scheint mit dieser Wendung, welche man der Sache gegeben hatte, nicht einverstanden gewesen zu sein. Denn de la Serre rühmt zwar schon in seiner ersten Depesche aus Petersburg vom 14. September, die Gnade, mit der ihn die Kaiserin empfangen, beklagt aber zugleich, daß ihm Moritz kein Schreiben an diese mitgegeben habe: er bemerkt, auch der Herzog von Curland habe geäußert, der Graf habe nicht an ihn geschrieben und er wisse nicht, wofür die Kaiserin ihn belohnen solle. Moritz wollte nicht bloß der Großmuth der Kaiserin ein Geschenk verdanken, er war der Meinung gewesen, daß wenn er, wie es in einem Briefe heißt, nur „une légère disposition de s'accomoder de son diplome" (seine Wahlurkunde) zeige, man ihm dagegen „des offres considerables" machen werde, allein so faßte man die Sache in Petersburg, wo man auf den Besitz jener Urkunde keinen Werth legte, nicht auf: so blieb denn die Mission de la Serre's ohne Erfolg und das Ende war, daß die Kaiserin dem Abgesandten 1000 Rubel zur Rückreise auszahlen ließ, die er im April 1738 antrat.

Im Herbst 1737 finden wir Moritz wieder in Frankreich: ein Schreiben des sächsischen Legationssecretairs de Brais meldet seine am 9. October 1737 in Paris erfolgte Ankunft, und daß er die Absicht habe, nach Fontainebleau zu gehn. Von Paris schrieb er am 4. November 1737 an den Fürsten Sulkowski: „J'ai repris icy mon ancien train de vie, c'est à dire de chasser et d'aller quelquefois à la cour, ou l'on chasse toujours, mais je ne va gueres avec eux, j'aime à me coucher de bonne heure et ils y veillent trop et quand on y est, il faut faire comme eux." Er erzählt ferner von seinen Jagden mit kleinen Hunden, auf denen er einige Hasen, Rehe und Wildschweine erlegt habe und fährt dann fort „voila mes exploits et j'en suis tres fier. Cela vous paroitra bien pitoyable a Vous, qui tues et prenés

11*

des monstres par mille [151], mais tout le monde n'est pas grand seigneur." Er bittet dann den König Friedrich August an seine Zusage zu erinnern, ihm sein Portrait „en Polonais" zu senden: er beabsichtige es in einem großen Saale aufzustellen, eine Bitte, deren Erfüllung ihm auch Sulkowski in seinem Antwortschreiben zusagte.

Wenn Moritz übrigens auch, wie er schreibt, selten an den Jagden Ludwig XV. Theil nahm, so war er doch einmal in dieser Zeit bei einer großen Jagd in Chantilly, bei der er verschiedene Kraftproben ablegte: als es an einem Pfropfenzieher fehlte, drehte er einen solchen aus einem Hufnagel: beim Beschlagen seines Pferdes zerbrach er die Hufeisen, er fand aber seinen Mann an dem Schmiede, der den dafür erhaltenen Thaler, nachdem er ihm mit der Zange einen Kniff gegeben, ebenfalls zerbrach [152].

Wir finden Moritz zu dieser Zeit auch auf einem Felde thätig, auf dem wir ihn allerdings kaum gesucht hätten, als Zeitungsschreiber. Graf Brühl ließ sich nämlich aus Paris Zeitungen besorgen, d. h. nicht gedruckte, sondern vertrauliche Privatmittheilungen über Vorkommnisse bei Hofe u. s. w. Sein zeitheriger Correspondent hatte damals Paris verlassen und er wendete sich daher an Moritz mit der Bitte, ihm einen andern auszumitteln. Moritz war aber bereit, das Amt selbst zu übernehmen. Er schrieb deshalb an Brühl am 5. December 1737:

---

[151] Es scheint überhaupt das Wild in Frankreich zu damaliger Zeit nicht in der Menge existirt zu haben, wie in Deutschland. Wir entnehmen dies einer Mittheilung des sächsischen Gesandten in Paris vom Jahre 1726: darnach hatte damals, „Columbat imprimeur du Roi," Ludwig XV. ein Büchlein überreicht, welches Nachrichten über die Jagden und Promenaden des Königs vom Jahre 1725 enthielt. Auf den königlichen Jagden waren mehr nicht als 104 Hirsche, 50 Schweine, 4 Wölfe, 27 Rehe und 57 Hasen erlegt worden, während der König in diesem Jahre auf seinen Spazierfahrten und auf der Jagd 3255 lieues zurückgelegt hatte.

[152] Histoire de Maurice, etc. I. 280.

„Lundi prochain qui sera le 9 je commencerai a envoyer à Votre Excellence les nouvelles de Paris, je les écrirai moi meme, mais jay bien des conditions a faire. Premierement je veus estre lû, car je ne veus pas en estre pour mon ecriture, mon encre et mon papier, et si personne ne me lit, je veus au moins que ce soit Petrouchon, a qui je vous prie de faire mes compliments.

Mes nouvelles seront adresses au Roy, mais elles seront sans signature, ainsi il ny aura pas de reponse a me faire, je veus que le Roy les lise et apres luy la Reine, apres quoy Votre Excellence les livrera a qui il luy plaira. La Reine en tiendra le cas secret et ne fera que sen confesser une fois lan a Paque, je mettrai cependant un manteau au choses, qui à la verité pourroit bien n'estre qu'un manteau d'ete, c'est à dire de gaze, mais d'envoyer des nouvelles de Paris et de ne pas dire des folies, autant vaudrait il se taire. Votre Excellence reconnoitra aisement a tout ce que j'exige la le caractere babillard des gazetiers."

Ein solches Anerbieten konnte man natürlich nur sehr dankbar annehmen und Graf Brühl ging auch bereitwillig auf die gestellten Bedingungen ein, indem er schrieb: „Votre Excellence peut être sure, que le Roi lira toujours le premier Votre feuillet et après lui la Reine, excepté les cas, où le manteau d'eté, dans lequel vous pretendez envelopper certaines particularitez et expressions trop gaillardes, ne suffiroit pas pour des oreilles modestes. Apres cela Vos nouvelles, Monseigneur, amuseront aussi Vos autres amis et pour peu qu'elles seront interessantes, elles trouveront assez de lecteurs, jusqu'à Petrouchon, quand il aura autant appris qu'a lire.

Der König selbst sprach nur noch den Wunsch aus: „Si aux particularitez divertissantes il se trouvoit ajouté quelques fois des anecdotes de la Cour ou Vous etes et qui eussent influence dans les affaires, ce ne seroit que d'autant mieux."

Der Graf hat denn auch sein Versprechen erfüllt und wir finden aus den nächsten Jahren eine Reihe von Mittheilungen aus Paris, welche Tagesereignisse, Vorgänge bei Hofe u. s. w. besprechen, ohne von erheblichem politischen Inhalt zu sein. Viele Anecdoten, die er aus dem leichtfertigen Pariser Leben nach Dresden berichtet, lassen aber selbst das Mäntelchen von Gaze, in das der Graf sie zu hüllen versprochen, gänzlich vermissen, wir übergehn sie daher hier mit Stillschweigen und lassen als Probe hier nur einige Curiositäten anderer Art folgen. Moritz schrieb:

„Il y a un etranger ici, qui s'est avisé d'une plaisante industrie. Il y a comme on scait à Paris des maisons ou l'on donne à jouer. Les honettes gens, qui tiennent ces tripots, ont pour usage de donner un prix fait aux courtiers, qui leur amenent des dupes ou autres, plus ou moins, selon l'espece de l'étranger, qu'on amene, 12 fr. pour un Anglais, un Suedois, un Allemand, les Lorrains n'ont que 9 fr. Quoiqu'il en soit, un Espagnol s'est aller présenter luy même à une de ces maisons, ou il s'est fait donner le prix du courtage, a gagné et a bien soupé. Le lendemain il y a envoyé son valet, bien vetu, qui a joué le même rôle et tous les deux font leur ronde de cette façon par tout Paris et y font très bien leur compte."

Ferner:

„Mr. de Richelieu essuye dans son gouvernement de Languedoc des petites mortifications, qu'il s'attire peut-être un peu plus. On nous conte ici, qu'il y exige à son passage tous les honneurs, qu'eut pû exiger en sa place son fameux grand oncle, Armand, de si glorieuse memoire, salves d'artillerie, premieres visites, harangues, Te deums. Il ne vit plus que de ces friands morceaux là. Il avoit demandé a je ne sais quel chapitre, sur son passage, harangue et Te deum. Un vieux singe de chanoine se chargea de tirer d'affaire son chapitre, qui supportoit cette semonce altiere très impatiemment. Il vint à la tête de ses confréres comme pour haranguer: Mr. de Richelieu les reçut gravement. Les reverences faites et rendues et le silence imposé, au lieu de harangue le vieux pretre dit au Gouverneur. Monseigneur comment se porte le Roy? L'autre ebahi d'une question si familiére ne sonna môt. Monseigneur, recommence le haranguer. Nous Vous prions de nous dire comment se porte le Roy? Le Duc n'y sût autre chose, que de dire brusquement: fort bien, apres? Messieurs, dit le Chanoine aux autres, vous entendez les bonnes nouvelles, qu'on nous donna de la santé du Roy, allons pour en rendre graces à Dieu, chanter un Te deum, ou je crois Mr. le Gouverneur voudra bien assister. Il y assista en éffet, de peur de pis et l'on fit ainsi danser Mr. le Vaniteux, bien que les violons ne jouassent pas pour luy. Il n'a osé depuis cet endroit là de sa marche demander des Te deums."

Höhere Politik zu treiben, war Moritz's Sache niemals, es ging ihm auch, wie er selbst anerkannte, die Befähigung dazu ab, und so suchte und fand er denn auch jetzt wenig Veranlassung, über politische Angelegenheiten in seinen Correspondenzen Aufklärung zu geben: nur in einem Briefe vom 28. December 1737 erwähnt er, daß man in Paris eine Annäherung an Rußland durch Sachsen einzuleiten wünsche: der Cardinal Fleury hatte sich deshalb an den polnischen Oberkammerherrn Towianski gewendet, der sich damals in Paris befand, und ihn in einer geheimen Unterredung aufgefordert, ihm ein Memoire darüber zu schreiben. „Voila mon grand chambellan," meldete Moritz, „bien embarassé lui, qui na jamais vu, ni fait de memoire." Towianski theilte seinen geheimen Auftrag der Frau von Mézières mit, deren Feder er sehr viel Gewandtheit zutraute. Die Dame, der wir auch später begegnen und von der Graf Loß sagte, sie sei „anglaise d'origine et une des plus intriguantes femmes, qu'il y ait en France," fühlte sich aber doch der Aufgabe nicht gewachsen und bat Moritz, unter der Versicherung, daß sie höchstens ein Billet zu schreiben verstehe, um Uebernahme der Arbeit: er schlug es ihr aber ab, wie er in seinem Briefe schreibt, mit den Worten: „je ne me maille point des affaires de politique, j'ay deja une cour a mes trousse, sela n'ait point amussant."

Graf Brühl schickte ihm aber doch eine Instruction, wie er sich „über die polnischen Affairen aussprechen solle, als wenn es nur von ihm selbst käme" und Moritz benutzte nun die Frau von Mézières, um durch diese das Nöthige an Towianski und durch diesen wieder an den Cardinal Fleury zu bringen.

Das Jahr 1738 verlebte er ganz in Frankreich. Wir finden nur Einiges über ihn in den Depeschen des Legations-Secretairs de Brais. Als im August 1738 das Gerücht in Paris verlautete, der Prinz Friedrich Christian von Sachsen werde auf der Rückreise von Italien, wohin er sich zum Gebrauche der Bäder von Ischia begeben hatte, nach Paris kommen, bot Moritz ihm sein Hotel auf dem Theatinerkai als Absteigequartier an. De Brais meldete dabei: „il y a trois grands et beaux appartements bien décorés, toute la commodité, que l'on peut desirer pour les offices, mais surtout la plus belle vue du monde des fenêtres et un très grand balcon sur la rivière." Es geht auch aus diesen Depeschen hervor, daß Moritz schon damals im Besitze eines in der Entfernung von fünf Stunden von Paris gelegenen Landgutes, „aux Pipes" genannt, war, das ihm auch später häufig zu längerem Aufenthalt diente. Dort erkrankte er Ende August am dreitägigen Fieber, gleichzeitig mit mehr als 20 seiner Dienstleute. De Brais besuchte ihn am 31. August und fand ihn trotz des Fiebers sehr munter: er erzählte eine Menge lustiger Geschichten und amüsirte sich besonders über ein Ereigniß, bei dem einer seiner Freunde, der Chev. de Creil, eine Rolle spielte. Dieser war nebst dem Grafen Tarlo und mehreren Andern von einem kleinen Hunde gebissen worden, den man für toll hielt. Creil verfiel einige Zeit darauf in ein hitziges Fieber, welches man für die Wasserscheu hielt: einer der berühmtesten Aerzte von Paris, du Moulins, ward herbeigerufen, wollte sich aber dem Lager des Kranken nicht eher nähern, ihm nicht eher an den Puls fühlen, als bis der Patient, damit er ihn nicht beiße, geknebelt und gefesselt sei: dies geschah denn auch, aber als man Creil einen Trank eingeben wollte, gelang es ihm doch, eine Hand frei zu machen, womit er das ihn nicht ansprechende Gebräu vom Munde abwehrte. Alles stürzte entsetzt davon, weil man diese Bewegung für den Ausbruch der Wuth hielt. Ein anderer Arzt hatte aber mehr Muth und stellte den Kranken, dessen Leiden er richtig erkannte, bald wieder her.

Sehr anerkennend sprach sich auch de Brais aus über das edle und großmüthige Verhalten Moritz's bei Regulirung des bereits in Abschnitt 3 erwähnten Hoymschen Nachlasses, bei dem der Graf von Watzdorf ebenfalls betheiligt war: Moritz konnte seiner Großmuth um so eher folgen, da sich seine Finanzen damals in besserm Zustande als früher befanden: er vermochte sogar dem Grafen Brühl, für den er Ankäufe in Paris besorgte, seinen Credit anzubieten.

Am 10. Juni 1739 verließ Moritz Paris, um sich, wie de Brais meldete, in das Bad Bourbonne des Bains in der Champagne zu begeben, allein er muß diese Absicht nicht ausgeführt haben, denn ein Hofjournal verkündet uns seine Ankunft in Dresden am 23. Juni 1739. Nachdem er den König am 17. August 1739 zu einem Bergaufzuge nach Freiberg [153] begleitet, verließ er bald darauf Dresden mit dem Kaufmann Couturier, der bei der Ermordung des schwedischen Majors von Sinclair bei Grünberg von dessen Mördern fest-

---

[153] Rauft a. a. O., S. 90.

genommen und nach Dresden abgeliefert worden war [154].
Während seiner Abwesenheit hatte Ludwig XV. Choisy gekauft und ein Verbot, in den dortigen Wäldern zu jagen, erlassen, welches sich selbst auf die Prinzen von Geblüt erstreckte. Moritz, der sich dadurch eines Vergnügens beraubt sah, zu dessen Genuß ihm sein Landgut aux Pipes bequeme Gelegenheit bot, wollte dieses nun verkaufen, da es durch jenes Verbot seine Hauptannehmlichkeit für ihn verloren hatte. Als dies zur Kenntniß des Königs gelangte, ließ er ihm im December 1739 durch den Herzog von Villeroy eröffnen, daß er ihm ausnahmsweise vor allen Andern die Jagd in den Wäldern von Choisy gestatte. Wir finden hier die erste, unserm Helden von Ludwig XV. zu Theil gewordene Begünstigung, das erste Zeichen, daß er dem König persönlich näher getreten, während er bis dahin bei Hofe ziemlich unbeachtet geblieben, wenigstens keine einigermaßen hervorragende Rolle gespielt hatte: dies bestätigt auch der Umstand, daß der Herzog von Luynes, der in seinen Memoiren [155] vom J. 1735 an aller Vorkommnisse bei Hofe und der dabei hervortretenden Personen gedenkt, doch Moritz's Namen zuerst im J. 1741 erwähnt. Moritz beeilte sich natürlich, dem König seinen Dank darzubringen und begab sich deshalb nach Versailles. Der König war im Begriffe, sich in die Kapelle zu begeben, um die Messe zu hören: Moritz folgte ihm. Nach Beendigung der Messe hatte er, wie de Brais schrieb, mit dem König folgendes Gespräch:

Der König: „Que faitez Vous ici, Comte de Saxe?"

Moritz: J'y prie Dieu.

Der König: Que ne vous faites Vous donc pas catholique?

Moritz: Je voudrais l'être, m'en eut il couté un écu."

---

[154] S. des Verfassers Aus vier Jahrhunderten, I. 274 fl.

[155] Mémoires du Duc de Luynes sur la cour de Louis XV 1735—58 publiés etc. par L. Dussieux et E. Soulie, Paris 1860.

Die Unterhaltung ging, „sur ce ton enjoué", fort, bis der König sich zur Tafel setzte: er winkte dabei Moritz zu sich heran und fragte ihn, ihm ins Ohr flüsternd, wie viel er aus Sachsen beziehe? Moritz antwortete: „pas tant, que je voudrais," gab aber auf eine wiederholte Frage des Königs an, er erhalte Hunderttausend (livres), was auch mit der Wahrheit nach dem, was wir in Abschnitt 3 bemerkt haben, ziemlich übereinstimmte. Der König ging dann im Gespräche über auf die Recruten, die Moritz für sein Regiment vom Auslande kommen lassen, auf die Jagd, das Porzellan u. s. w. und unterhielt sich fast zwei Stunden ausschließlich mit Moritz: de Brais bemerkt dabei, daß der Graf von Sachsen eine so lange Unterhaltung mit dem König als eine große Auszeichnung zu betrachten habe, „d'autant plus, que le Roi T. Ch. n'en est certainement pas prodigue." Bald darauf gab Ludwig XV. Moritz noch einen Beweis seiner Gunst, indem er ihm ein brevet de retenue auf sein Regiment, nach Höhe von 45000 oder, wie Andere angeben, von 50000 livres ertheilte[156]. Die nächste Veranlassung dazu soll der Umstand geboten haben, daß Moritz eine Cassette mit werthvollem Inhalt entwendet worden war: der Vortheil, den ein solches Brevet gewährte, bestand darin, daß der Nachfolger des damit Begünstigten, diesem oder seinen Erben, vor Antritt der Charge, auf welche das Brevet lautete, die bezeichnete Summe gewähren mußte: auf ein solches Brevet konnte daher ein Dritter einen ausreichend gesicherten Vorschuß leisten und zu diesem Behufe soll denn auch Moritz alsbald sein Brevet benutzt haben.

Ende December 1739 reiste er abermals nach Sachsen, um zum Sylvesterabend in Dresden zu sein: er blieb hier während des Carnevals und betheiligte sich u. a. am 1. März 1740 bei einer Quadrille am Hofe, in der er als Partner

---

[156] Histoire de Maurice etc., I. p. 285. de la Barre Duparcq, p. 46.

der Gräfin Moszinska in altrömischer Kleidung auftrat: bei einer andern Gelegenheit war er der „chef des Européens." Bei einer Jagd in Moritzburg traf ihn der Unfall, mit dem Pferde zu stürzen: er verletzte sich am Knie, auch brach die Wunde, die er 1716 in Krosniec erhalten, wieder auf. Dem Rathe der Aerzte zu Folge, ging er im Frühjahre 1740 nach Frankreich zurück, um die Bäder zu Balaruc in der Gegend von Montpellier zu gebrauchen. Er benutzte diese Gelegenheit, um Avignon zu besuchen, wo ihn der päbstliche Legat sehr wohl empfing, und ging dann nach Toulon. Der englische Admiral Mathews lag vor dem dortigen Hafen, in welchem er die spanische Flotte bloquirt hielt. Moritz erbat sich die Erlaubniß, ihn auf dem Admiralschiffe zu besuchen und ward feierlich unter dem Donner der Kanonen empfangen und prächtig bewirthet[157]: er ging dann nach Paris zurück, wo Graf Brühl seine Gefälligkeit in Anspruch nahm, bei Prüfung einer zum Verkauf ausgestellten Gemäldesammlung des Prinzen von Carignan: aus dem dießfallsigen Briefe Brühl's entnehmen wir, daß er Moritz als Sachkenner betrachtete.

Am 28. October 1740 starb die Kaiserin Anna von Rußland: Biron ward bald nach ihrem Tode gestürzt und nach Sibirien verwiesen, das Herzogthum Curland war abermals vacant. Moritz reiste zwar nicht, wie einige Druckschriften melden, selbst nach Polen und Rußland, um seine Wahlurkunde nochmals geltend zu machen, er sendete aber den Major von Dieskau ab, der am 28. Januar 1741 in Dresden eintraf, um von da nach Petersburg zu gehn. Von dort meldete am 17. März 1741 der sächsische Gesandte, Graf Lynar, der General-Feldmarschall Münnich habe ihm mitgetheilt, daß alle Bemühungen Moritz's, das Herzogthum zu erlangen, vergeblich sein würden: nur insoweit es sich um eine Entschädigung handeln könnte, habe Münnich sich nicht abgeneigt gezeigt,

---

[157] Lettres et mémoires etc., I. p. XIX. Espagnac a. a. O., I. 80. de la Barre Duparcq, p. 47.

einen Antrag Moritz's zu unterstützen: es scheine zwar, daß der französische Gesandte Marquis de la Chetardie Ordre habe, sich der Angelegenheit anzunehmen, es sei aber bis jetzt noch nichts von dessen Seite geschehn. Moritz ließ später durch Dieskau noch eine Protestation d. d. Paris den 5. Mai 1741 gegen eine neue Wahl in Mitau übergeben [158]. Er hatte zwar die Hoffnung, Herzog von Curland zu werden, aufgegeben, meinte aber, wie er in einem Briefe an den Cabinetsminister Gr. Brühl schrieb, er mache sich zwar „point de fentesye," es sei aber doch möglich, daß „la fortune et le brouliaminy general," das bevorstehe, ihm irgend Etwas zuführen könne. Dies war aber nicht der Fall: Moritz's Protestation blieb ganz unbeachtet. Die Stände Curlands wählten den Herzog Ludwig Ernst von Braunschweig, dem aber die Krone Polen die Bestätigung versagte.

---

[158] Abgedruckt in ihrem wesentlichen Theile bei de la Barre Duparcq a. a. O., p. 49.

Sechster Abschnitt.

1741—1744.

Am 20. October 1740 starb ohne männliche Erben, Kaiser Karl VI., der letzte Habsburger. Durch die pragmatische Sanction, deren Anerkennung er mit großer Mühe von deutschen und außerdeutschen Mächten erlangt hatte, glaubte er seiner Tochter Maria Theresia eine ruhige Erbfolge gesichert. Die warnenden Worte des Prinzen Eugen von Savoyen, daß 200000 Bajonette eine bessere Garantie bieten würden, als eine Million Eidschwüre, waren unbeachtet verhallt: Oestreich war nicht gerüstet. Der Churfürst von Bayern, Karl Albert, der die pragmatische Sanction nicht anerkannt hatte, erhob zuerst seine Ansprüche, er schloß mit Frankreich und Spanien ein Bündniß. Auch der Churfürst von Sachsen, Friedrich August II. (als König von Polen August III.), ward vermocht, die Ansprüche seiner Gemahlin, der ältesten Tochter Kaiser Joseph I., der als älterer Bruder Kaiser Karl VI. vor diesem die Monarchie besessen hatte, geltend zu machen. Moritz schrieb, Angesichts der zu erwartenden Ereignisse, bereits am 12. November 1740 an den Grafen von Brühl: „si le grand evenement, qui vient dariver nous conduit a la geure et le Roy me juge capable de le servir, je suplye V. E. de lassurer de mon zelle et de ma fidelité, mais si les chosse se passe pesiblement, le Roy na pas besoin de moy et je poures luy aitre utile ici san me meller de politique dont je me tireres petaitre fort mal." Allein Graf Brühl überging dieses Anerbieten in seiner Antwort vom 27. November 1740 mit Stillschweigen. Moritz fuhr aber fort, in seinen Correspondenzen auf den Anschluß Sachsens an Frankreich und Bayern hinzuwirken in lebhafter Besorgniß, daß er, wie er dem König Friedrich August schrieb, „seroit obligé de servir pour des interets oposes au votres." Während Sachsen noch lavirte, trat König Friedrich II. von Preußen entschieden auf: er bestritt zwar nicht die Gültigkeit der pragmatischen Sanction, allein er beanspruchte die schlesischen Fürstenthümer Liegnitz, Brieg, Wohlau und Jägerndorf: er war der erste, der gegen Maria Theresia im December 1740 den Krieg eröffnete. Ihm folgte mit den Waffen Ende Juli 1741 der Churfürst von Bayern, der Unterstützung eines französischen Heeres gesichert. Nochmals bot Moritz sein Schwert Sachsen an. Er hatte am 27. Juli 1741 den Befehl erhalten, sich nach Lauterburg zu begeben, um dann den Rhein zu überschreiten. Aus dem Lager bei Straubing am 18. August 1741 schrieb er dem Grafen von Brühl:

„Monsieur

Si votre tretais (traité) sait conclus a Francfort, il y a aparence que vous ferez agir vos troupes, j'ay petaitre trop d'amour propre, mais si vous n'aves pas le preince de Weissenfels pour les commander, je crois que personne n'an ait plus capable que moy, il y a peu de modestye a vous faire cait aveu, mais le bien du servisse du Roy exige que j'en parle einsi a Votre Excellence, elle en feras l'usage qu'il luy pleras: je me flate que le Roy ait persuade de mon zelle et de ma fidelite et qu'il na nul soupson la dessu, si la chosse lui convien, qu'il me demande au Roy de France pour le court espasse de temp que saite affaire dureras et je me rendres ossitot l'ordre ressu, a Dresden pour prendre ceux du Roy. Je crois que pourtant sela ne peut qu'aitre convenable aux affaires du Roy et soit que saite geure finisse bientot, ou quelle trene en longeur, Vous ne serez pas faches d'avoir un general a la taite de vous troupes, dont l'einteligence soit connu au Francais et qui puisse concerter les maneuvres avec eux, sil arivet que larmée de Saxe et de Baviere saproche l'une de lautre, je prevois que la confiance en seras plus grende chez les Francois, ou jay aquis quelque reputation et que par les maime raisons la chosse seras agreable a la cour de France."

Ueber den Vertrag, dessen Moritz in seinem Briefe gedenkt, ward damals noch verhandelt: erst am 19. September 1741 wurde zu Frankfurt ein Vertrag zwischen Bayern und Sachsen abgeschlossen, dem Frankreich und Preußen einige Zeit darauf beitraten. Brühl ließ Moritz bis zum 25. September 1741 auf Antwort warten, an diesem Tage erwiederte er ihm: der Herzog von Sachsen-Weißenfels habe bereits die Zusicherung des Commandos der sächsischen Armee erhalten, der König glaube auch, daß Moritz viel wichtigere Dienste leisten könne, wenn er dem Churfürsten von Bayern bei den Kriegsoperationen mit seinem Rathe beistehe. Statt sein Anerbieten dankbarst anzunehmen, statt sich dazu Glück zu wünschen, ihn an der Spitze der sächsischen Armee zu sehn, wies also Brühl Moritz zum zweiten Male zurück: entweder unterschätzte der Minister und der König Moritz's Feldherrntalent oder es machte sich noch eine Gereiztheit gegen ihn in Sachsen geltend, wenn er, wie wir erwähnten, das ihm angebotene Commando der sächsischen Armee im J. 1733 wirklich abgelehnt hat.

Immittelst hatte aber Moritz, als das Schreiben Brühl's an ihn gelangte, bereits am 21. August bei Schreck mit seinem, fast ganz aus Cavallerie bestehenden Corps, der ersten Division der zweiten Colonne [159], den Rhein überschritten: er war dabei in eine große Gefahr gerathen, über die er Brühl am 24. August mittheilte: „j'ay pensé y perir avec une

---

[159] Ranft a. a. O., S. 93.

partie des troupes, que je conduis par un debordement inopiné de ce fleuve, qui nous a pris dans le moment, que nous le passions, j'ay tout sauvé et nous ny avons pas perdu un chiffon." Am 26. August 1741 war er im Lager bei Breisach, von wo er an einen Offizier seines Regiments schrieb, er solle dafür sorgen, daß keine Soldaten desertirten, er fügte hinzu: „Sa Maj. T. C. me paie sur le piet du complet, ainsi je suis en etat de paier ce que Vous avez la bas."

Der Churfürst von Bayern, welcher das Commando führte, drang, ohne erheblichen Widerstand zu finden, in Oestreich ein und Moritz gelangte mit dem Vortrabe bis St. Pölten: statt aber den Weg nach Wien zu verfolgen, wandte sich der Churfürst plötzlich nach Böhmen, angeblich in der Besorgniß, daß die Sachsen, welche dort unter dem Grafen Rutowski eingerückt waren, es allein erobern und dann behalten möchten. Moritz stand mehrere Male in kleineren Gefechten siegreich dem Feinde gegenüber: der Hauptmann von Lignieres, der bei der Armee war, schrieb deshalb voll Anerkennung, er sitze stets seinem Gegner auf dem Nacken, „car il aime le metier et je l'ai toujours dit, c'est un grand homme deguisé, on peut s'en fier à lui." Weniger günstig beurtheilte ihn der Sohn des Herzogs von Luynes, der seinem Vater schrieb [160]: „le Comte de Saxe mène les Français sans précaution ni détail et à la tartare, c'est cependant celui de tous qui vise le plus au grand." Man erzählt, daß er auf dem Marsche nach Prag, dessen Belagerung der Churfürst von Bayern beschloß, in der Verfolgung einer feindlichen Schaar begriffen, unerwartet auf eine Procession stieß, die, einen Geistlichen an der Spitze, in langem Zuge den Weg versperrte: er ließ seine Truppen halten und den Feind entkommen, um die kirchliche Handlung nicht zu stören, eine Rücksichtnahme, welche ihm die Gunst des Cardi-

---

[160] Mémoires du Duc de Luynes etc., IV. 58.

nals Fleury erworben haben soll [161]. Vor Prag traf er mit seinen bei dem sächsischen Corps befindlichen Halbbrüdern, dem Grafen Rutowski, dem Chevalier de Saxe und Grafen von Cossel zusammen. Nachrichten vom sächsischen Corps melden uns, daß Moritz vielfach mit den sächsischen Generalen Kriegsrath hielt, wobei sich die Unzufriedenheit mit der obern Führung des Churfürsten von Bayern Luft machte. Am 19. November 1741 geleitete Moritz mit 24 Escadrons und 2 Bataillonen den Churfürsten von Bayern von der Armee des Generalleutnant von Leuville bis vor Prag. Die Eroberung Prags war die erste wahrhaft glänzende große Waffenthat Moritz's, die seinen Ruhm begründete. Gegen den Rath der ältern Generale beschloß er, nachdem er durch einen als Zwiebelverkäuferin verkleideten Offizier Garü, der sich in die Stadt schlich [162], die Festungswerke recognosciren lassen, den Sturm, der auch am frühen Morgen des 26. November 1741 auf der Neustädter Seite unter Moritz's persönlicher Führung gelang, während am Carlsthore die Sachsen eindrangen. Eine ausführliche Beschreibung des Unternehmens enthält einer seiner Briefe an den Chevalier Folard [163]. Hundert Jahre früher, am 26. Juli 1648, hatte sein Ahnherr, der Graf Johann Christoph von Königsmark, an der Spitze der Schweden die Altstadt Prag erstürmt. Strenge Befehle Moritz's bewahrten die eroberte Stadt vor der Plünderung: wie man erzählt, ward ihm, in dankbarer Anerkennung dafür, ein kostbarer Diamant überreicht [164]. Der Churfürst von Bayern zog noch am 26. November in Prag ein und empfing im December daselbst die Huldigung als König von Böhmen: bei dem bei dieser Gelegenheit gehaltenen großen Festmahle soll der Churfürst, als Moritz ihn zu seiner neuen Würde beglückwünschte, ihm erwiedert haben, „ja ich

---

[161] Sammlung von Lobschriften ꝛc., S. 74.
[162] Sammlung von Lobschriften ꝛc., S. 128, Note u.
[163] Bei Espagnac a. a. O., I. S. 89 fl.
[164] Sammlung von Lobschriften, S. 76, 129, Note a.

bin so König von Böhmen, wie Ew. Excellenz Herzog von
Curland." Ein Rapport des Major von Bülow aus Pisek
(einer kleinen Stadt im Prachiner Kreise Böhmens) meldet,
daß Moritz dort am 27. December in der Nacht ankam und
eine Recognition des feindlichen, von 20000 Mann besetzten
Lagers vornahm: diesem Corps standen 11500 Franzosen
und 2500 Bayern unter dem Generalleutnant von Leuville
gegenüber. Moritz fand dessen Dispositionen aber sehr mangel=
haft und benachrichtigte unter Eröffnung seiner Ansicht den
Marschall Broglio davon, der sofort die Vorschläge Moritz's
ausführen ließ. Nach einem unbedeutenden Gefecht zogen
sich die Oestreicher am 29. December zurück und Broglio ließ
am folgenden Tage 300 M. Cavallerie und 4 Compagnien
zur Beobachtung des Rückzugs ausrücken: diese stießen auf
die Nachhut der Oestreicher, 3000 Husaren. Die französische
Cavallerie floh: die Husaren hieben die Infanterie zusammen
und verfolgten dann die Cavallerie bis in die Vorstädte Pi=
seks, wo Moritz die Truppen sammelte und die Husaren zum
Rückzuge nöthigte: Broglio bezeigte ihm über seine bei dieser
Gelegenheit bewiesene Geistesgegenwart und Bravour seinen
lebhaften Dank. Einige Tage darauf folgte Moritz dem Chur=
fürsten von Bayern, der die Armee verließ, nach Dresden.
Er war dort, als am 19. Januar 1742 um Mittag König
Friedrich II. mit dem Prinzen Heinrich von Preußen eintraf,
um den König Friedrich August zu eifrigerer Betreibung des
Kriegs zu bestimmen und ihn zu bewegen, ein sächsisches Corps
zu seinem Heere stoßen zu lassen, ein Antrag, gegen den sich
Moritz bei den deshalb vorher stattgefundenen Berathungen
ausgesprochen hatte. Brühl, der Friedrich's Eroberungspläne
fürchtete und Oestreich zu schonen Ursache hatte[165], bemühte
sich, den König von Preußen durch ein großes Diner, Oper

---

[165] Gretschel, Geschichte des sächsischen Volkes und Staates, fortges.
von Bülau, III. 22. Friedrich II. in seiner Histoire de mon temps, I.
cap. V. in den Oeuvres de Frédéric le Grand, Berlin 1851 fl.
t. II. 106.

und Ball zu unterhalten, um ihm möglichst wenig Zeit zu
Verhandlungen zu lassen: es ist eine bekannte Anecdote, daß
er, als Friedrich II. mit dem König Friedrich August in Ge=
genwart des Grafen von Sachsen nach der Tafel eine Unter=
redung über den Krieg führte, durch die Meldung, daß die
Oper begonnen habe, den König von Polen bewog, die Ent=
wickelungen Friedrich II. zu unterbrechen[166]: „dix royaumes
à conquerir," sagt Friedrich II., „n'eussent pas retenu le
roi de Pologne une minute de plus." Moritz erzählt in
einem Briefe (vom 29. Januar 1742) an den Chevalier de
Saxe, der König von Preußen habe, als man Schwierigkeiten
gegen seinen Vorschlag erhoben, ihn bei dem von ihm beab=
sichtigten Einfalle in Mähren zu unterstützen, gesagt: „Messieurs puisque personne ne veut agir, je veux me tenir
les bras croisés aussi." Am 20. Januar 1742 früh um
9½ Uhr verließ Friedrich II. Dresden bereits wieder, nach=
dem er noch dem Grafen Brühl einen Besuch in dessen Palais
abgestattet hatte, zu dem sich auch König Friedrich August
einfand. Er hatte wenigstens so viel erreicht, daß ein sächsi=
sches Corps ihm zugewiesen ward. Moritz kehrte einige Tage
später zur französischen Armee zurück und ward vom Mar=
schall Broglio, der nebst dem Marschall Belle=Isle, nach des
Churfürsten von Bayern Abreise, das Commando führte, zu
Anfang des Monats Februar 1742 zu Friedrich II. gesendet.
Am 8. Februar traf er in Saar ein und begab sich Tags
darauf zum König in dessen Hauptquartier, wo er Gelegen=
heit fand, sein Herz über die „sottises de Mr. de Broglio,"
wie es in einem Briefe heißt, auszuschütten. Er verweilte
einige Zeit beim König und meldete einen bedeutenden Ver=

---

[166] Oeuvres de Frédéric le Grand, II. p. 107 fl. Nach dem
Dresdner Hofjournal fand die Unterredung in dem Quartiere Friedrich II. auf dem Stallgebäude statt und dauerte eine volle Stunde von
4 Uhr Nachmittag an. Man gab die Oper Papirio von Hasse. Für-
stenau, Zur Geschichte der Musik und des Theaters am Hofe zu Dresden,
II. S. 237.

luſt, den das ſächſiſche Corps erlitten, dem Grafen Brühl, allerdings übertrieben, mit der laconiſchen Depeſche:

„a Jigelau (Iglau) le 19 Fevr. 1742.
Vous navez plus d'armée
Maurice de Saxe."

Nach Prag zurückgekehrt, erhielt er den Befehl, ſtatt des tödtlich erkrankten Generalleutnant Leuville, der Eger belagerte, das Commando zu übernehmen. Aus dem Lager von dort ſchrieb er am 9. April 1742 an den ſächſiſchen Generalmajor von Neubauer: „Je tiens ici le loup par les oreille et si vous m'en doner le temp de votre cote, j'espere prendre Egra. Je pousseres se soir la sape jusque sur le glossi (glacis) et demein je me logeres sur la palisade. Jespaire, que je poures batre en breche apres demein et vers le 15 je seres en etat de donner un assau au corp de la plasse." Es kam nicht zum Sturme: Eger ward am 19. April Abends 10 Uhr übergeben und da der Platz für ſehr feſt galt, ſo rechnete man dies Moritz zu hohem Verdienſt an. Der inzwiſchen zum Kaiſer (Karl VII.) erwählte Churfürſt von Bayern ließ deshalb in Frankfurt a. M. ein Tedeum ſingen und richtete einen ſehr ſchmeichelhaften Brief an Moritz[167], in dem er ſein Lob mit den Worten ſchloß: „Que ne pouvez vous être partout." Am 1. Mai kam Moritz wieder in Dresden an, um ſich zu einer Reiſe nach Rußland zu rüſten. Der Grund zu dieſer Reiſe war nicht, wie einige Druckſchriften angeben[168], die Geltendmachung von Anſprüchen auf ein Gut in Liefland, welches ſeinem Oheim, dem Grafen Lewenhaupt gehört hatte, und das unter der Kaiſerin Anna confiscirt worden, ſondern wieder die chimairiſche Hoffnung auf Curland. Der Geheime Rath L'Eſtocq hatte durch den ruſſiſchen Geſandten zu Dresden, von Keyſer-

---

[167] Bei Espagnac a. a. D., I. 119.
[168] Lettres et mémoires I. p. XXI. Histoire de Maurice etc., I. p. 355. 381. Espagnac a. a. D., I. S. 148.

ling, heimlich die Aufforderung an ihn ergehn lassen, er möge selbst nach Rußland kommen. Als Candidat für Curland war, da die Wahl des Herzogs von Braunschweig von Polen nicht anerkannt worden, der Landgraf Ludwig von Hessen-Homburg, der schon früher in Frage gekommen war, abermals in Vorschlag gebracht worden, aber L'Estocq, der diesem nicht günstig gesinnt war, versicherte, wie es in einer Depesche des sächsischen Legationsraths Pezold vom 7. Mai 1743 hieß, „daß, wenn die Recommendation in der curländischen Sache nicht schon ergangen gewesen, er (der Landgraf) solche nachher gewiß nicht würde erhalten haben." Auch die nunmehrige Kaiserin Elisabeth, die sich früher, wie wir schon erwähnt haben, so lebhaft für Moritz interessirt hatte, antwortete L'Estocq, als er ihr die bevorstehende Ankunft Moritz's meldete, „es sei ihr solches lieb zu vernehmen und sie werde bis auf die letzte Stunde davon nichts merken lassen, um die Contenance derjenigen, die seine Gegenwart nicht gern sehn und sich also zum Voraus zu fassen nicht Zeit haben würden, desto besser auf die Probe zu setzen." Moritz selbst schmeichelte sich der Hoffnung, daß es ihm gelingen werde, Nullitäten bei der Wahl des letzten Herzogs nachzuweisen und darzuthun, daß seine Wahl die allein gültige sei. Von Seiten des Königs von Polen hatte Moritz ebensowenig als der Landgraf Ludwig Unterstützung zu hoffen: Graf Brühl hatte ihm schon im December 1741, als er um seine Verwendung bat, ausweichend geantwortet, man werde zwar gern alles Mögliche thun, man wisse aber nicht, was Elisabeth beabsichtige; er möge durch die französische Gesandtschaft zu seinen Gunsten wirken lassen. Dem entsprechend lautete auch damals die Instruction für den sächsischen Legationsrath Pezold in Petersburg nur dahin, er solle „bei seinen Discursen ausweichend antworten, dem König seien die Hände gebunden, er könne sich nicht eher erklären, als bis vorher die noch im Wege stehenden Hindernisse auf eine gründliche convenable und zu gemeinschaftlicher Zufriedenheit gereichende Weise gehoben seien" und mehr dergleichen mystische diplomatische Redensarten. Dagegen hatte der französische Gesandte, Marquis de la Chetardie, jetzt Auftrag erhalten, sich für Moritz zu verwenden. Wie Pezold schrieb, lautete die deshalb ergangene Ordre, die ihm Chetardie vorlegte, dahin: „da es sich zeige, daß der Prinz von Hessen-Homburg ein Competent zu dem Herzogthum Curland sein werde, so solle er zu erkennen geben, daß nach dessen bekannten Meriten Se. Allerh. Maj. ihm diese Würde ganz und gar nicht mißgönnen wollen, da aber Höchstdieselben auf der andern Seite zugleich alle Ursache hätten, sich für den Grafen von Sachsen zu interessiren, so könnten Sie ein Mehreres nicht thun, als hiesigen Hof zu ersuchen, sich so wie gedachte Se. Maj., in dieser Sache impartialisch zu verhalten und der künftigen Wahl einen solchen Lauf, wie ihn die Umstände an sich mitbringen würden, zu lassen." Der Landgraf „scandalisirte sich," wie Pezold bemerkte, „zwar sehr über diese Eröffnung," meinte aber, „daß wenn nur sonst seine Sache gut gehe, der Graf von Sachsen ihn als Competent am wenigsten embarassire, und ein Paar Pistolen allenfalls entscheiden könnten." Chetardie blieb aber nicht bei den Worten seiner Instruction stehn, sondern trat mit der ihm eigenthümlichen Lebhaftigkeit bei jeder Gelegenheit für Moritz mit großem Eifer in die Schranken. Aber gerade den Umstand, daß L'Estocq und Chetardie sich für ihn interessirten, betrachtete der Kammerherr von Gersdorf, der zu dieser Zeit als sächsischer Gesandter nach Rußland kam, als sehr ungünstig, weil jene Beiden der altrussischen Partei sehr verhaßt waren und Letztere principmäßig Alles bekämpfte, was Jene vertheidigten.

Die Kaiserin befand sich damals mit dem ganzen Hofe in Moskau, wo ihre Krönung mit großer Pracht begangen ward. Moritz traf noch zu den Festlichkeiten ein. Eine Depesche des Leg. Raths Pezold meldete: „Den 10. Juni kam Abends gegen 11 Uhr der Graf von Sachsen hier an und trat in dem Hause des Marquis de la Chetardie ab. Tags vorher traf der von ihm vorausgeschickte Major von Dieskau ein. Jemehr man daher in Gedanken stand, daß er selbigen wieder, wie im vorigen Jahre, zu Besorgung seiner Angelegenheiten werde abgefertigt haben, je weniger hatte man ihn in Person allhier zu sehn vermuthet und er hat sich schon wirklich in hiesiger Residenz befunden, als noch verschiedene, auf das erste davon sich ausbreitende Gerücht angestellte Wetten, daß solches nicht möglich sein könne, verloren wurden." Schon am Abend der Ankunft Moritz's versammelte Chetardie eine Gesellschaft zum Souper bei sich, an der u. a. L'Estocq nebst seinem Bruder, der Baron von Mardefeld, der holsteinische Minister von Buchwald, der Oberstallmeister Fürst Kurakin und die sächsischen Diplomaten Theil nahmen: man blieb beim Becherklange bis 3 Uhr früh zusammen. Am andern Morgen um 11 Uhr ward Moritz in einer Privataudienz der Kaiserin durch den Oberhofmarschall Gr. Bestucheff vorgestellt. Die Kaiserin empfing ihn sehr huldvoll, ließ sogar die Thüre ihres Schlafzimmers öffnen, um ihm ein Portrait ihres Großvaters zu zeigen. Am Abend war Maskenball, auf welchem Elisabeth mit Moritz den zweiten Tanz tanzte und ihn so auszeichnete, daß, wie Pezold schrieb, „nunmehr die Neugier, die eigentliche Veranlassung seiner Anherreise zu erfahren ebenso groß ist, als es Anfangs die Verwunderung gewesen." Den 13. Juni gab Chetardie zu Ehren seines Gastes in seinem Palais ein Diner: die Kaiserin trat, von einem Spazierritt kommend, in Mannskleidern ein und verweilte dort den größten Theil des Abends. Es kettete sich nun Fest an Fest, und die Zeit, welche dazwischen frei blieb, verwendete Moritz dazu, die Sehenswürdigkeiten Moskau's, die ihm auf speciellen Befehl der Kaiserin alle offen standen, zu besehn. Am 18. Juni gab der Kammerherr Woronzoff ein Mittagsessen, das sich bis 9 Uhr Abends verlängerte: dann setzte sich die ganze Gesellschaft zu Pferde, um die Kaiserin, welche im Amazonenhabit durch die illuminirten Straßen der Stadt ritt, zu begleiten. Ein furchtbarer Regen strömte herab, aber

Niemand trug einen Mantel. Gegen Mitternacht begab sich die Gesellschaft, völlig durchnäßt, auf eine kurze Zeit in den Kreml, wo die Kaiserin dem Grafen von Sachsen in dem großen Saale die noch ausgelegten Krönungsornate und andere Reichskleinode zeigte. Dann setzte man sich wieder zu Pferde, um zu dem Palais Chetardie's zu reiten, vor dem rother und weißer Wein, neben einem prachtvoll illuminirten Kunstbau sprang. Hier wartete der Kaiserin, die sich umkleidete, ein glänzendes Souper: „il étoit près de 6 heures du matin," heißt es in einem Briefe, „lorsque Sa M., faisant honte au soleil par sa beauté, se retira très satisfaite." Einige Tage darauf fuhr die Kaiserin mit Moritz, Chetardie und Andern nach Annenhof und man soupirte wiederum bis in die späte Nacht unter einem Zelte. Aber die Geschäfte, die Verhandlungen, das Herzogthum Curland, wegen deren Moritz die weite Reise nach Moskau gemacht hatte? Davon lesen wir in den Depeschen und Correspondenzen sehr wenig. Wir finden ein kurzes französisches Memoire, welches der Graf von Sachsen übergab und in dem er beantragte, daß Rußland sich zu seinen Gunsten wegen des Herzogthums Curland, Polen gegenüber, verwenden möge; er hatte auch mehrere Unterredungen mit den russischen Ministern, allein L'Estocq hatte offenbar seinen Einfluß überschätzt und das Terrain für günstiger gehalten, als es sich zeigte. Moritz erhielt zwar, wie Pezold am 28. Juni 1742 schrieb, „eine Antwort von dem Großkanzler (Bestucheff), womit er zufrieden ist," allein diese Antwort bestand nach Pezold's Relation nur in der mündlichen Eröffnung, „daß J. M. der Kaiserin seine Ankunft nicht anders als angenehm gewesen: was die curländische Angelegenheit betreffe, so habe Sie einmal für den Prinzen von Hessen-Homburg Ihre Recommandation eingelegt und folglich könne Sie davon nicht abgehn: da Sie aber durch selbige weder dem König von Polen und der Republik, noch den Curländern einen Zwang anzuthun intendire und allemal nichts mehr verlange, als daß dieses

Herzogthum seine alten Rechte und Freiheiten behalte, so werde Sie dem Herrn Grafen niemals zuwider sein."

Eine solche Erklärung verlohnte allerdings nicht eine Reise nach Rußland! Am 4. Juli reiste Moritz von Moskau wieder ab. Chetardie begleitete ihn mit einer zahlreichen Gesellschaft bis in ein 15 Werst entferntes Dorf, wo er ihm noch ein Abschiedssouper gab, das bis zum Morgen dauerte.

Als Moritz Ende Juli auf den Kriegsschauplatz in Deutschland zurückkehrte, fand er den Stand der Dinge sehr verändert. Preußen und Sachsen schlossen am 28. Juli 1742 mit Oestreich Frieden, und die französische Armee in Böhmen unter Broglio und Belle-Isle sah sich unter die Mauern von Prag zurückgedrängt. Moritz ging aber nicht nach Böhmen, sondern nach Bayern, von wo unter dem Marschall von Maillebois ein französisches Heer zur Hülfe herbeizog. Er kam hier zu dem Corps des Herzogs von Harcourt, der aber bedenklich war über die Stellung, die er ihm anzuweisen habe. Der Herzog sendete deshalb einen Courier nach Paris mit der Frage, ob er dem Grafen von Sachsen ein Commando übergeben und ihn in alle Geheimnisse einweihen sollte? Seine Bedenken gründete Harcourt darauf, daß Moritz ein Ausländer, ein Protestant, und Bruder eines Königs sei, von dem es zweifelhaft erscheine, wie lange er noch mit Frankreich befreundet bleiben werde. Von Paris aus hatte aber bereits der Kriegsminister Marquis de Breteuil Moritz im tiefsten Geheimniß den Plan für den Feldzug mitgetheilt[169] und Harcourt erhielt denn auch den Befehl, „de remettre tout à Mr. le Cte de Saxe[170]. Dies geschah denn auch und das Verhältniß Moritz's zu Harcourt, der bald sein Mißtrauen überwand, gestaltete sich sehr freundlich. Er erhielt ein Corps, mit dem er nach Böhmen vor-

---

[169] Lettres et mémoires, I. 31.
[170] Mémoires du Duc de Luynes, IV. 202.

rückte. Am 11. August 1742 meldete er „au camp de Niderwaldock" dem Grafen Brühl, er habe das Commando übernommen und fügte hinzu: „hier jai fait frotter M. Trenk, colonel de Pandoure, qui saitet aviser avec 1800 h. de nous incommoder." Am 10. September 1742 finden wir ihn in Donaustauf, am 16. September mit 12000 Mann bei Weiden in Böhmen. Eines Tages meldete sich ein ungarischer Husar als Deserteur: er ritt ein schönes Pferd, das die Augen eines französischen Obersten auf sich zog, der es für 70 Thlr., die er sogleich baar bezahlte, erkaufte. Der Oberst bestieg es alsbald, allein das Roß zeigte sich ungeberdig, bockte und der Reiter flog aus dem Sattel: er bat nun den Husaren, ihm zu zeigen, wie er das Pferd behandele: dieser stieg auf, tummelte das Roß, ritt einige Volten — plötzlich aber zog er den Säbel, salutirte sehr höflich die Umstehenden und — flog in gestreckter Carriere durch das Lager: man sendete ihm mehr als 100 Schüsse nach, allein er entkam mit seinen 70 Thalern glücklich. Am 19. September traf Moritz in Vohenstrauß mit Maillebois zusammen und erhielt den Befehl, über Tirschenreuth vorzudringen. Briefe aus jener Zeit aus dem französischen Lager sind aber erfüllt mit Klagen über die mangelhafte Führung Maillebois. . So schrieb u. a. der Graf Poniatowski am 1. October 1742: „Je n'ai jamais vu une armée aussi mal gouverné, que celle-ci: si on nous otait le Cte de Saxe, qui est obligé de penser à tout, je ne sais pas ou nous en serions." Am 10. October 1743 nahm Moritz Elnbogen durch Accord: er gestattete der Besatzung (4638 Croaten und 500 Husaren) freien Abzug; in dem Accord mit dem östreichischen Feldmarschall Ferdinand Grafen Strasoldo wird er als Herzog von Curland und Semigallien bezeichnet. Mit Maillebois gerieth Moritz wiederholt in ernste Differenzen, da Ersterer seine Rathschläge nicht befolgte: daß er es ihm daran nicht fehlen ließ, beweist u. a. sein Brief aus Elnbogen vom 20. October 1742, den wir in den Memoiren des Herzogs von Luynes finden¹⁷¹. Er selbst schrieb nach Dresden aus Schlackenwerth am 17. October 1742, es seien die gröbsten Fehler gemacht worden, er habe jetzt „la bonne commission, de faire une aricregarde de 12 lieues": er fügte hinzu: „ou je suis a cheval, ou jecris et a la longue le corp humein ne saurait y resister." Er schickte auch einen Courier nach Versailles mit einer Depesche voller Klagen über Maillebois und bat um Erlaubniß, nach Sachsen gehn zu dürfen: der König von Frankreich schlug ihm diese aber ab, weil seine Gegenwart bei der Armee dringend nöthig sei.

Inzwischen hatte doch das Herannahen des französischen Hülfscorps die Oestreicher genöthigt, die Belagerung von Prag aufzugeben: Broglio zog am 27. October 1742 von dort ab, indem er Belle=Isle mit 20000 M. zurückließ, der aber die Stadt auch in der Nacht vom 16—17. December verließ. Auch Maillebois war inzwischen aus Böhmen wieder abgezogen: Moritz führte die Reserve und wußte sich bei den Oestreichern, wie Briefe melden, gewaltig in Respect zu setzen. Am 2. December 1742 gelang ihm ein glücklicher Coup: in Oberaltaich schiffte er seine Infanterie auf der Donau ein und gelangte, während die Cavallerie am Ufer hin marschierte, unbemerkt nach Deckendorf, wo er zwei Bataillone Oestreicher überraschte und in die Flucht trieb.

Nachdem Moritz sich bei Deckendorf verschanzt und dort seinem Corps die Winterquartiere gesichert hatte, ging er nach Paris, um dort den ihm sehr befreundeten Marschall Broglio zu vertreten, den er persönlich hochschätzte und als Feldherrn immerhin weit über den Marschall Belle=Isle stellte. In Paris am 16. Februar angekommen, begab Moritz sich sofort nach Versailles, wo ihn der König sehr huldvoll empfing: Ludwig XV. ließ ihm ein Quartier im Schlosse einräumen und hielt mit ihm in Gegenwart des Ministers d'Argenson mehrere lange Berathschlagungen. Als

---

¹⁷¹ t. IV. S. 363.

er in Paris sich zum ersten Male im Theater zeigte, empfing
ihn das Publicum mit lautem Beifallsrufe. Am 2. März
1743 suchte er den sächsischen Gesandten in Paris, Grafen
vom Loß, auf, sprach mit ihm über die bevorstehenden Kriegsoperationen, bemerkte, daß er Belle-Isle's Pläne beim König
mit Erfolg bekämpft habe und daß zwei ihm in der Anciennetät
vorgehende Generalleutnants von der Armee abberufen werden
sollten, damit er als ältester Generalleutnant den Marschall
Broglio vertreten und wenn es bei dessen Kränklichkeit nöthig
werde, das Commando der ganzen Armee an dessen Stelle übernehmen könne. Er verabschiedete sich am 3. März 1743 vom
König von Frankreich, der ihm bei dieser Gelegenheit noch
viel Schmeichelhaftes sagte und hervorhob, daß er ihn nun
zum ältesten Generalleutnant bei der Armee des Marschalls
Broglio erhoben habe: Ludwig XV. ertheilte ihm auch die
Erlaubniß, ein Regiment Ulanen auszuheben, mit der Zusicherung, daß es beim Abschluß des Friedens nicht ganz aufgelöst, sondern im Bestand von 600 M. beibehalten und ihm
in diesem Falle eine entsprechende Pension ausgesetzt werden
solle [172]. Ehe Moritz aber Frankreich verließ, ging er noch
einige Tage auf das Land, wie ein Brief meldet, „avec la
Dem. Bourbonnois," für die er eine große Zärtlichkeit hegte,
die er durch eine jährliche Rente von 10000 livr. bethä-
tigte. Hauptsächlich um sein Ulanenregiment zu Stande zu
bringen, reiste Moritz nach Dresden, wo er am 25. März
1743 ankam: er wünschte die Erlaubniß des Königs Friedrich
August, in Polen Freiwillige werben zu dürfen und erbot
sich, Jedem, der beritten mit einem Diener eintrete, monatlich
50 Fl. zu zahlen. Allein diese Erlaubniß ward ihm nicht gewährt und mußte ihm wohl verweigert werden, da es noto-
risch war, daß das Regiment zum Krieg gegen Oestreich verwendet werden sollte, mit dem Sachsen erst vor Kurzem
Frieden geschlossen hatte. Moritz war über diese Verweige-

---

[172] Mémoires du Duc de Luynes, IV. 426.

rung sehr erbittert und schrieb dem Grafen Brühl deshalb: „Je m'etais flatté, que V. E. concourroit avec bonté à tout ce qui pouvoit augmenter mes avantages au service de France, mais je vois bien qu'Elle ne veut pas, que je suive cette carriere." Eine Anzahl Pferde, die er bereits gekauft hatte, übernahm der König. Moritz brachte aber sein Regiment doch noch zusammen: Ranft, der irrig von einem Husarenregiment redet[173], sagt, es habe dasselbe leichte blecherne Cuirasse mit kleinen übereinanderfallenden Muscheln getragen: Espagnac[174] versichert, man würde schwerlich eine Schaar haben finden können, welche besser beritten, bewaffnet und gehalten worden wäre.

Am 5. April 1743 traf der Graf von Sachsen wieder bei der unter Broglio stehenden französischen Armee in Amberg ein. Bayern ward jetzt, nachdem die Franzosen Böhmen bis auf Eger, das sie noch bis zum September 1743 hielten, räumen müssen, der Schauplatz des Kriegs. Broglio übertrug Moritz den Oberbefehl über die Reserve. Schon kurze Zeit nach seiner Rückkehr zur Armee fand er wieder Veranlassung zu Klagen über die Fehler, die man begehe, ohne daß er es hindern könne: am 28. April schrieb er an den Grafen Brühl: „la cour de France, qui ne conet pas le terein, deffere souvent au priaires de lempereur, qui ny entan pas grend chosse et l'on ait obliger de faire des demarches, que lon sait bien qui sont detestable, la faute en tombe sur les generaux: sait (c'est) un des desagremens de notre metier." Das Commando aber, welches Moritz übergeben worden, war dasjenige, nach dessen Erlangung der Ehrgeiz des Prinzen von Conti strebte: dieser setzte Himmel und Erde, wie der sächsische Gesandte aus Paris schrieb, in Bewegung, auch seine Mutter drang lebhaft in Argenson, der denn, um sich auf seinem Posten zu erhalten,

---

[173] a. a. O., S. 145.
[174] a. a. O., I. 181.

nachgab und Moritz zurücksetzend, Conti das Commando
übertrug. „C'est la le secret motif, qui a fait agir M.
d'Argenson," schrieb Graf Loß, „telle est aujourdhui la
situation de la cour de France." Moritz fügte sich dem
Unvermeidlichen „de la meilleure grace du monde," aber
Broglio war mit dem Tausche durchaus nicht einverstanden.
Am 2. Mai 1743 traf der Major le Fort, der als Freiwil=
liger den Feldzug unter Moritz mitzumachen beabsichtigte, bei
ihm zu Straubing ein. Seinen Relationen verdanken wir
aus dieser Zeit specielle Mittheilungen, die wir in Druck=
schriften nicht finden. Le Fort fand Moritz im Begriffe, nach
Amberg zu gehn, um den Befehl über die bis Regensburg
dem F. Lobkowitz gegenüberstehenden Truppen zu überneh=
men: es waren 40 Esc. Cuirassiere, 18 Esc. Dragoner und
14 Bataillone Infanterie. Broglio war plötzlich erkrankt,
wie Einige meinten an einer „maladie de commande" und
konnte daher an einer mit dem Kaiser Karl VII. anberaum=
ten Berathung nicht Theil nehmen. Er sendete daher als
seinen Stellvertreter Moritz zum Kaiser nach München. Auf
der Reise dahin suchte Moritz den General=Feldmarschall Grafen
von Seckendorf in Landshut auf, um sich mit ihm zu bespre=
chen. Die Berathung mit dem Kaiser dauerte zwar mehrere
Stunden, fiel aber gar nicht zur Befriedigung Moritz's aus;
er opponirte sich den Vorschlägen des Kaisers sehr lebhaft,
ohne diesen jedoch für seine Ansichten gewinnen zu können:
noch an demselben Tage reiste er sehr unbefriedigt wieder
nach Straubing zu Broglio zurück. Seine Besorgnisse be=
wahrheiteten sich sehr bald. Der Prinz Karl von Lothringen
vertrieb den Kaiser aus München, auch der Prinz von Conti
ward von den Oestreichern über die Donau zurückgedrängt
und genöthigt, sich auf Broglio's Corps zurückzuziehn. Conti
maß sein Mißgeschick Broglio bei, der ihm die nöthige Unter=
stützung nicht gewährt habe, während Jener seiner Seits alle
Schuld auf Conti und dessen Unerfahrenheit wälzte: darüber
waren aber alle Unbefangenen einig, daß die Oestreicher nicht

so leichtes Spiel gehabt hätten, wenn Moritz an Conti's Stelle gewesen und, wie es in einer Depesche des Grafen Loß vom 5. Juni 1743 heißt: „si les intrigues de la cour n'avoient prevalu pour oter la reserve à ce général et en donner le commandement à un prince de sang, qui fait sa première campagne." Der Graf von Sachsen erhielt am 21. Juni 1743 den Befehl von Broglio, gegen den Prinzen Karl vorzurücken: er marschierte am Abend dieses Tages um 5 Uhr mit 30 Bataillonen Infanterie, allen Dragonern und 20 Kanonen ab: während der Nacht brach ein sehr starkes Gewitter aus, Moritz ließ aber den Marsch nicht unterbrechen und kam um 2 Uhr Morgens, nur von den Blitzen geleitet, mit seinem Corps in Neuburg an; von hier rückte er bis Donauwörth, wo er sich verschanzte und sich hielt, bis Broglio mit der übrigen Armee ihm nachkam. Die Franzosen hatten jetzt einen schweren Stand, da auch der König von England mit einer Armee gegen den Main, Oestreich zu Hülfe, vorrückte. Bei Dettingen wurden die Franzosen am 27. Juni 1743 geschlagen. In Paris maß man die Kriegsunfälle Broglio zu, über den auch Kaiser Karl VII. wiederholt Beschwerde geführt hatte. Der Marschall erhielt daher den Befehl, das Commando seiner Armee dem Herzog von Noailles, in den man mehr Vertrauen setzte, zu übergeben und sich in sein Gouvernement nach Strasburg zu verfügen.

Welche Stellung man Moritz anzuweisen habe? darüber war man in Paris zweifelhaft: das Commando einer Armee, welche im Elsaß sich aufstellen sollte, war dem Marschall von Coigny zugedacht, der es auch später (30. August 1743) übernahm: man ließ Moritz nun die Wahl, ob er unter diesem dienen wolle oder unter Noailles? Er zog das Letztere vor und erhielt nun ein Corps, mit dem er den Elsaß decken sollte. Er scheint mit diesem Arrangement in der Hauptsache zufrieden gewesen zu sein, aber allerdings nicht mit den Truppen, welche ihm Noailles überließ. Er schrieb hierüber dem König Friedrich August aus Speier den 25. Juli 1743:

„On ma dones le comendement d'une armee dans l'Alsasse etc. pour un alleman et pour un luterien surtout, se n'ait pas peux de chosse, que dieu me tire bien de sesi et je luy promes une belle chandelle. Mr. de Noailles avec son armée ait destines a suivre les Engles, sils se porte vers Luxembourg, son armee ait plus forte et melieure que la mienne, il ne ma donnes que les epluchures de sa sienne et ma pris se quil y avet de meilleur dans selle de Baviere, mais seluy qui fait les pars, fait ordinairement la sienne bonne etc."

Moritz sollte anfänglich unter seinen Befehl 35 Bataillone und 89 Schwadronen mit 6 Generalleutnants erhalten: allein dieses Corps ward auf fast die Hälfte reducirt und ihm von Noailles der Befehl ertheilt, damit nach Schlick zu rücken. Hier traf er am 3. August ein, und marschierte von da nach Markelsheim. Später hatte er die Linien an der Lauter zu decken, mit 20 Bataillonen und 40 Schwadronen. Hier finden wir ihn Ende September 1743. Am 4. October 1743 schrieb er aus dem Lager bei Schleithal an den Grafen Brühl: „J'ai été le bouclier de la haute Alsace contre le Prince Charles: l'on m'a mis icy a present contre le Roi d'Angleterre. Je ferai ce que je pourrai, pour lui rendre l'entrée de l'Alsace difficile, cela dependra des fautes, qu'il pourra faire: mes forces sont de beaucoup inferieures aux siennes, cependant je ne desespere pas."

Einige Tage später (10. October) theilte er dem König Friedrich August mit, man habe ihm das Commando der Armee im Oberelsaß entzogen, der Marschall Noailles, der ihm sehr gewogen sei, habe das ganze Ministerium gegen sich: Noailles würde sich genöthigt gesehn haben, sich bis Straßburg zurückzuziehn und Unterelsaß den Feinden zu überlassen, wenn er sich nicht erboten hätte, mit seinem Corps, das kaum 20000 M. betrage, Widerstand zu leisten: er fuhr fort: „il m'a donc remis ses troupes, me disant, qu'il ne voulet pas deshonorer ses cheveux blancs: je me suis baricader sur la Loutre et par mes soins jay sauve la France de set affront." Bei der Armee war man übrigens, wie aus le Fort's Briefen hervorgeht, sehr unzufrieden damit, daß das Obercommando Moritz nicht übertragen worden und hoffte, daß dies im nächsten Feldzuge der Fall sein werde. Am 30. October 1743 bezog die Armee die Winterquartiere. Moritz ging am 29. October nach Straßburg und von da nach Obernheim, wo das von ihm angeworbene Regiment stand, das aber damals nur 450 Mann zählte. Am 13. November 1743 reiste er durch Paris, um sich sogleich nach Fontainebleau zum König zu begeben. Graf Loß meldete am 21. November, Ludwig XV. habe ihn mit der größten Huld empfangen, man befrage ihn wie ein Orakel: Moritz habe aber zu erkennen gegeben, daß er es müde sei, als Subaltern zu dienen, man habe denn auch, da er wegen seiner Confession den Marschallstab nicht erlangen könne, in Vorschlag gebracht, zu seinen Gunsten die Stelle eines „capitaine général" wieder einzuführen, damit er im nächsten Jahre das selbstständige Commando einer Armee führen könne.

Während des Winters fanden geheime Verhandlungen in Paris statt mit dem Prinzen Karl Eduard, dem Sohne des Prätendenten Jacob III., wegen Unterstützung einer Landung in England. Der Prinz fand eine eifrige Vertreterin seiner Interessen in der schon von uns erwähnten Frau von Mézières, in deren Händen die geheimen Fäden zusammenliefen. Es ward bereits im Januar 1744 beschlossen, daß ein französisches Armeecorps unter dem Commando des Grafen von Sachsen in Dünkirchen eingeschifft werden solle. Moritz hatte zu dem Unternehmen, wie die Depeschen des sächsischen Gesandten zu Paris, Grafen Loß, melden, kein Vertrauen und entschloß sich erst, nachdem er, wie Loß schrieb, erhalten hatte, „un ordre provisionel signé du Roy, qui l'autorise de capituler dans une necessité urgente." Seine Instruction besagte, er solle nach der Landung seiner Truppen in England vorrücken, wie in einem befreundeten Lande, gute Disciplin halten „sans rien exiger": vor Allem solle er London zu erreichen suchen[175]. In der Nacht vom 22. Februar 1744 erhielt Moritz den Befehl, nach Dünkirchen zu gehn: zwei Stunden später saß er zu Pferd und eilte über Calais, wo er am 25. Februar eintraf, nach Dünkirchen. Dort traf er den Prinzen Karl Eduard, der die Wahl Moritz's mit großer Freude begrüßte, da dieser auf ihn den günstigsten Eindruck gemacht hatte[176]. Am 1. März begann die Einschiffung der Truppen (10000 Mann)[177], allein es erhob sich ein furchtbarer Sturm: ihm trotzend, begab sich Moritz auf das Admiralschiff, allein das Unwetter nahm zu und mehrere Schiffe wurden an das Land geschleudert: Moritz ging, um den Verunglückten beizustehn, wieder an das Land, er ließ eine Anzahl Wagen so weit als möglich in die stürmische See hineinfahren, um den in den gestrandeten Schiffen Befindlichen näher kommen zu können: einzelne kühne Schwimmer führten den Schiffen Seile zu, welche, an der Küste befestigt, es den Booten möglich machten, sich den Schiffen zu nähern. Der Chevalier de Mézières, der zu Pferd am Ufer war, hörte, daß das Schiff, auf welchem sein Freund, de Listenay, sich befinde, in großer Gefahr schwebe: er sprengte in der Gegend, wo dieses gestrandet war, ins Meer: die Wogen schlugen über ihm zusammen, rissen ihm den Hut hinweg, er drang unerschrocken weiter vor: da sah er einen Schwimmenden, den er für Listenay hielt, er faßte ihn, brachte ihn glücklich an das Land, allein er hatte sich getäuscht, der Gerettete war ein Anderer. Mit größter Lebensgefahr wiederholte er aber seine Versuche und rettete so noch Mehreren das Leben: Listenay war inzwischen gar nicht in Gefahr gewesen[178]. Man

---

[175] Lettres et mémoires, I. 49 fl.

[176] Klose, Leben des Prinzen Carl aus dem Hause Stuart, Leipzig 1842, S. 93.

[177] Lettres et mémoires, I. 54.

[178] Mémoires du Duc de Luynes, IV. 370.

wollte nun in den nächsten Tagen die Einschiffung abermals
versuchen, allein am 4. März brach wieder ein so heftiger
Sturm aus, daß man einhalten mußte. Moritz meinte, „que
le vent n'était pas Jacobite." Inzwischen zeigte sich auch
eine englische Flotte unter Admiral Norris, die das Auslaufen
sehr gefährlich erscheinen ließ: es kam daher der Befehl
aus Paris, die Expedition solle ausgesetzt werden. Manche
Schriftsteller behaupten, daß die ganze Sache bloß Schein
gewesen sei, um England in Schrecken zu setzen, was aber
Espagnac [179] und Andere in Abrede stellen. Der Prinz Karl
Eduard sah also seine Hoffnungen vereitelt, er erkannte wohl,
daß der Aufschub ein völliges Aufgeben enthalte: er hatte
aber solche Achtung für Moritz gewonnen, daß er die Absicht
hegte, im nächsten Feldzuge unter Moritz zu dienen, ein Plan,
den jedoch seine Anhänger, welche fürchteten, daß er dadurch
in England unpopulair werden möchte, ihm ausredeten [180].

Auch für Moritz hegte der sächsische Gesandte wegen des
Mißlingens des Unternehmens Besorgnisse: er schrieb am
15. März 1744: „Je plains le Cte de Saxe, qui sera la
dupe de cette equipée, car il y a grande apparence, que
le Roy a disposé pendant son absence du commandement,
qui lui étoit destiné sur la Moselle, en faveur du
maréchal de Belle-Isle." Indessen kam Moritz, für den die
Marschälle Broglio und Noailles sich lebhaft verwendeten,
noch zur rechten Zeit nach Paris zurück, um dies zu verhüten:
ja er erlangte mehr, als er zu hoffen gehabt hatte. Der
26. März 1744 brachte ihm die Ernennung zum maréchal
de France, ihm dem Ausländer, dem 8 active Generale in
der Rangliste vorgingen [181], ihm dem Protestanten! Seit
dem Widerrufe des Edicts von Nantes war kein Nichtkatholik

---

[179] a. a. O., I. 211.
[180] v. Reumont, Die Gräfin von Albany, Berlin 1860. I. 85.
[181] Mémoires du Duc de Luynes, V. 382.

zu dieser Würde gelangt. Die einzige Beschränkung, als Folge seines Glaubensbekenntnisses, war, wie Graf Loß am 29. März 1744 schrieb: „qu'il ne pourra pas avoir séance au parlement et assister aux tribunaux, qui demandent la confession de la religion catholique." Die Veröffentlichung der Ernennung und wohl auch die Ausstellung des Patents erfolgte am 6. April 1744. Der Herzog von Luynes bemerkt in seinen Memoiren, man werde ihn „maréchal Maurice" nennen und der König ihn als „mon cousin" bezeichnen[182]: Moritz selbst habe, als man ihn aufgefordert, jetzt zur katholischen Kirche überzutreten, dies abgelehnt, weil man glauben würde, er thue es, um den Marschallstab zu erlangen, er sei aber bereit, sich in den Lehren jener Kirche unterrichten zu lassen.

Ludwig XV. bedurfte allerdings eines Feldherrn, der die französischen Waffen wieder zu Ehren zu bringen vermochte: hatten doch die Franzosen das Jahr zuvor Bayern Preis geben müssen, sich über den Rhein zurückgedrängt gesehn: zudem nahm der Krieg jetzt größere Dimensionen an. Frankreich, welches bisher nur als Hülfsmacht des Kaisers Karl VII. oder Bayerns sich betheiligt hatte, trat jetzt selbst als kriegführende Macht auf und erklärte England, mit dem sich die vereinigten Niederlande verbündet hatten (15. März 1744) und Oestreich (26. April 1744) den Krieg.

Es ward nun beschlossen, daß die nach Flandern bestimmte Armee zu $^2/_3$ (68 Bataillone und 97 Schwadronen) dem Marschall von Noailles untergeben, zu $^1/_3$ aber (33 Bat. und 55 Schwadronen) unter das Commando des Grafen v. Sachsen gestellt werden solle. Noailles war Moritz sehr gewogen, er pflegte ihn nur seinen Sohn zu nennen[183], er fand aber auch für sich selbst, wie Graf Loß meldete, eine große Beruhigung darin, einen Mann wie Moritz sich zur Seite

---

[182] V. 380 und Note 1.
[183] Mémoires du Duc de Luynes, VI. p. 123.

stehn zu sehn. Graf Loß meinte, daß dies auch sehr nöthig
sei, da Noailles „un peu brouillon" und dem Feinde gegenüber
unentschlossen sei: dies war am wenigsten der Fehler unseres
Helden. Der Sohn des Herzogs von Luynes, der früher,
wie wir erwähnt haben, an Moritz's Führung allerhand zu
tadeln hatte, war auch anderer Ansicht geworden: er rühmte
jetzt an ihm [184], daß er gerade auf das Ziel losgehe und den
besten Weg einzuschlagen verstehe, „et n'étant point de-
tourné par une infinité d'idées et de projets differents,
qui souvent éblouissent et dont les dangereuses combi-
naisons font perdre au moins un temps précieux. Mr. de
Saxe suit son objet sans le perdre de vue." Noailles
fand übrigens jetzt umsoweniger Schwierigkeit, für seinen
Günstling zu wirken, als es ihm in Verbindung mit der damaligen Favorite des Königs, der Herzogin von Chateauroux,
und dem Herzoge von Richelieu gelang, den ihm ungünstigen
Minister der auswärtigen Angelegenheiten, Amelot, zu stürzen. Nach den Mittheilungen des Grafen Loß ließ Ludwig XV. am 26. April 1744 den Minister von Maurepas
zu sich rufen und beauftragte ihn, Amelot seine Entlassung
zu eröffnen. Maurepas fragte den König, ob er ihm nicht
noch einen andern Befehl zu ertheilen habe? Erstaunt erwiederte der König, was er meine? Maurepas antwortete,
man erzähle seit 14 Tagen in ganz Paris, daß er selbst
ebenfalls seine Entlassung erhalten werde: er fügte hinzu, daß
er völlig bereit sei, den Befehlen des Königs zu gehorchen.
Der König entgegnete aber, daß der Auftrag, den er ihm gegeben, lediglich Amelot betreffe und daß er keinen Augenblick
daran gedacht habe, ihn seiner Stelle zu entheben. Ehe Moritz ins Feld zog, schloß er noch ein eigenthümliches, ihm sehr
vortheilhaftes Geschäft mit dem König ab: dieser lieh ihm
200000 livr., womit er sich an der Ausrüstung von 10 gegen die Engländer bestimmten Kapern betheiligte, das Dar-

---

[184] Mémoires du Duc de Luynes, VI. p. 122.

lehn sollte allmählig nur von den Prisenantheilen zurückbezahlt werden.

Am 15. April 1744 verließ der Graf von Sachsen Paris und begab sich über Mirecourt, wo er sein Regiment die Revue passiren ließ, nach Valenciennes. Am 4. Mai folgte ihm Ludwig XV., der beschlossen hatte, dem Feldzuge in Person beizuwohnen. Am 15. Mai fand in der Ebene bei Cisoin, unweit Lille, die Musterung der Truppen vor dem König statt, bei der Noailles an der Armee nur auszusetzen hatte, „de n'avoir pas assez de moustaches grises." Bei der Durchreise Ludwig XV. durch Maubeuge am 8. Mai hatte ein Stiftsfräulein, von Bournonville, durch ihre Schönheit das Auge des Königs auf sich gezogen: die Nachricht hiervon gelangte nach Paris und veranlaßte einen Zuwachs der Armee, den man bei dieser weder erwartet, noch gewünscht hatte. Die Herzogin von Chateauroux ward besorgt, daß ihr in dem Fräulein eine gefährliche Nebenbuhlerin erwachsen könne: sie berieth sich mit ihrer Vertrauten, der Prinzessin von Conti, und die beiden Damen kamen überein, es sei am sichersten, den König persönlich zu controliren und auch mit in den Krieg zu ziehn. Vergeblich bemühte sich die Königin, die noch den Beichtvater des Königs zu Hülfe nahm, den Plan zu hintertreiben: die Amazonen wirkten sich die Genehmigung des Königs aus und die Prinzessin von Conti ging zuerst am 12. Juni 1744 mit ihrer Tochter zur Armee ab, während ihr die Herzogin von Chateauroux auf dem Fuße folgte.

Am 27. Mai 1744 ward Moritz zum Kriegsrath zum König nach Werwick berufen, wo bestimmt ward, daß die Armee des Königs (Noailles) die Belagerung der Festungen unternehmen, Moritz aber mit seinem Corps, welches deshalb eine Verstärkung erhielt, die Deckung des Belagerungscorps übernehmen solle. Am folgenden Tage ging Moritz in sein Lager bei Courtrai zurück und unternahm am 28. Mai eine Recognition gegen Oudenarde, bei der er in große Lebensgefahr gerieth. Er drang bei einem Scharmützel mit feindli=

chen Husaren bis fast an die Thore der Stadt vor, gerieth aber dabei unter die Kanonen der Wälle: ein Dragoner ward unmittelbar neben ihm erschossen, er selbst blieb aber unverletzt. Der Feldzug nahm einen sehr günstigen Verlauf: Menin, Ypern und Furnes (Veurne) wurden schnell nacheinander erobert: in letzterer Stadt nahm Moritz Theil an einem Tedeum, dem der Stadtrath und alle religiösen Corporationen beiwohnen mußten: er nahm einen Ehrenplatz dem Altar gegenüber ein, war aber sehr erstaunt, als der Chorknabe, welcher singen sollte: „salvum fac regem," dreimal mit immer stärker anschwellender Stimme sang: „salvam fac reginam." Moritz schrieb deshalb: „je crois, que ce fut distraction, c'auroit été trop plaisant si c'avait été malice." Inzwischen war aber der Prinz Karl von Lothringen am Rhein siegreich vorgedrungen: dies veranlaßte Ludwig XV., mit dem größern Theile der Armee nach Metz zu ziehn, um von dort dem Prinzen Karl gegenüber zu treten: der König erkrankte aber gefährlich und mußte den Plan aufgeben. Trotz der ihm gegenüberstehenden Uebermacht gelang es Moritz, durch geschickte Bewegungen seine Gegner im Schach zu halten, ohne daß es zu einer entscheidenden Schlacht kam. Voltaire sagt [185] deshalb von ihm: „camper et décamper à propos, couvrir son pays, faire subsister son armée aux dépens des ennemis, aller sur leur terrain, lorsqu'ils s'avancent vers le pays qu'on défend, et les forcer à revenir sur leurs pas, rendre par l'habileté la force inutile; c'est ce qui est regardé comme un des chefs-d'oeuvre de l'art militaire, et c'est ce que fit le maréchal de Saxe depuis le commencement d'auguste, jusqu'au mois de novembre." Bei der Armee, die sein Verdienst erkannte, erfreute er sich denn auch des unbedingtesten Vertrauens. Graf Loß schrieb zu dieser Zeit über die Einrichtungen in seinem Lager: „tout s'y exécute à la mi-

---

[185] Précis du siècle de Louis XV, cap. XIII.

nute, à la lettre et au compas et le général est extrêmement estimé des officiers de son armée." Zur Belustigung der Soldaten hatte er eine Schauspielertruppe engagirt, die im Lager u. a. ein Gelegenheitsstück aufführte, welches eine Satyre auf die Unthätigkeit der Engländer während des Feldzugs enthielt.

Der Ruf seines wachsenden Einflusses bewog eine Anzahl französischer Calvinisten, sich im September 1744 mit einer ausführlichen Bittschrift an Moritz zu wenden, in welcher sie ihn um seinen Schutz baten, allein er wollte sich in Religionssachen nicht mischen, ließ die Abgeordneten, die das Schreiben überbrachten, nicht vor sich [186] und warf die Bittschrift in's Feuer [187].

Mit dem Minister Grafen Brühl gerieth er im November 1744 abermals in eine Differenz: er hatte in der Tartarei 500 Pferde ankaufen lassen, welche man aber in Polen in Beschlag nahm. Die Correspondenz hierüber nahm einen ziemlich gereizten Character an, Moritz schrieb, man nehme ihm 100000 Thaler aus seiner Tasche, er könne nun die eingegangenen Verpflichtungen nicht erfüllen, und trotz seines Wunsches, ein gutes Vernehmen zwischen Sachsen und Frankreich zu erhalten und Alles zu entfernen, was es stören würde, sehe er sich doch genöthigt, den Vorgang mit allen Nebenumständen dem König Ludwig XV. vorzutragen. Die Sache ward jedoch ausgeglichen, das wie? können wir aber aus den Acten nicht ersehn, übrigens ward Moritz veranlaßt, seine Briefe nach Sachsen in Chiffern zu schreiben, weil sie die preußischen Lande zu passiren hätten.

Nachdem die ihm gegenüberstehenden Alliirten die Winterquartiere bezogen, verließ auch der Graf von Sachsen die Armee und kam am 13. December in Paris an: am 22. December begrüßte er den König Ludwig XV. [188]

---

[186] Ranft a. a. O. (1746), S. 171.
[187] Espagnac a. a. O., II. 279.
[188] Mémoires du Duc de Luynes, VI. 191.

Siebenter Abschnitt.

1745 bis zum Aachner Frieden.

Erschöpft durch Kummer und Krankheit starb am 20. Januar 1745 Kaiser Karl VII. Es handelte sich nun in Deutschland um Abschluß des Friedens zwischen Bayern und Oestreich und um die Wahl eines neuen Kaisers: daneben hatte Sachsen eine Forderung von 34000 Thlr. an Frankreich geltend zu machen, für Artillerie, welche bei der Belagerung von Prag den Franzosen überlassen worden war. In allen diesen Angelegenheiten war der sächsische Gesandte zu Paris, Graf Loß, angewiesen, sich mit Moritz zu vernehmen und seines Einflusses sich zu bedienen. In Beziehung auf die erwähnte Forderung schrieb Graf Brühl am 7. Februar 1745 an den Grafen Loß, man könne um so mehr hoffen, daß Moritz ihm dabei behülflich sein werde, „puisqu'il pourra peut-être trouver son compte particulier au payement de la somme, qui nous est duc." Viel wichtiger war die Kaiserfrage: Moritz wünschte lebhaft, die Kaiserkrone seinem Halbbruder, dem Churfürsten von Sachsen Friedrich August II., zuzuwenden und fand in Frankreich volle Geneigtheit, den Plan zu unterstützen: Ludwig XV. theilte dies schon am 27. Januar 1745 Moritz mündlich mit. Als man in Dresden die Frage berieth, sprachen sich aber die Geheimen Räthe (27. Februar 1745) in ihrem Gutachten gegen eine directe Bewerbung aus, sie schlugen aber vor, man möge nach Auswärts im Geheimen mittheilen, der König wolle die Würde, wenn sie ihm angeboten werde, nicht ausschlagen. Es ward denn in diesem Sinne eine Mittheilung an den französischen Gesandten zu Dresden, Grafen von Valory, dahin entworfen: „Sa M. n'ignore pas le fardeau et les dépenses dont cette suprême dignité est accompagnée, qu'Elle ne sauroit s'empresser à la rechercher, n'y encore moins se déterminer à l'ambitionner au risque de perpetuer la guerre, mais qu'Elle ne serait pas éloignée, de se prêter à la pluralité des voix Electorales, si Elle voyait en dépendre le bien et le repos du corps Germanique": zugleich ward aber der Antrag gestellt, daß Frankreich seine Truppen zurückziehe, „pour ne gêner en aucune façon la libre élection [189]. Der König schickte auch an Moritz selbst einen Aufsatz, worin er bemerkte, daß er wegen des Neides und der politischen Eifersucht, welche seine Wahl erwecken würde, nicht geneigt sei, sie anzunehmen [190]. Geheime Correspondenzen über diese Angelegenheit gingen nun in der nächsten Zeit hin und her: sie bezogen sich auch auf einen von Brühl beantragten Separatfrieden zwischen Oestreich, Frankreich und Spanien: Moritz hatte deshalb wiederholte Besprechungen mit Noailles und dem König Ludwig XV. selbst, die ihn in der Ueberzeugung bestärkten, daß Frankreich nur Hand in Hand mit Preußen gehn werde: in einem der Briefe, den Brühl vom Grafen von Sachsen erhielt, glaubte Ersterer aber, zu seinem großen Bedauern, die Feder des Kriegsministers d'Argenson zu erkennen.

Im Februar 1745 beabsichtigte Moritz eine Reise nach Sachsen, unterließ sie aber, weil seine Gesundheit sehr schwankend ward: es zeigten sich bald Symptome der Wassersucht: er ließ sich aber nicht abhalten, alle Vorbereitungen zum Feldzuge zu treffen; als ihn Voltaire theilnehmend fragte,

---

[189] Diese Antwort war sonach allerdings minder energisch als Böttiger, Geschichte des Kurstaates und K. Sachsen, II. 304, und Gretschel, Geschichte des sächs. Volkes ꝛc., fortges. v. Bülau, III. 29 erzählen.

[190] v. Flassen in der Minerva. (ed. v. Archenholz) 1811, S. 192.

„comment il pourrait faire dans cet état de faiblesse?" antwortete er ihm: „il ne s'agit pas de vivre, mais de partir [191]." Der König schenkte ihm zu seiner Ausrüstung 100000 écus, wie der Herzog von Luynes angiebt [192], oder mindestens 150000 livres, wie Ranft behauptet [193]. Graf Loß meldete in den ersten Tagen des April 1745, Ludwig XV. sei äußerst besorgt, er fürchte, Moritz werde nicht im Stande sein, die Campagne zu überstehn: dies würde aber den König in die größte Verlegenheit versetzen, „attendu," fuhr Loß fort, „que l'on a une si haute idee de la capacité et de l'experience du maréchal, qu'on est généralement persuadé, que la perte de ce général seroit un malheur pour la France dans les circonstances présentes, n'y ayant gueres de sujets capables de le remplacer parmi la quantité d'officiers généraux, dont le royaume fourmille." Doch ließ sich Moritz durch seine Krankheit nicht behindern, mehrere Tage hindurch mit dem König zu arbeiten, auch bei einer Revue, die dieser über 2 Regimenter hielt, 4 Stunden zu Pferde zu sitzen. Am 31. März 1745 verabschiedete er sich beim König und reiste einige Tage später nach Flandern ab: unter seinem Reisegepäck befand sich auch ein ganzer Wagen voll junger Damen, allein sein Arzt wußte die nachtheiligen Folgen, die deren Gesellschaft für Moritz bei dessen damaligem Gesundheitszustande hätte haben müssen, dadurch zu beseitigen, daß er alle Abende das Haus, in welchem der Marschall Quartier genommen, mit Wachen umstellen ließ, die den strengsten Befehl hatten, kein weibliches Wesen hineinzulassen [194]. Dank dieser umsichtigen Maaßregel und der geschickten Behandlung des „chirurgien major de ses Ulans, M. Roth," wie Graf Loß in benennt, besserte sich Moritz's Befinden wesentlich, insbesondere durch ein Mittel,

---

[191] Précis du siècle de Louis XV., cap. 15.
[192] Mémoires. t. VI. p. 362.
[193] a. a. O. (1746), S. 181.
[194] Lettres et mémoires etc., I. p. XXVI.

welches Dr. Stahl in Halle gegen die Wassersucht empfohlen hatte: der Umfang seines Leibes minderte sich binnen 8 Tagen um fast eine Handbreite. Dies meldete ein vom Grafen Loß eingesendeter Brief aus Valenciennes vom 19. April 1745. Daß man Moritz damals das Wasser abgezapft habe, erwähnt dieser Brief nicht: auch der Herzog von Luynes stellt es in Abrede [195], nennt aber den Arzt, der den Marschall behandle, Blary. Wir können demnach die in anderen Druckschriften [196] enthaltenen Angaben, daß man Moritz am 18. April 1745 das Wasser abgezapft und er nichts destoweniger an diesem Tage 5 Stunden mit Espagnac und andern Offizieren gearbeitet, ohne daß diese ihm etwas angemerkt, nicht als begründet anerkennen. Am Morgen des 19. April reiste Moritz nach Maubeuge ab und zog von da mit seiner Armee zunächst vor Tournay, um es zu belagern: dieser Zug kam so unerwartet, daß der Gouverneur von Tournay, der dortige Commandant und der General der Artillerie, wie Graf Loß meldete, sich gar nicht auf ihrem Posten, sondern zu Brüssel befanden, um dort an einem Kriegsrathe Theil zu nehmen. Die Alliirten beschlossen, dem Platze zu Hülfe zu kommen: dies führte zu der Schlacht bei Fontenay am 11. Mai, an welcher auch Ludwig XV. und der Dauphin, die am 7. Mai im Lager angekommen waren, Theil nahmen. Moritz war wieder, wie Espagnac [197] hier als Augenzeuge bestätigt, in hohem Grade leidend: die Nacht vor der Schlacht brachte er, umgeben von dem Generalstabe, in einem Korbwagen zu, dessen er sich bediente, da ihn seine Schwäche verhinderte, längere Zeit zu Pferde zu bleiben [198]. Alle Beschreibungen der Schlacht [199] stimmen darin überein, daß der Sieg eine Zeitlang sehr zweifelhaft war, da eine Colonne

---

[195] Mémoires, t. VI. p. 420 not. 1.
[196] u. a. Espagnac, II. S. 22. de la Barre Duparcq, p. 75.
[197] II. 31.
[198] Souvenirs du Marquis de Valfons, Paris 1860, p. 139.
[199] u. a. Lettres et mémoires, I. 174—227. Souvenirs du Mar-

von 14—15000 Mann, meist Engländer und Hannoveraner, mit unerschütterlichem Muthe vordrang und die erste Schlachtreihe der Franzosen durchbrach. Noailles hatte, wie Graf Loß nach ihm zugegangenen Mittheilungen von Offizieren meldet, bereits Alles für verloren erachtet und dem König gerathen, auf seine Sicherheit zu denken und sich vom Schlachtfelde zu entfernen. Moritz, der in seinem mit vier Grauschimmeln bespannten Korbwagen, den er seine Wiege nannte[200], alle Puncte, wo seine Gegenwart nöthig schien, aufsuchte, widersetzte sich aber sehr lebhaft, indem er dem König „avec une sorte de vivacité" bemerklich machte, es gelte zu siegen oder zu sterben, die Sachlage sei noch nicht verzweifelt, man solle ihm nur freie Hand lassen und ihn in seinen Operationen nicht stören. Ludwig XV. erkannte die Weisheit dieses Rathes und verließ das Schlachtfeld nicht. Moritz ließ nun den Grafen Löwendal mit den irländischen Regimentern und einigen anderen Brigaden vorgehn[201], stellte sich selbst an die Spitze der Carabiniers und einiger Bataillone Infanterie, die er wieder sammelte, und gab dadurch dem Herzoge von Richelieu Zeit, die Haustruppen des Königs herbeizuziehn: diese machten auf die feindliche Colonne einen Angriff mit so furchtbarem Ungestüm, daß sie total über den Haufen geworfen ward: in einer Viertelstunde war durch deren Vernichtung der Sieg entschieden. Oeffentlich umarmte Ludwig XV. den Sieger. Noch um 2 Uhr Nachts schrieb der König nach Paris an die Königin: „Les ennemis nous ont attaqué ce matin a 5 heures: nous les avons bien battus. Je me porte bien et mon fils aussi.

---

quis de Valvons, p. 138. Mémoires du Duc de Luynes, VII. 178. 181—186.

[200] Mémoires du Duc de Luynes, VI. 495.

[201] Beim Angriffe traf eine Kanonenkugel den Herzog von Grammont und sein Pferd. Löwendal, der bloß das Pferd für getroffen hielt, rief dem Herzoge zu: „Nehmen Sie sich in Acht, Ihr Pferd ist erschossen." „Ich auch," antwortete der Herzog: er starb bald darauf.

Je n'ai pas le temps, de Vous en dire davantage, étant bon, je crois de rassurer Versailles et Paris, le plutôt que je pourrai." Ein anderes Schreiben des Königs an den Cardinal Tencin, welches Graf Loß in Abschrift nach Dresden sendete, lautete: „nous devons aux bonnes dispositions du maréchal de Saxe la victoire, que nous venons de rapporter. Il nous a donné de bonnes lecons, si nous voulons en profiter, mais je crains, qu'il ne nous en donne pas long temps, s'il reste dans l'état où il se trouve. Ce serait une perte irreparable pour nous, que je ferais avec bien de regret, surtout parceque je ne pourrai comme je voudrais, recompenser ses grands services, qu'il nous a rendus." Ebenso erkannte der König in einem Schreiben an den Erzbischof von Paris vom 16. Mai 1745, in welchem er ein Tedeum anordnete, ausdrücklich an, daß es der Graf von Sachsen, den er „mon cousin" nannte, sei, der den Sieg errungen habe [202]. Auch andere Huldigungen fehlten natürlich nicht. Voltaire dichtete sein poëme de Fontenai [203]: ächt französisch sagt er von Moritz: „C'est-la ce fier Saxon, qu'on croit né parmi Nous." Schmeichelhafter war ihm vielleicht die Anerkennung des Königs Friedrich II. von Preußen, der in einem spätern Briefe [204] ihm schrieb: „on parlait, ces jours passés, d'actions de guerre, et on agitait cette question rabattue, savoir laquelle des batailles gagnées faisait le plus d'honneur au général. Les uns disaient, que c'était celle d'Almanza, d'autres se déclaraient pour celle de Turin. Pour moi, je fus d'avis

---

[202] Mandement de Monseign. l'Archevêque de Paris, qui ordonne que le Te deum sera chanté dans toutes les églises de son diocèse, en actions de grace de la Victoire que le Roy, commandant en personne son armée en Flandre, a remportée sur celle des Alliés. Paris 1745, p.. 7.

[203] Oeuvres complètes de Voltaire, 1785, t. XII. p. 259.

[204] Oeuvres de Frédéric le Grand. Berlin 1851, t. XVII. p. 308.

que c'était la victoire, qu'un général à l'agonie avait remporté sur les ennemis de la France." Moritz urtheilte aber sehr bescheiden über sein Verdienst, er bemerkte selbst, daß er einen Fehler begangen, indem er unterlassen, noch eine Redoute zwischen Barci und Fontenay zu errichten [205]: er rühmte dagegen den König, der sich enthalten, selbst Befehle zu ertheilen, welche seine Pläne hätten durchkreuzen können, „qui est ce qu'il y a de plus à redouter de la présence d'un monarque environné d'une cour, qui voit souvent les choses autrement qu'elles ne sont"[206]. Nach der Schlacht ließ Moritz auch für die verwundeten Feinde, insbesondere den General Campbell Sorge tragen, wofür der Herzog von Cumberland ihm in einem Briefe vom 12. Mai 1745, den der Herzog von Luynes mittheilt [207], seinen besondern Dank ausdrückte. Aber auch Allen, welche in der Schlacht sich ausgezeichnet hatten, suchte der Marschall die gebührende Anerkennung zu gewähren und zu verschaffen: der Marquis von Valfons, dessen sich Moritz als Adjutant in der Schlacht bedient und der das Bewußtsein hatte, seine Pflicht getreulich erfüllt zu haben, war daher sehr unangenehm berührt, daß sein Name gar nicht genannt ward. Das Räthsel löste sich erst nach drei Tagen: Moritz, der, wie Valfons erzählt, keinen Namen, selbst nicht die der Personen, welche er häufig um sich sah, im Gedächtnisse behalten konnte, hatte ihn mit einem Offizier Namens de Belrieur, der schon ein Jahr früher verstorben war, verwechselt und erkannte seinen Irrthum erst, als man Valfons in seiner Gegenwart beim Namen rief: er versprach denn nun mit wahrhaft väterlicher Güte dem jungen Tapfern, sein Versehn wieder gut zu machen [208]. Die nächste Folge des Sieges bei Fontenay war die

---

[205] Voltaire, Précis du siècle de Louis XV., cap. 15. de la Barre Duparcq, p. 79.

[206] de la Barre Duparcq, p. 80.

[207] Mémoires, VII. 180.

[208] Souvenirs du Marquis de Valfons. S. 147.

Uebergabe der Stadt Tournay (22. Mai), nur die Citadelle hielt sich noch bis zum 19. Juni, wo sich der Commandant, v. Brakel, genöthigt sah, die Waffen zu strecken, da er, wie Graf Loß meldete, nur noch 15 Säcke Mehl, 2 brauchbare Kanonen und sehr wenig Pulver hatte. Als am 24. Juni die Garnison abzog, hielt Moritz beim Defiliren zu Pferde unmittelbar neben dem König, während der Marschall Noailles und die andern Generale sich in angemessener Entfernung halten mußten. Während der Belagerung verlieh der König Moritz die sogenannten entrées du Louvre durch ein Decret vom 6. Juni, welches besagt, „que le Sieur, maréchal de Saxe et la dame son épouse, s'il venait à se remarier, jouissent durant leur vie de l'entrée du Louvre dans leurs carosses, et la dame son épouse de la séance sur un tabouret devant leurs Majestés et les Enfants de France, lesquels honneurs et prérogatives passeront à l'ainé des enfants et descendants mâles du dit Sieur Comte de Saxe, qui seront nés en légitime mariage" [209]. Außerdem gab der König ihm eine jährliche Zulage von 40000 livres und überließ ihm auf Lebenszeit das Schloß Chambord mit den dazu gehörigen Grundstücken. Graf Loß meldete auch (10. Juni 1745), der König habe ihm das durch den Tod des immittelst verstorbenen Marschalls Broglio erledigte Gouvernement in Elsaß, mit dem ein Einkommen von 120000 livr. verbunden sei, übertragen: gleichzeitig schrieb er aber auch: „l'état de sa santé fait fremir. Ce Seigneur a cependant la tête entièrement libre et ne se contient que par son grand courage, sentant bien que ses forces diminuent tous les jours et qu'il n'ira pas loin."

Dem Beispiele von Tournay folgten in den nächsten Monaten Gent, Oudenarde, Brügge, Ostende 2c., wie dies Espagnac als Augenzeuge ausführlich erzählt. Die Anwesenheit des Königs mit seiner dem Marschall zum Theil ab-

---

[209] de la Barre Duparcq. p. 84.

geneigten Umgebung, mochte aber diesem sehr lästig sein: schon einige Tage nach der Schlacht bei Fontenay erklärte Moritz, nach den Depeschen des Grafen Loß, Ludwig XV., es sei am rathsamsten, sich jetzt in der Defensive zu halten, der König könne daher, „couronné de lauriers et comblé de gloire," füglich nach Versailles zurückkehren: dies paßte aber ganz und gar nicht zu den Plänen des Ministers Grafen d'Argenson, der den König lieber bei der Armee sah. In einem eigenhändigen Billet schrieb d'Argenson „au camp devant Tournay le 28 Mai 1745," es sei ein ganz falsches Gerücht, daß der König nach Versailles zurückkehren werde, „jamais on n'y a moins songé." Auch später, am 12. August 1745, meldete Graf Loß, Argenson setze Himmel und Erde in Bewegung, um den König zurückzuhalten. Dieser blieb denn auch bis Anfang September in Flandern. Während des Sommers besserte sich Moritz's Gesundheit, trotz der unausgesetzten Strapazen, die er sich zumuthete, wesentlich: sein Aeußeres kennzeichnete zwar noch immer sein Leiden, er ward sehr mager, doch fand der sächsische Secretair Spirnhirn, der ihn am 11. August 1745 in Alost im Auftrage des Grafen Loß aufsuchte, ihn viel besser, „il n'y a que la main qui l'incommode," schrieb er. Der Marschall nahm Spirnhirn mit der größten Freundlichkeit auf und bot ihm ein Zimmer bei sich und seine Tafel an. Es scheint, daß er im Herbst 1745 absichtlich übertriebene Gerüchte über seine Krankheit verbreiten ließ [210], um seine Gegner in den irrigen Glauben zu versetzen, daß sein körperlicher Zustand ihm nicht gestatten werde, persönlich das Commando zu führen.

Moritz hatte aber zu dieser Zeit nicht bloß mit den Feinden Frankreichs zu kämpfen, sondern ihm drohte Gefahr in Frankreich selbst. Der König mußte wohl seine Ueberlegenheit im Felde, seine Unentbehrlichkeit anerkennen, allein

---

[210] Lettres et mémoires etc., t. I. p. XXVIII.

die Selbstständigkeit, welche Moritz ihm gegenüber sich zu bewahren wußte, der Widerspruch, mit dem er ihm öfters bei den Berathungen entgegenzutreten wagte, waren dem eiteln Ludwig XV. sehr unangenehm: er beschränkte daher Moritz's Einfluß so viel es nur thunlich war [211]: dazu kam, daß der Graf von Sachsen, der, wie der Herzog von Luynes sagt [212], mehr „le ton militaire," als „l'extrême politesse du monde" besaß, den König dadurch verletzt hatte, daß er die äußern Formen gegen ihn nicht mit der Strenge beobachtete, welche dieser beanspruchte, indem er z. B. es unterließ, ihn auf Spaziergängen zu begleiten [213]. Es fehlte auch nicht an Reibungen mit den französischen Großen, welche den Glücksstern des Ausländers mit neidischen Augen verfolgten. So erzählt der Marquis von Valfons, daß der Graf Clermont sich leichtfertige Worte über Moritz und dessen Umgang mit dem andern Geschlechte ꝛc. erlaubt hatte, welche diesem zugetragen und von ihm sehr übel aufgenommen wurden. Moritz's Gegner riethen dem Grafen Clermont, er möge die Armee verlassen, „en disant au maréchal, qu'il étoit trop humiliant pour un prince du sang de France, d'obeir à un batard étranger" [214]. Clermont unterließ es aber wohlweislich, dem Marschall gegenüber solche Reden zu führen, die allerdings sehr bedenkliche Folgen gehabt haben würden: es gelang auch Valfons, eine Aussöhnung herbeizuführen. Der Kriegsminister Graf d'Argenson hegte ebenfalls Vorurtheile gegen Moritz, ebenso wie der Bruder des Ministers, der Marquis d'Argenson, der in seinen Memoiren sagt: „il n'aime que la guerre, le mécanisme et les beautés faciles" [215]. Ein sehr erbitterter Gegner trat aber jetzt gegen ihn auf in dem Marschall von Belle-Jsle, mit dem er schon seit der

---

[211] Mémoires du Duc de Luynes, VI. 486.
[212] Mémoires, VI. 123.
[213] Mémoires du Marquis d'Argenson. Paris 1857. III. 184.
[214] Mémoires du Marquis de Valfons, S. 157 ff.
[215] Mémoires du Marquis d'Argenson, II. 369. 370.

Campagne in Böhmen verfeindet war: am 28. August 1745 kehrte Belle-Isle aus England, wohin er nach seiner auf einer Reise zu Elbingerode im December 1744 erfolgten Arretirung gebracht worden war, zurück [216] und begann sogleich seine Feindseligkeiten gegen Moritz, indem er dessen Kriegsplan heftig tadelte. Auch der Gang der Dinge in Deutschland, die Wahl des Gemahls der Kaiserin Maria Theresia, Franz I., zum römischen Kaiser, durch welche die Kaiserkrone wieder an Oestreich gelangte, ward von den Feinden des Grafen von Sachsen gegen ihn ausgebeutet: Graf Loß theilt in seinen Depeschen mit, man sei darüber in Versailles außer sich: man behaupte, diese Wahl hätte sehr wohl verhindert werden können: wenn der Graf von Sachsen nicht den König veranlaßt hätte, die Armee des Prinzen von Conti zu schwächen, so hätte die östreichische Armee abgehalten werden können, am Rhein zu erscheinen und die Kaiserwahl zu decken: allein Moritz habe bloß seine Operationen in Flandern vor Augen gehabt, allem Andern vorangestellt und Deutschland den Oestreichern ganz Preis gegeben, eine Ansicht, der sich übrigens Graf Loß selbst anschloß. Man warf dem Marschall ferner vor, daß er nach der Abreise des Königs von der Armee unthätig geblieben sei, seine Uebermacht während der guten Jahreszeit nicht noch zu größern Erfolgen benutzt habe. Es erschienen sogar Pasquille auf ihn: Ludwig XV. setzte zwar 20000 livr. auf die Entdeckung der Verfasser [217], allein alle diese Anklagen machten doch einen lebhaften Eindruck auf den König, über den Graf Loß (26. September 1745) schrieb: „que son penchant naturel le porte a vaciller un peu dans ses faveurs ainsi que dans ses resolutions. Le dernier venu a presque toujours raison avec S. M." Während Moritz sich dahin aussprach, man solle sich mit den errungenen Vortheilen begnügen, die Winter-

---

[216] Ranft a. a. O., (1746) S. 238. Espagnac a. a. O., II. 78.
[217] Ranft a. a. O., (1746) S. 238.

quartiere beziehn und diese so einrichten, daß man gegen
feindliche Angriffe gesichert sei, erging jetzt an ihn aus Paris
der Befehl, er solle seine Operationen in Flandern fort-
setzen: auch alle Generale, welche der Marschall beurlaubt
hatte, wurden angewiesen, sich sofort zur Armee zurückzube-
geben. Indessen dauerte die Ungunst, in die Moritz zu ver-
fallen schien, nicht lange, denn schon am 18. November konnte
Graf Loß wieder melden: „Maurice triomphe de ses ennemis." Auch der Minister d'Argenson suchte sich in einem
etwas spätern Briefe (29. Januar 1746) mit dem Grafen
von Sachsen wieder zu versöhnen, indem er die Hoffnung
aussprach, daß die Gerüchte und „discours extravagants"
über die zwischen ihnen entstandenen Mißhelligkeiten keinen
Eindruck auf ihn gemacht haben würden[218]. Nachdem Moritz, um seine Bereitwilligkeit, den Befehlen des Königs nachzukommen, zu bethätigen, noch Ath (8. October) eingenom-
men, ging er nach Gent, wo er die nächste Zeit sein Hauptquartier aufschlug. Zu dieser Zeit begann er auch einen
Briefwechsel mit König Friedrich II., der jedoch kein sehr
lebhafter geworden ist: wenigstens enthalten die Oeuvres de
Frédéric le Grand nur 7 Briefe des Grafen von Sachsen
aus den Jahren 1745 und 1746[219]. Der erste enthält einige
Bemerkungen über den Vortheil leichter Truppen, den zweiten
vom December 1745 hätten wir lieber ungeschrieben gesehn:
Moritz beglückwünscht darin den König zu seinem Siege über
die Sachsen bei Kesselsdorf am 15. December 1745[220], das Gefühl aber, daß es doch einem Sachsen nicht gezieme, bei dieser
Gelegenheit seine Bewunderung auszusprechen, dictirte ihm
die Worte: „Je n'ai pas pu m'empêcher comme Saxon,
de compatir au sort qu'a éprouvé la Saxe: mais mon admiration pour tout ce qui s'y est passé, n'en est pas
moins au-dessus de l'expression," und am Schlusse:

---

[218] Lettres et mémoires, II. 53.
[219] t. XVII. p. 301 fl.
[220] Oeuvres etc., I. 308. Lettres et mémoires etc., I. 306.

„recevez avec bonté, Sire, cet hommage qui ne peut être soupçonné de flatterie et que l'admiration du sublime m'arrache malgré l'amertume, qu'un si grand événement a dû naturellement répandre dans mon âme."

In Gent faßte Moritz in aller Stille den Plan, Brüssel zu erobern: es lag in der Mitte der feindlichen Winterquartiere und es galt daher, um eine Ueberraschung zu ermöglichen, die Feinde zu täuschen [221]. Moritz ertheilte daher der Mehrzahl der Obersten Urlaub, entließ auch, wie Graf Loß meldete, die Generalleutnants Caila und Löwendal, von denen man wußte, daß er ohne sie gewiß nichts unternehmen werde, nach Versailles, wo sie den heiligen Geist=Orden empfangen sollten. Während ihn seine Gegner bloß mit der Sorge für Herstellung seiner Gesundheit und mit Hahnenkämpfen [222] beschäftigt glaubten, rückte er am 28. Januar 1746 von Gent aus: an demselben Tage schrieb er an den Commandanten von Brüssel [223], den Grafen von Kauniz, die Bewegungen der französischen Armee könnten ihn vielleicht veranlassen, die Vorstädte niederzubrennen, er wünsche aber der Stadt diesen Nachtheil zu ersparen und bitte ihn, es zu unterlassen: die Häuser würden bei einer Belagerung den Belagerern keinen Vortheil gewähren und den Belagerten von Nachtheil sein nur bei einer Ueberrumpelung, gegen die sie sich durch andere Mittel schützen könnten: Graf Kauniz solle sich erinnern, daß er, Moritz, in der vorletzten Campagne, als die Alliirten vor Lille gelegen, ebenfalls dem Commandanten befohlen habe, die Vorstädte nicht niederzubren=

---

[221] In den Lettres de Mad. la Marquise de Pompadour, Londres 1772, wird I. 35 ein Witzwort Moritz's aus dieser Zeit erzählt: man behauptete, der Herzog von Cumberland habe gesagt, er werde 1745 in Paris sein oder seine Stiefeln aufessen. Moritz sagte, er sei ein „gascon, qui n'avait jamais tenu parole: il n'est pas venu à Paris, il n'a pas mangé ses bottes et nous l'attendons."

[222] Espagnac, II. 82.

[223] Lettres et mémoires, II. 48.

nen. Moritz folgte aber seinem Schreiben auf dem Fuße:
so geheim war sein Plan gehalten worden, daß man erst
8 Stunden, ehe er vor Brüssel stand, dort von seinem An=
rücken Kenntniß erlangte: ein Kriegsrath berieth noch über
des Marschalls Brief, als seine Truppen die Vorstädte, um
die es sich handelte, bereits besetzt hatten: er erlangte den
Vortheil, daß er Unterkommen für seine Truppen fand, die
keine Zelte mit sich geführt hatten. Nachdem am 3. Februar
1745 das schwere Geschütz nachgekommen, konnte man zum
ernsten Angriff verschreiten. Moritz nahm sein Quartier in
einem kleinen, durch einen Wassergraben geschützten, alten
Schlosse mit vier Thürmen unweit Brüssel, das später, im
Jahre 1782, dem Prinzen Albert von Sachsen=Teschen und
seiner Gemahlin, Marie Christine, zur Wohnung diente [224].
Am 11. Februar 1746 richtete er an den Grafen von Kau=
nitz die Aufforderung, die Stadt zu übergeben: er sagte in
seinem Schreiben [225], so sehr er wünsche die Stadt zu schonen,
werde es ihm doch vielleicht nicht möglich sein, seine Truppen
vom Sturme abzuhalten: es sei unglaublich, wie weit die
Kühnheit der französischen Soldaten gehe: er habe es selbst
mehrmals erlebt, daß eine belagerte Stadt sich, während man
noch über die Capitulationspuncte verhandelt, mit Soldaten
gefüllt habe, ohne daß man gewußt, wie sie hineingekommen,
„ils sont comme les fourmis et trouvent des endroits in-
connus aux autres." Der Brief, obwohl ihn d'Argenson
als ein „chef-d'oeuvre dans son genre" bezeichnete [226],
führte jedoch nicht die unmittelbare Uebergabe der Stadt
herbei: sie erfolgte erst am 20. Februar 1746. Während
Moritz noch beschäftigt war, diese wichtige Eroberung zu ma=
chen, widerfuhr ihm von Paris aus eine schmerzliche Krän=
kung. Sommeri, das Gut eines Edelmannes, der sich nach

---

[224] Wolf, Marie Christine, Erzherzogin von Oestreich, Wien 1863,
I. S. 201.
[225] Lettres et mémoires etc., II. 86.
[226] Lettres et mémoires, II. 100.

demselben nannte, gehörte zu der Herrschaft Chambord: Sommeri erlangte aber hinter dem Rücken des Grafen von Sachsen ein Brevet, nach welchem sein Gut von Chambord abgetrennt und Moritz die Jagd auf den Fluren von Sommeri entzogen ward. Ein Brief, den er deshalb an den Grafen Maurepas richtete [227], zeigt, daß er sich sehr beleidigt fühlte: er versicherte darin, es sei Sommeri gar nicht um die Jagd zu thun, sondern bloß darum, ihn zu ärgern: wenn ihn nicht die Rücksicht gegen Maurepas abhalte, würde er Chambord dem König zurückgeben „avec éclat."

Wir haben gesehn, daß Moritz schon früher für theatralische Vorstellungen gesorgt hatte, jetzt organisirte er eine vollständige Truppe. Charles Simon Favart, der sich im Jahre 1745 mit der schönen Justine Duronceray, ebenso ausgezeichnet als Schauspielerin, wie als Sängerin und Tänzerin, vermählt hatte [228], erhielt von dem Marschall „le privilége exclusif de sa comoedie." In dem Schreiben, das er deshalb an Favart richtete [229], sagt er: „ne croyez pas, que je la regarde comme un simple objet d'amusement; elle entre dans mes vues politiques et dans le plan de mes opérations militaires." Favart sammelte nun eine Truppe und begab sich nach Brüssel: zur Reise schenkte ihm Moritz ein Paar schöne Pferde. Favart's Truppe fand viel Beifall und einer der Zwecke Moritz's [230], die Offiziere durch den Besuch des Theaters vom Spiel und anderen Excessen abzuhalten, ward erreicht.

Im Zeughause zu Brüssel hatte man außer andern Trophäen auch die Oriflamme Franz I. gefunden und Moritz erhielt die Aufforderung, sie selbst nach Paris zu

---

[227] Lettres et mémoires etc., II. 93.
[228] Mémoires et correspondances de Favart. Paris 1808. I. p. XIX.
[229] Mémoires etc. de Favart, I. p. XXII.
[230] Mémoires etc. de Favart, I. p. XXIV.

bringen ²³¹. Seine Reise dahin glich einem Triumphzuge: überall ward er feierlich empfangen: als in Peronne die Douaniers seinen Wagen visitiren wollten, stürzte der Oberbeamte mit den Worten herbei: „Que faitez vous, canaille, les lauriers sont-ils contrebande?" ²³² Am 12. März 1746 traf er in Paris ein mit 3 Postchaisen, unter Vorritt von vier Dienern: eine Menge Menschen hatten sich bereits, um ihn zu empfangen, vor seinem Hotel versammelt. Dort fand er einen Brief des Königs vor, worin dieser ihm eröffnete, daß er ihm außer den entrées du Louvre, die ihm das Decret vom 6. Juni 1745 ertheilt hatte, die „grandes entrées" verliehn habe, „honneur," wie Graf Loß meldete, „dont le seul maréchal de Noailles avoit joui jusqu' ici privativement et à l'exclusion des Princes du sang et de tout autre courtisan." Am 13. März 1746 begab er sich nach Versailles und ward dort vom König und der königlichen Familie mit der größten Auszeichnung empfangen: man befolgte bei Hofe gegen ihn dieselbe Etiquette, die einst Ludwig XIV. gegen Turenne und Villars beobachtet hatte. Er arbeitete täglich mehrere Stunden allein mit dem König, eingeschlossen in dessen Cabinet: öfters soupirte er auch bei der Pompadour, die sich ihm sehr gewogen zeigte. Natürlich folgte der ganze Hof diesem Beispiele und auch Belle-Isle mußte sich vor ihm beugen. Wenn er, nach Paris zurückgekehrt, sich auf den Straßen zeigte, lief ihm das Volk mit Vivatrufen nach. Am 18. März erschien er im Theater: man klatschte ihm unausgesetzt Beifall zu, und eine junge Sängerin, de Maix, welche in der Oper Armida den Ruhm darstellte, trat an seine Loge und überreichte ihm einen Lorbeerkranz: er lehnte ihn zuerst bescheiden ab, nahm ihn aber dann auf Zureden der Prinzessin von Roche-sür-Yon an: ein ungeheurer Beifallssturm folgte. Tags darauf sendete er der

---

²³¹ Lettres et mémoires, II. p. 157.
²³² Lettres et mémoires, I. p. XXX.

Sängerin als Zeichen seines Dankes ein fürstliches Geschenk, ein Paar Ohrringe im Werthe von 10000 livres. Sein Befinden war damals, wie Graf Loß versichert, ganz gut, doch bedurfte er noch der Ruhe: diese wenigstens auf kurze Zeit zu finden, ging er am 1. April nach Chambord, das nun auf Kosten des Königs vollständig hergestellt worden war [233]. Er kehrte aber schon nach einigen Tagen wieder nach Paris zurück, um dem sächsischen Gesandten bei den Verhandlungen über einen Allianz- und Subsidienvertrag zwischen Sachsen und Frankreich rathend und unterstützend zur Seite zu stehn, der denn auch am 21. April 1746 abgeschlossen ward.

Am 15. April 1746 reiste Moritz von Paris wieder zur Armee: einige Tage später sendete ihm der König ein Naturalisationsdecret (26. April) nach [234]. Die Armee ward bei Brüssel zusammengezogen und rückte, nachdem Ludwig XV. bei ihr am 4. Mai eingetroffen, vor Antwerpen; nur in der Citadelle befand sich eine Besatzung, welche nach einer kurzen Belagerung sich ergab. Der König hielt am 4. Juni 1746 seinen Einzug und kehrte dann nach Versailles zurück [235].

Bald nach der Abreise des Königs traf der Prinz von Conti, der bis dahin am Rhein commandirt hatte, mit seinem Corps ein; er führte ein selbstständiges Commando, was denn sehr bald zu Reibungen führte. Graf Loß meldete (6. Juli 1746), Moritz sei sehr unzufrieden, daß man ihn in Unthätigkeit zurückhalte: dies beabsichtige der Prinz Conti, um ihm die Gelegenheit zu benehmen, sich neue Lorbeern zu erringen: Conti, der eine bedeutende Partei hinter sich habe, versuche „toutes sortes de niches" gegen ihn: der König habe daher die Absicht gehegt, selbst wieder zur Armee zu gehn, allein die Pompadour habe ihn davon zurückgehalten. Moritz beklagte sich ferner in einem Briefe vom 28. Juli 1746 [236], daß die

---

[233] Mémoires du Duc de Luynes, VII. 271.
[234] Abgedruckt in der Histoire de Maurice etc., II. 162.
[235] Espagnac, II. 116. 117.
[236] Lettres et mémoires, II. 366.

Generale ihre Pflicht nicht erfüllten, insbesondere Plünderungen nicht verhüteten und ihn davon nicht benachrichtigten: er fuhr fort: „je leur ai dit tout net, que je n'en étais pas content et que ce n'était pas ainsi, qu'on servoit le Roi." Er ließ auch 5 Offiziere arretiren, welche ein Dorf plündern laffen. Einen andern Beweis seiner Strenge meldet Favart in einem Briefe vom 15. Juli 1746[237], nach dem 100 französische Husaren, welche nächtliche Plünderungen verübt, gehangen werden sollten: hierin finden wir genügende Gegenbeweise gegen die Behauptung des Herzogs von Luynes[238], der aus dieser Zeit anführt, daß man die Beliebtheit des Marschalls bei der Armee mit dem Umstande zuschreibe, daß er keine strenge Disciplin halte: er gebe zwar Befehle, sorge aber nicht für deren Ausführung. Mangelhaft mochte diese, wie Moritz in seinem Briefe vom 28. Juli 1746 beklagt, allerdings wohl oft sein, da die vornehmen Franzosen, welche die höchsten Stellen unter ihm bekleideten, sich nur mit Widerstreben dem Ausländer, der sich seine Ebenbürtigkeit und hohe Stellung mit dem Schwerte errungen hatte, fügten: Moritz erwiederte aber auch dieses Gefühl aufrichtig, und verhehlte es nicht, daß er auf die Franzosen nicht viel halte[239]: wie er über die französischen Generale dachte, bezeichnet eine seiner Aeußerungen sehr characteristisch: als ihm ein General einst den Vorschlag machte, er möge einen Posten angreifen laffen und hinzusetzte, es könne höchstens ein Dutzend Mann kosten, sagte der Marschall, der den Angriff als ganz nutzlos erkannte: „Passe, si c'était une douzaine de Lieutenants-généraux"[240]: darauf kehrte er ihm den Rücken.

Aus einem fernern Briefe Moritz's vom 31. Juli 1746[241] ersehn wir, wie weit die Spaltung zwischen ihm und dem

---

[237] Mémoires et correspondances, I. p. XXXIII.
[238] Mémoires, VIII. 3.
[239] Souvenirs du Marquis de Valfons, p. 183.
[240] Lettres et mémoires, I. p. XLI.
[241] Lettres et mémoires, II. 379.

Prinzen Conti ging: er führt darin an, daß der Prinz dem General d'Estrées befohlen habe, nicht ohne seinen ausdrücklichen Befehl zu handeln: hiernach werde Estrées, ihm, wenn er, was jeden Augenblick möglich sei, angegriffen werde, nicht beistehn können, wenn er nicht zuvor den Befehl des Prinzen erhalten habe: Moritz setzte hinzu: „je suis trop bon serviteur du Roy pour rendre à Mr. le Prince de Conti ce qu'il me fait, je veux cependant lui en faire la peur, en le menacant de m'en retourner au camp de Louvain." Die Armeecorps, welche der Graf von Sachsen und der Prinz Conti commandirten, standen damals nebeneinander dem Feinde gegenüber, Moritz in einer sehr günstigen Position bei Gemblours (wie Graf Loß am 31. Juli schrieb), und Conti wäre, wenn der Marschall sich zurückgezogen hätte, sehr gefährdet gewesen. Lange konnte natürlich ein solches Verhältniß nicht dauern, die Differenzen erreichten ihren Culminationspunct, als Moritz und Conti jeder einen Operationsplan einreichten. Der König mußte sich nun entschließen und entschied sich, wie Graf Loß am 14. August meldete, für den Moritz's. Der Prinz von Conti reiste aber hierauf sofort nach Paris und verlangte das Obercommando, das ihm als Prinzen von Geblüt zukomme. Als dieses Gesuch zurückgewiesen ward, erklärte er, daß er sein Commando niederlege, was beim Publicum und der Armee mit großer Befriedigung aufgenommen ward. Der König entschädigte den Prinzen durch die Ernennung zum „généralissime des armées." Graf Loß bemerkt hierbei: „ainsi le principe, qu'un Prince du sang, qui a des lettres de commandement et qui a commandé des armées en chef, est autorisé par sa qualité de Prince du sang, de prendre le commandement sur un maréchal de France suivant l'ancien usage, est reconnu." Loß versicherte zugleich, der König habe diese Würde dem Prinzen nur verliehn, „pour se delivrer des importunités du Prince," allein der Zweck der Cabale sei, „de saper par là l'autorité du Maréchal de Saxe et de lui donner du degout." Inzwischen kehrte der Prinz von Conti nicht zur Armee zurück und das Commando ward dem Grafen von Sachsen nun wieder allein zu Theil. Er mußte sich des ihm vom Könige geschenkten Vertrauens würdig zu zeigen. Nachdem Mons (10. Juli) und Charleroi (2. August) gefallen, belagerte Moritz zu Anfang des September 1746 Namur. Obwohl wieder sehr leidend, war er doch jeden Tag von früh 7 Uhr bis zum Abend zu Pferde. Die Marquise von Pompadour schrieb ihm damals: „les petites ames diroient, moins de gloire et plus de santé, mais la votre n'est pas de ce nombre"[242]. Am 19. September 1746 ward die Stadt Namur, am 30. die Citadelle übergeben[243]. Moritz theilte dies dem Könige von Preußen in einem Briefe mit, in dem er u. a. sagte: „Les Français sont ce qu'ils étaient du temps de César et tels qu'ils les a dépeints, braves à l'excès, mais inconstants, fermes à se faire tuer dans un poste, lorsque la première étourderie est passée." Die Niederländer, durch die Eroberung von Namur erschreckt, baten jetzt Oestreich dringend um Hülfe: der Prinz Karl von Lothringen rückte hierauf mit 50000 Mann herbei. Moritz beschloß, die vereinigte Armee durch eine Schlacht zu vernichten. Am Tage vorher ließ er seinen Theaterdirector Favart zu sich rufen und sagte ihm, er werde am nächsten Tage eine Schlacht liefern, Niemand wisse es bis jetzt, er solle es aber am Schlusse des Stückes durch einige Verse ankündigen: dies geschah, Favart fügte dem Stück ein Couplet bei, in dem es u. a. hieß:

> Demain bataille, jour de gloire,
> Que dans les fastes de l'histoire,
> Triomphe encore le nom Français,
> Digne d'éternelle mémoire!

Diese Verse erregten großes Staunen, man glaubte, es sei eine kühne Erfindung Favart's, Alles stürzte in die Loge

---

[242] Lettres de Mad. la Marquise de Pompadour, III. 4.
[243] Espagnac, II. 148. 149.

des Marschalls, als er aber die Nachricht bestätigte, erschallte das Haus von dem Jubelrufe „demain bataille"²⁴⁴. Es war der glänzende Sieg bei Raucoux am 11. October 1746, den der Marschall hatte verkünden lassen. Valfons, der als Adjutant in seiner unmittelbaren Nähe war, erzählt²⁴⁵, daß, als Moritz sich nach Beginn des Kampfes durch seine zahlreiche Umgebung behindert sah, ihm eine geheime Mittheilung zu machen, in die Worte ausbrach: „Je voudrois, qu'on nous tirât quelques volées de canons, je ne serai pas si environné et nous parlerions plus librement." Der Wunsch ging bald darauf in Erfüllung und der Marschall sagte ironisch: „il me semble que les visages s'allongent." Graf Loß bemerkte über die Schlacht in einer Depesche, man gebe dem Prinzen Karl von Lothringen Schuld, daß er dasselbe Manövre wie bei Kesselsdorf wiederholt habe, „s'étant retiré à Mastricht avec les Autrichiens, sans tirer un coup de fusil et laissant ses alliés proie aux ennemis." Wiefern dieser Vorwurf begründet gewesen, vermögen wir nicht zu beurtheilen. Der Schlachtbericht, den uns Espagnac als Augenzeuge liefert²⁴⁶, gedenkt allerdings hauptsächlich der Kämpfe mit den Engländern, Holländern und Hessen. Man machte aber auch Moritz einen Vorwurf, daß er den Sieg nicht zur völligen Vernichtung seiner Gegner benutzt habe: nach der Versicherung des Grafen Loß sprach Moritz gegen den König seine Unzufriedenheit mit einigen Generalen aus, die seine Befehle nicht gehörig befolgt hätten: wäre dies geschehen, so

---

²⁴⁴ Mémoires et correspondances de Favart, I. p. XXV.: etwas abweichend erzählen die Sache Espagnac a. a. O., II. S. 162 Note ** und de la Barre Duparcq, S. 93.

²⁴⁵ Souvenirs du Marquis de Valfons, p. 182.

²⁴⁶ a. a. O., II. 153 fl.: er, wie Valfons, waren, wie der Herzog von Luynes (Mémoires VII. 446) sagt, Moritz sehr ergeben. Ueber den Feldzug 1746 existirt auch ein besonderes Werk: Journaux des siéges et de la campagne de 1746 dans les Pays-Bas, avec les plans en taille-douce. Amsterdam 1750.

würde nicht ein Mann entkommen sein, allein der Angriff sei verzögert worden, und insbesondere sei das Corps, welches die Alliirten von der Maas habe abschneiden sollen, nicht zur Stelle gelangt.

Sei dem wie ihm wolle, die Armee betrachtete den Marschall als den Helden des Tages: jedes Regiment, bei dem er nach der Schlacht vorbeikam, begrüßte ihn mit dem Rufe: „Vive le Roi et le maréchal de Saxe" und zeigte ihm die eroberten Fahnen und Kanonen [247].

Moritz selbst schrieb am Tage nach der Schlacht an den Minister Grafen von Brühl eigenhändig:

„Sur le champ de bataille sous Liege le 12 Octobre 1746.

Monsieur

J'ay batus hier Mr. le Pr. Charle a plate couture et si javes eu deux heure plus de jour, il ne se seres rien soves, parseque je le tenes dans l'onconiure (l'encognure) entre le Saar et la Maaze, la n'uy (nuit) nous a pris au bout de deux lieu de poursuite, mon dieu ne la pas voulus. L'ataque de Leubendal (Löwendal), que j'aves detaches a ma droite et que j'atendes depuis dix heures du matin, car jetes (j'étais) au presence des sait (sept) heure la, na commense que trois apres midis, ainsi l'on ne peut conter le commencement de la bataille que de 3 heure apres midi: a 5 tout etet en deroute et a 6 il a falus sareter. Heldreich, que j'envoy au roy, pouras rendre un conte plus détalier a Vostre Excelance.

Mais tout sela n'ait point le suyet de saite l'aitre (lettre), coique je ne conte geure sur lamities de V. E., je prans sependant la liberte de vous demender un service.

J'ay permis lanée passée a la P. de Hollestein de me venir voir, parseque je comtes ne pas vivre longtemps

---

[247] Souvenirs du Marquis de Valfons p. 183.

et que la pitie m'aves pris pour son fils, au quel je
voules faire tomber un de mes regimens; j'aves cependant mis dans mon marche, quelle san retourneroit a
Venise se preintan (printemps) et elle me lavet promis.
J'ay fait avoir a son fils le regiment de roial alleman
et j'ay proposse a Md. sa maire de san retourner a Venise, se quelle ma refuse a plat, et lorsque je l'an ay
presse, elle ma m'ontres les dens. J'ores avalles la so-
tise, que j'ay faite sans dire mot, mais nous somes dans
des sirconstences ou il seret apropos quelle fut a Venise
et non a Paris, car elle ne sauret y vivre dune maniere
convenable, d'alieurs je crein, quelle ne tombe dans le
cas de doner a jouer, se qui entrene a des affrons et ne
feret pas bien, il ny a que de fames perdue, qui tombe
dans se cas.

Vous me direz, Monsieur, que vous ny saves que
faire, mais voissi ce que vous pouves faire, si vous
voulez me rendre un servisse essensiel. La Pr. de Hollestein aitoit a Venise du consentement du Roy, vous
pouvez lui ordoner d'y retourner. Je vous envoy sijoint
un modelle de laitre, que vous pouves luy ecrire et luy
la faire remetre par M. de Los, avec ordre de luy parler
de la part du Roy etc."

Die Prinzessin von Holstein, deren Moritz gedenkt, war
seine Halbschwester, Anna Catharina Gräfin Orzelska, eine
natürliche Tochter Friedrich August I., deren Ehe mit dem
Herzog Carl Ludwig von Holstein=Beck im Jahre 1733 ge=
trennt worden war [248]: sie kam mit ihrem 1732 gebornen
Sohne, Karl Friedrich, zu dem Grafen von Sachsen nach
Frankreich und lebte längere Zeit auf seinem Landgute aux
Pipes und in Chambord. Dem jungen Prinzen verschaffte

---

[248] Behr, Genealogie der in Europa regierenden Fürstenhäuser.
Leipzig 1854 S. 90. Die Mutter der 1709 gebornen Gr. Orzelska war
eine Tänzerin Francaise, später Madame Drian.

er zu Anfang des Jahres 1746 das Regiment Royal Allemand. Die Dame ward ihm aber, wie wir aus seinem Briefe ersehn, lästig, schließlich erklärte sie sich zwar bereit, Frankreich zu verlassen, allein sie weigerte sich, nach Italien zu gehn, indem sie Avignon vorzog, wo sie wohlfeiler leben könne. Graf Brühl sendete nun auf Moritz's Brief und auf ein an ihn gelangtes klagenreiches Schreiben der Herzogin, zwei Schreiben vom 24. December 1746 an sie: daß Eine enthielt den Befehl, daß sie nach Venedig gehn solle, das Andere die Erlaubniß, daß sie in Avignon ihren Aufenthalt nehme: die Wahl, welcher Brief an sie abgegeben werden solle? ward Moritz anheim gestellt: er fügte sich dem Wunsche der Prinzessin und gab das letztere Schreiben an sie ab, worauf sie sich nach Avignon begab.

Auffallend erscheint uns die Aeußerung des Grafen von Sachsen in seinem Briefe an Brühl, daß er nicht auf dessen Freundschaft rechne: die Briefe Brühl's aus jener Zeit, welche uns vorliegen, bieten zu einer solchen Vermuthung keinen Grund, sind wenigstens mit Versicherungen des Gegentheils erfüllt. Man hatte auch in Dresden gerade in dieser Zeit um so mehr Veranlassung, sich Moritz gefällig und dankbar zu erweisen, da man, wie aus den Depeschen des Grafen Loß hervorgeht, den günstigen Abschluß der Verhandlungen über die bevorstehende Vermählung der Prinzessin Josephe mit dem Dauphin wesentlich seiner Unterstützung verdankte. Brühl schickte ihm auch (8. November 1746) ein Memoire mit politischen Entwickelungen, um deren Geltendmachung bei Hofe er bat und in denen u. a. Frankreich vor dem König von Preußen gewarnt ward.

Die Cabalen gegen Moritz am französischen Hofe gingen aber trotz seines abermaligen glänzenden Triumphes immer noch fort und man rieth ihm daher, wie Graf Loß (20. October 1746) schrieb, selbst nach Paris zu gehn: „pour faire cesser les intrigues, que ses ennemis font jouer." Er befolgte diesen Rath und kam am 11. November 1746 Abends in Fontainebleau an. Der König hatte sich zwar schon zurückgezogen, ließ ihn aber sofort zum Souper einladen: auch an den folgenden Tagen nahm er an den kleinen Soupers bei der Pompadour Theil, die ihm die größte Aufmerksamkeit erwies. Der König verlieh ihm das Prädicat „Altesse Serenissime" und schenkte ihm 6 der bei Raucour eroberten Kanonen, welche mit 50 Pferden nach Chambord geführt und dort vor dem Schlosse aufgestellt wurden[249]. Auch andere Huldigungen fehlten nicht: Friedrich II. schrieb ihm einen sehr schmeichelhaften Brief[250] als Antwort auf eine Mittheilung über die Schlacht bei Raucour; als er im Theater in Paris erschien, begrüßte ihn die Schauspielerin Chevalier mit einem Gedicht[251]. Sehr naiv drückte ein Gascogner seine Bewunderung aus, der beim Anblicke der Menge eroberter Fahnen, die man nach Notre Dame trug, in die Worte ausbrach: „Cadédis, ce maréchal me scandalise, il veut donc faire de cette église un garde-meuble de Madame de Hongrie"[252]. Alle diese Gnadenbezeigungen und Huldigungen befriedigten aber Moritz noch nicht, der die Ernennung des Prinzen Conti zum Generalissimus nicht verwinden konnte: zu dem ihm befreundeten Marquis von Valfons sagte er mit Beziehung darauf, „la France est le pays de la fausseté et la reconnaissance des services rendues n'y habite pas toujours." Er maß dabei die Schuld Argenson bei[253]. Auch der Herzog von Luynes erzählt[254], daß, als Jemand Moritz etwas Schmeichelhaftes sagte, über die Auszeichnung, mit der ihn der König in Fontainebleau empfangen, ihn dies sehr wenig zu be-

---

[249] Ranft, Leben und Thaten des Grafen Löwenbal ꝛc. nebst einer Fortsetzung der ꝛc. Lebensgeschichte des ꝛc. Grafen v. Sachsen. Leipzig 1849 S. 446.
[250] Mémoires du Duc de Luynes, VIII. 15. 70.
[251] Ranft a. a. O., S. 446.
[252] Mémoires du Duc de Luynes, VIII. 15.
[253] Souvenirs etc., p. 201.
[254] Mémoires VIII. 26.

rühren schien. Er äußerte zu dieser Zeit zu einem Vertrauten des Herzogs, aus dessen Munde dieser es wieder erfuhr: „der König spricht mit mir, das ist wahr, aber er spricht nicht mehr mit mir, als mit Assematte (einem Beamten der Hofjägerei). Wäre ich noch in derselben Lage wie vor 7 oder 8 Jahren, das heißt ein gewöhnlicher Hofcavalier, so würde ich keine Ursache haben, mich zu beklagen: aber wenn ich von mir reden soll — wenn man prüfen will, was ich seit der Eroberung von Prag gethan habe, so glaube ich wohl, daß man sagen kann, daß ich den Muth und die Tapferkeit der französischen Truppen wiederbelebt habe, die etwas eingeschlafen waren. Man vergleiche Dettingen und Fontenay, und man wird sehn, ob derselbe Geist in der Armee herrscht: es ist vielleicht um mir zu schmeicheln, daß die Soldaten behaupten, unbesiegbar zu sein, wenn ich an ihrer Spitze stehe, aber die Feinde des Königs fürchten wenigstens, geschlagen zu werden, wenn ich eine Armee ihnen gegenüber commandire. Ich kenne die Achtung, welche man den Prinzen des königlichen Hauses schuldig ist und ich werde sie nie aus den Augen setzen: der König mag sie alle schon in der Wiege zu „généralissimes de ses armées" erklären, ich habe dagegen nichts zu sagen: wenn aber der Prinz von Conti diesen Titel erlangt haben soll als Belohnung seiner Dienste, so glaube ich das Recht zu haben, mich zu beklagen. Im Uebrigen liebe ich den König und ich muß seine Befehle ausführen: wenn er will, daß ich marschieren soll, so muß ich wohl marschieren: aber im Grunde, was habe ich zu hoffen? Ich habe mehr Vermögen als ich brauche, ich habe alle Ehren erlangt, die ich hoffen kann: wenn die Angelegenheiten des Staates sich auf einen gewissen Grad verwickelten, so glaube ich sagen zu können, daß man zu mir seine Zuflucht nehmen werde. Ich wünsche, daß eine solche traurige Lage niemals eintreten möge und daß man mich der Ruhe genießen lasse, welche meine Gesundheit erheischt. Ich kann nur verlieren: ein unglückliches Ereigniß läßt die Lorbeern verwelken."

Solche Aeußerungen führten, als Moritz am 7. December 1746 sich nach Chambord begab, die Besorgniß herbei, er möge sich ganz dahin zurückziehn. Dies zu verhindern, bemühte sich Valfons, seine geheimen Wünsche zu ergründen und beeilte sich, sie, nachdem ihm dies gelungen, dem Minister d'Argenson mitzutheilen [255]: sie gingen dahin, daß ihm dieselbe Stellung angewiesen werden möge, wie sie Türenne innegehabt. Argenson, der wohl erkannte, daß man den Marschall nicht werde entbehren können, verwendete sich nun in Gemeinschaft mit der Pompadour mit Erfolg beim König für die Gewährung jenes Wunsches. Am 10. Januar 1747 theilte der König dem Grafen von Sachsen in Choisy mit, daß er ihm das Patent als „maréchal général de ses camps et armées" ertheilen werde: er sagte dabei: „Vous m'avez aussi bien servi, que Mr. de Turenne avait servi le feu Roi, il était juste, que je vous donnasse le même grade, je souhaite que Vous l'imitiez en tout." Mit diesen letzten Worten deutete der König, wie der Herzog von Luynes bemerkt [256], darauf hin, daß Türenne zur katholischen Kirche übergetreten sei. Am folgenden Tage verkündete Ludwig XV. die Moritz zu Theil gewordene Auszeichnung dem ganzen versammelten Hofe, indem er wiederholte, daß, da der Graf von Sachsen sich ebensoviel Verdienste als dereinst Turenne erworben, es billig sei, daß ihm auch dieselbe Anerkennung zu Theil werde. Moritz erwiederte mit einer tiefen Verbeugung nur die Worte: „qu'il souhaitait de mourir dans le service de Sa M. comme le maréchal de Turenne." Graf Loß, dem wir diese Details verdanken, bemerkt, daß nur die Würde eines Connetable, welche Ludwig XIV. aufgehoben, noch eine höhere Stellung verliehn habe, daß dem Grafen von Sachsen jetzt der Vorrang vor allen Marschällen und das Recht des Obercommando's auch vor den Prinzen von Ge-

---

[255] Souvenirs etc., p. 203.
[256] Mémoires etc., VIII. 83 Note 1.

blüt zukomme: er versichert zugleich, daß Alle, ausgenommen der Prinz von Conti und dessen Mutter, die neue Auszeichnung Moritz's mit Freuden begrüßt hätten.

Das Patent ward unter dem 12. Januar 1747 ausgestellt [257]: mit der neuen Würde war zugleich eine jährliche Zulage von 30000 livres verbunden [258]. Im Louvre stellte man sein Bild auf [259], mit der Unterschrift:

> „Rome eut en Fabius un guerrier politique:
> Dans Hannibal Carthage eut un chef héroïque,
> La France, plus heureuse a dans ce fier Saxon,
> La tête du premier et le bras du second."

Im Februar 1747 gelangte die Nachricht nach Paris, daß der Herzog von Cumberland im Haag angekommen sei und die feindliche Armee sich in Bewegung zu setzen scheine, Moritz wollte deshalb sofort sich nach Flandern begeben, allein Ludwig XV. wünschte, daß er die sächsische Prinzessin Josephe, deren Ankunft bevorstand, mit empfangen möge. Er reiste ihr daher bis Nangis entgegen, wo er mit ihr am 8. Februar zusammentraf. Er blieb ihr treuer Gefährte in den ersten schweren Tagen, die der erst 15jährigen Prinzeß [260] bei ihrem Eintritt in die ihr ganz fremden Umgebungen bevorstanden. In einem Briefe aus Versailles vom 12. Februar 1747 an ihren Vater Friedrich August II. schrieb er: „Je n'aures pas de peine a dire des verites agreables a Votre Majeste sur le comte de Madame la Daufine et la renommée me servira de garan, saite (cette) princesse a reusi ici, l'on ne peut pas mieu, elle ait adorée de tout le monde et la reine l'aime comme ses propres enfans, le Roy en ait anchante et Mr. de Dauffein l'aime avec passion: elle s'nit demellée de tout sesi avec toute l'adresse imaginable, je n'ay scu que l'admirer. A 15 ans, il ny

---

[257] Histoire de Maurice etc., II. 196.
[258] Lettres et mémoires etc., IV. 149.
[259] Ranft a. a. O., S. 451.
[260] Sie war geboren am 4. November 1731.

a plus d'enfan dans ce monde ici, a se que l'on dit et en
verite elle ma etone. Votre Majeste ne sauroit croire
avec quelle noblesse, quelle presence d'esprit, Mad. la
Doffine sait conduit, et Mr. le Daufein paresset un eco-
lier aupres d'elle, oqune (aucune) feblesse ny enfanterye,
na paru dans oqune de ses axions, mais une fermete
noble et tranquile a acompagne toute ses axions et certe
il y a des momens, ou il faut toute lassurance d'une personne formée, pour soutenir avec dignite ce rolle: il y en
a un entre otre, qui ait seluy du lit, ou lon ouvre les
ridaux, lo'rsque l'epou et l'epousse ont ete mis au lit
nupsial, qui ait terrible, car toute la cour ait dans la
chambre et le Roy me dit pour rassurer Madame la Daufine, de me tenir aupres d'elle. Elle soutein sela avec
une tranquilite, qui m'etones. Mr. le Daufein se mit la
couverture sur le visage, mais ma preinscsse ne sesa
(cessa) de me parler avec une liberte desprit charmant,
ne fesant non plus datension (d'attention) a se peuple de
cour, comme sil ny avet eu personne dans la chambre.
Je lui dis en l'aprochen, que le Roy mavet ordone de m'a-
procher d'elle, pour rasurer sa contenance et que sela
ne dureret qun petit moman: elle me dit, que je luy
feres plesir et je ne la quites et ne luy souhetes la bonne
nuit, que lorsque ses femes ont referme les ridau et que
la foulle ne fut sortye. Tout le monde sortit avec une
espesse de douleur, car se lavet l'air dun sacrifisse et
elle a trouve le moien deinteresser tout le monde pour
elle. Votre Majeste rira petaitre de se que je luy dis
la, mais la benedixion du lit, les pretres, les bougye,
saitte pompe brillant, la baute, la jeunesse de saite preincesse, enfein le desir, que l'on a, quelle soit heureusse,
toute cais chosse ensamble einspire plus de pensee, que
de ris. Il y avet dans la chambre tout les preinses et
preincesse, qui compose saite cour, le Roy, la Raine,
plus de cent fames couverte de piererye et d'abis (habits)

brillan, sait (c'est) un coudeuil (coup d'oeil) unique et je le repete, rien na plus l'air d'un sacrifisse etc. Avanthier je fus au souper ou Mad. la Daufine ne menga poin, Mr. le Daufein me dit, quelle n'avoit pas diner et hier elle na pas manger de tout o diner. Sait la grande fatige qui en et cosse et j'ay dit au Roy, que si on ne luy proquret pas du repos, elle tomberet malade. Effectivement je ne sais coment elle a pu y resister: j'en suis sur les dens de lavoir suivis: il fait une chaleur partout dans les apartemans, quil y a de coy en mourir par la grande cantites de monde et de bougye le soir: avec sela ses abis ont ete dun poy (poids), que je ne sais comme elle a peu les porter. Se quil y a de plus fatigant encore, se sont toute les presantations, qui ne finisse pas et elle veut retenir tout les nom, se qui fait un travail d'esprit terible, sansaise (sans cesse) oqupee dalieur (d'ailleurs) de plaire et d'attention, sela fait un labeur si considerable, que je ne sais pas comme elle y resiste. Le Roy me fit prendre lautre jour sa juppe qui etet sur un canapet, pandant que Madame la Daufine etoit a sa toilete, elle peset bien 60 livres, il ny a oqune de nos quirasse, qui en pese autant, je ne sais pas, comme elle a pu tenir huit ou neuf heure sur ses pies avec ce poit enorme."

Auf einem Maskenballe bei Hofe entschloß Moritz sich sogar, einer Aufforderung der Dauphine, mit ihr zu tanzen, zu folgen; als man sie hierauf fragte „comment elle avait trouvé la danse du maréchal?" antwortete sie ganz naiv: „il est vrai, qu'il n'est pas danseur, mais en échange il est bon soldat," auf einem Balle allerdings ein zweifelhaftes Lob! Wie aber die Dauphine dem Grafen von Sachsen, als einem väterlichen Freunde, vertrauensvoll entgegenkam, so fand er auch bald Gelegenheit, sich als solcher durch Rath und That zu bewähren, als sie, wie Graf Loß im März 1747 meldete, mit vielen „petites tracasseries de cour" zu kämpfen hatte. Derselbe Gewährsmann erzählt uns auch, daß er am 5. März mit dem Marschall beim Herzog von Richelieu gespeist und daß diese Gelegenheit benutzt worden sei, um den „réflexions solides" (das politische Memoire, welches Graf Brühl, wie wir schon erwähnten, gesendet hatte) bei ihrem Wirthe Eingang zu verschaffen. Am 22. März besuchte der Graf von Sachsen noch ein Hoffest in Versailles, bei dem eine kleine Oper Mondonville gegeben ward, in der die Pompadour die Erigone sang. Der Herzog von Luynes bat ihn, er möge einem jungen Manne, dessen Familie Moritz bekannt war, eine Compagnie verschaffen, erhielt aber die Antwort von Moritz: „quand je la demanderais, je ne l'obtiendrois pas: je n'ai que le droit de faire tuer des hommes et non pas de les faire recompenser. Tous les jours on me présente des officiers de l'état-major, qu'on a nommés sans me consulter, je crois qu'il y en a bien près de 40 actuellement." Am 23. März beurlaubte sich Moritz beim König „avec son uniforme bleu, brodé d'or sur toutes les tailles et de petites manches," wie der Herzog von Luynes es beschreibt [261] und verließ sodann am 27. März Paris: am 31. traf er in Brüssel ein. Favart, sein Theaterdirector, folgte ihm, allein er brachte diesmal seine Gemahlin nicht mit sich: diesen Magnet, der Moritz sehr angezogen hatte, vermißte er schmerzlich, und da die Dame sich überhaupt seinen Huldigungen entzog, so verlor auch ihr Mann seine Gunst. Als Favart in Brüssel von den Eigenthümern des Theaters wegen rückständigen Miethzinses in Anspruch genommen ward, gewährte ihm daher der Marschall nicht die erwartete Unterstützung und Favart mußte nach Frankreich zurückkehren [262]. Moritz behielt aber die schöne Frau fortwährend im Auge und wir werden ihr noch später einmal begegnen.

---

[261] Mémoires VIII. 147. 161. 171.

[262] Mémoires et correspondance de Favart, I. p. XXXIX. fl.

Der Marschall richtete jetzt seine Aufmerksamkeit zunächst auf das holländische Flandern, das Löwendal, der Marquis Contades und Marquis von Montmorin mit ihren Corps iu Monatsfrist (15. April — 16. Mai) eroberten. Wie Graf Loß im Mai 1747 meldet, hatte Moritz durch seine Spione erfahren, daß der Herzog von Cumberland einen Schlag gegen Antwerpen beabsichtige, allein da er dieses wohl versehn wußte, betrachtete er dieses Unternehmen als etwas Gleichgültiges und ließ sich dadurch nicht bewegen, vor der erwarteten Ankunft Ludwig XV. eine Schlacht zu wagen.

Am 31. Mai traf König Ludwig XV. in Brüssel ein, in der bestimmten Hoffnung, Zeuge eines ebenso glorreichen Tages wie bei Fontenay zu werden. Moritz hatte natürlich vielfache Besprechungen mit ihm, deren Inhalt, so weit sie specielles Interesse für Sachsen haben konnten, er dem Grafen Loß mittheilte. Einer seiner Briefe (aus Brüssel vom 17. Juni 1747) ist auf einen zerrissenen Bogen geschrieben: er entschuldigt dies mit den Worten: „Bardons, si la feuille ait dechiree, jay ecrit suite suite sur le papier dun autre, sela vous feras juger de mon etourderye mais je suis si presse, etant oblige de retourner a mon cartier general qui ait a Malinne."

Die Ereignisse drängten zu einer Schlacht, den dritten Act in der blutigen Trilogie, wie de la Barre Duparcq es sehr richtig bezeichnet, welche Moritz's Namen unsterblich gemacht hat: die Schlacht bei Laffeld (oder Lawfeld) ward am 2. Juli 1747 geschlagen. Am 30. Juni war der König aufgebrochen, um sich nach Tirlemont zu begeben, allein eine Botschaft des Marschalls veranlaßte ihn, seinen Weg am 1. Juli nach Tongern zu nehmen: er traf bei den Dörfern Herderen und Remse die Armee in Schlachtordnung. Moritz hatte durch den Marquis von Valfons die Stellung der feindlichen Armee recognosciren lassen und beauftragte diesen

---

[263] Espagnac, II. 166 fl. de la Barre Duparcq, p. 96. 97.

dann, die Befehle des Königs einzuholen, der sich für den
Angriff entschied. Der Marschall blieb mit dem König die
Nacht in einem Hause in Herderen. Früh um 4 Uhr waren
Beide zu Pferde: die wichtigste Position war das Dorf Laf=
feld, besetzt von 10000 Engländern und Hannoveranern mit
50 Kanonen. Der Marquis von Valfons [264] und die Depeschen des Grafen von Loß liefern uns einige Einzelnheiten,
die wir in den andern ausführlichen Schlachtbeschreibungen [265]
nicht finden und die wir daher wiedergeben wollen. Als der
erste Angriff der Franzosen unter dem Grafen Clermont auf
Laffeld abgeschlagen ward, sagte Moritz zu Valfons: „Eh
bien, qu'en penses tu de ceci? nous débutons mal, les
ennemis tiennent bon: Monsieur le maréchal," war die
Antwort, „Vous étiez mourant à Fontenoy, vous les avez
battus, convalescent à Raucoux ils ont été vaincus: Vous
vous portez trop bien aujourdhui, pour ne pas les écra-
ser. J'en accepte l'augure," erwiederte Moritz. Allein
auch der zweite Angriff mißlang. Der Marschall war über=
all, wo das Feuer am heftigsten war und gab seine Befehle,
wie Graf Loß schrieb, „avec cette contenance qui lui est si
naturelle et qu'il garde dans les plus grands perils."
Valfons stand ihm treu zur Seite und trug durch den Kugel-
regen seine Befehle zu den Commandanten der Regimenter:
nachdem ihm mehrere Pferde unter dem Leibe erschossen worden, kehrte er auf einem kleinen schlechten Gaule, den er sich
verschafft hatte, zurück. Moritz empfing ihn mit den Worten: „Quoi! encore un cheval? mais ces gens-la te font
faire ton academie": zugleich ließ er ihm eines seiner besten
Pferde, l'Africain, ein spanisches Roß von großem Werthe,
zuführen, das Valfons, trotz seiner Weigerung, als Geschenk
annehmen und sofort besteigen mußte. Zum dritten Angriff auf
Laffeld sammelte Moritz selbst die zerstreuten Truppen wieder

---

[264] Souvenirs etc., p. 205 fl.
[265] Espagnac, II. 190 fl. Lettres et mémoires, IV. 166. 291. 295.

und führte sie bis 20 Schritte vor das Dorf: hier zeigte er dem Grafen Guerchy, der neben ihm einen Schuß durch die Hand erhielt, die Stelle, wo er eindringen solle. Diesmal gelang der Angriff und der Sieg war entschieden. Valfons erzählt noch als einen eigenthümlichen Zug Moritz's, daß, als er gegen das Ende der Schlacht noch einen Angriff der Cavallerie anordnen wollte, er bei der ersten Schwadron, an die er heranritt, an deren Spitze einen sehr blassen und magern Offizier bemerkte. Lächelnd flüsterte er Valfons zu: „Allons-en chercher d'autres, celui-la nous porteroit malheur." Der nächste war ein dicker rothbäckiger Mann: mit den Worten „Ah voila mon affaire" ertheilte er ihm den Befehl zum Angriff. Auch einen Moritz ehrenden Zug der Menschlichkeit und des Abscheues vor unnützem Blutvergießen theilt uns Valfons mit. Ein versprengter feindlicher Offizier jagte in seiner Nähe vorbei. Der Marschall lobte Valfons, daß er nicht auf ihn geschossen habe, als aber gleich darauf ein anderer französischer Offizier, der dies nicht gehört hatte, den Flüchtigen vom Pferde schoß, sprach er diesem lebhaft seine Mißbilligung aus. Ganz dieselben Klagen, welche nach der Schlacht bei Raucour von Freund und Feind erhoben wurden, kehrten auch nach der Schlacht bei Laffeld wieder. Man beschuldigte abermals die Oestreicher, daß sie nicht die erforderliche Thätigkeit gezeigt hätten. Der General Ligonier, welcher gefangen worden, antwortete, wie Graf Loß mittheilt, dem König Ludwig XV. auf dessen Frage: „par quel hazard l'aile droite composée des troupes Autrichiennes n'avait pas donne," im ersten Augenblicke der Ueberraschung, „qu'il étoit vrai, que ces hazards devenoient fréquens." Er berichtigte sich aber sofort, indem er bemerkte, der Befehl des Herzogs von Cumberland zum Vorrücken sei zu spät, erst zu der Zeit, zu welcher der linke Flügel schon das Schlachtfeld verlassen gehabt, an den rechten Flügel angelangt. Aber auch dem Grafen von Sachsen maß man bei, daß er den Sieg nicht gehörig benutzt habe: daß dies nicht ohne Absicht geschehn sei, argwöhnte selbst Valfons [266], indem er sagt: „il me prouva, que ne voulant pas finir la guerre, il ne devait gagner les batailles qu'à démi." An einer andern Stelle fügt er hinzu: „le maréchal étoit comme tous les généraux: trop grand en temps de guerre pour désirer la paix et l'avoir sûrement par des succès trop marqués." Moritz entschuldigte sich nach den Mittheilungen des Grafen Loß aber damit, daß der rechte Flügel der Franzosen nicht zur rechten Zeit angegriffen habe und deshalb der Sieg unvollständig geblieben sei. Der König war aber jedenfalls befriedigt, denn er schrieb noch am Tage der Schlacht dem Dauphin, zur Mittheilung an die Dauphine: „ditez lui, que notre général n'a jamais été si grand, que ce jour, mais de le gronder en le complimentant, de s'être exposé comme un grenadier." Am Abend des Schlachttages kam die ganze Generalität, um den Marschall zu beglückwünschen: er war gerade im Begriffe, sich zum Abendessen niederzusetzen und veranlaßte Valfons, es mit ihm zu theilen, mit den Worten: „tu a trop bien travaillé aujourd'hui pour que je ne partage pas mon repas avec toi." Zu den andern „grands messieurs" sagte er: „Vous en avez un meilleur qui Vous attend chez vous." Damit waren sie entlassen. Die Nacht brachte Valfons im Vorzimmer auf einem Stuhle zu; schon um 4 Uhr Morgens weckte ihn Moritz, nur mit dem Hemde bekleidet: der Marschall zog sich dann wieder in sein Bett zurück und studierte mit Valfons die Landkarte: er war der Ansicht, zur Verfolgung des Feindes ein Corps durch eine Furt in der Maas gehn zu lassen, gab dies aber auf, als Valfons ihm vorstellte, daß es jetzt zu spät sei und das Corps würde vernichtet werden. So Valfons [267]!

Moritz's Gönnerin, die Pompadour, begann um diese Zeit auch wieder mit ihm in Correspondenz zu treten [268]. Sie

---

[266] Souvenirs, p. 217.
[267] Souvenirs, p. 221. 228.
[268] Lettres de Mad. de Pompadour, III. 20. 21.

schrieb ihm u. a.: „On dit, Mr. le maréchal, qu'au milieu des travaux et des fatigues de la guerre, vous trouvez encore du temps pour faire l'amour. Je suis femme et ne vous blame pas, l'amour fait des héros et les rend sages." Auf welches Liebesverhältniß die Briefstellerin hier anspielt, ersehn wir nicht, jedenfalls aber bewährte sich, wie die Folge lehren wird, die Richtigkeit ihrer letzten Worte nicht bei Dem, an den sie gerichtet waren. In einem andern Briefe heißt es: „Mr. de Brissac, qui étoit à la dernière action et qui m'en rapportait les particularités, dit, Je soupai avec Saxe la veille de la bataille. Ici je l'arrêtai tout court et lui fis observer, que par respect pour votre titre de général, il devroit au moins dire Monsieur de Saxe. Eh morbleu, Madame reprit-il vivement, est-ce qu'on dit Monsieur César, Monsieur Alexandre? Cette saillie gasconne est un mot sublime et vaut seule le plus grand éloge. Il ne vous manque, Mr. le maréchal, qu'un peu de santé, pour être l'homme le plus heureux de la terre, puisque vous êtez le plus grand: les héros ne devroient jamais être malades."

In einem ausführlicheren Memoire [269] eröffnete Moritz jetzt Vorschläge über die weiteren Operationen: er sagte darin u. a. „à la guerre il faut souvent agir par inspiration: si l'on était toujours obligé de rendre compte pourquoi l'on prend plutôt un parti qu'un autre, l'on serait souvent contredit; les circonstances se sentent mieux qu'elles ne s'expliquent et si la guerre tient de l'inspiration, il ne faut pas troubler le devin." Er erwähnte auch die Belagerung von Bergen op Zoom, welche beschlossen und Löwendal übertragen ward. Eines der östreichischen Corps, welche dies Unternehmen zu hindern suchten, befehligte der Prinz von Sachsen-Hildburghausen [270]. Moritz sah sich also genöthigt,

---

[269] Lettres et mémoires, IV. 163 fl.
[270] Espagnac a. a. O., II. 205. 209.

seine Waffen gegen einen Prinzen des Hauses Sachsen zu richten, was ihm sehr schmerzlich war, zumal er den Prinzen nicht nur als einen tapfern Kriegsmann schätzte, sondern auch mit lebhaftem Interesse dessen romantische Abentheuer in Italien verfolgt hatte. Eines derselben, das, so viel uns bekannt, noch nicht zur Oeffentlichkeit gelangt ist, wollen wir hier beiläufig erzählen.

Der Prinz (geb. 5. October 1702) stand im Jahre 1722 in Neapel als Offizier bei dem kaiserlichen Regiment von Seckendorf. An einem Novembertage ging er mit mehreren andern Offizieren bei Capua auf die Jagd. Sein Eifer bei Verfolgung eines Wildes führte ihn von seinen Gefährten ab, über Felsen und durch Gestrüpp kletternd, verirrte er sich und fand sich nach mehrstündigem vergeblichen Bemühen, einen Weg zu entdecken, sehr ermüdet in einer ihm gänzlich unbekannten wilden Gegend wieder: eine aus einer Schlucht aufsteigende Rauchsäule ließ ihn hoffen, dort Menschen zu finden: er eilte in der Richtung weiter und bemerkte eine Hütte. Sie war verschlossen, sein Rufen und Klopfen bereitete ihm aber keinen gastlichen Empfang: ein langbärtiger, in Lumpen gehüllter Riese trat, mit einer Flinte bewaffnet, aus der Thür, dem Prinzen mit barschen Worten zurufend, er möge sich sofort entfernen. Der Prinz nannte seinen Namen, fragte nach dem Wege, den er einzuschlagen habe und bot für dessen Bezeichnung eine Belohnung: die Antwort war nur eine wiederholte grobe Aufforderung, alsbald sich davon zu machen. Als der Prinz, durch dieses Benehmen erzürnt, nun zu Drohungen überging, legte der Riese seine Flinte auf ihn an: mit Blitzesschnelle sprang der Prinz auf den Angreifer los und schlug mit einer glücklichen Wendung die Flinte in dem Augenblicke bei Seite, als Jener Feuer gab, so daß die Kugel über seinem Kopfe hinwegging. Fluchend warf der Bandit die Flinte zur Erde und zog ein langes Messer, das er in einem, ihm als Gürtel dienenden Stricke an der Seite trug, meinend, der schmächtige Jüngling werde ihm eine leichte Beute sein. Er

hatte sich aber geirrt: die eine Hand des Prinzen packte, läh=
mend die mit dem Messer bewaffnete Faust des Banditen, als
dieser eben zustoßen wollte und die andere umspannte wie
mit eisernen Klammern seine Kehle. Der Jüngling warf
nach einem gewaltigen Ringen seinen riesigen Gegner zu Bo=
den, er schnürte ihm mit seinem eignen Stricke, den er ihm
vom Leibe riß, Hände und Füße zusammen: neben seinem
mit den Zähnen knirschenden, fluchenden Gefangenen sitzend,
feuerte der Prinz nun Schuß auf Schuß aus seinem und des
Banditen Gewehr, vorsichtig immer das abgeschossene wieder
ladend. Seine Hoffnung, dadurch seine Gefährten herbeizu=
rufen, bestätigte sich endlich: die Jagdgenossen, die den Prin=
zen schon lange vergeblich gesucht hatten, kamen herbei und
waren sehr erstaunt, den Vermißten mit einer so sonderbaren
Jagdbeute wiederzufinden. Der Gefangene ward nach Capua
gebracht und dort erkannt als einer der gefährlichsten Räuber
und Mörder, auf dessen Kopf ein hoher Preis stand, und der
schon geraume Zeit von jener Hütte aus die Gegend unsicher
gemacht hatte. Kein Sbirre hatte aber sich an ihn gewagt!
Als der Prinz am 7. December 1722 mit seinem Gefangenen
in Neapel einzog, lief die halbe Stadt zusammen. Der Che=
valier von Hecker, dessen Briefen aus Neapel wir unsere
Mittheilung entnahmen, schrieb deshalb: „on prone extrêmement la bravoure, l'intrepidité et la bonne conduite
du Prince de maniere, que cette belle et courageuse action a rendue universellement le beau sexe partial pour
les Saxons et l'on ne parle que de la force extraordinaire
des Princes de Saxe, avec laquelle ils sont ici en credit,
de surpasser toutes les autres nations d'Europe et on les
considere comme les Hercules de la terre." Daß „le
beau sexe" Italiens sich für den heldenmüthigen Prinzen leb=
haft interessirte, dafür finden wir einige Jahre später einen
romantischen Beleg in der Correspondenz des Baron von
Puchet in Rom mit dem Grafen Lagnasco. Zu den ersten
Schönheiten der vornehmen Welt Neapels gehörte die Mar=

quise della Cerra, eine junge Wittwe; ihr Gemahl war nach
kurzer Ehe verstorben und hatte ihr die Nutznießung seines
großen Vermögens hinterlassen, in seinem Testament aber,
noch im Tode eifersüchtig, bestimmt, daß sie dieses Einkommen
bei einer anderweiten Verheirathung aufgeben müsse. Aus
einer vornehmen römischen Familie stammend (ihre Mutter
war eine Barberini, nahe verwandt mit dem Hause Albani),
umgab sie ein großer Kreis von Verwandten, die von den
Einkünften der jungen Dame mit lebten. Im Jahre 1726
lernte sie den Prinzen von Sachsen-Hildburghausen kennen
und ihre Herzen fanden sich bald. Der Prinz ward bestimmt,
das eine Hinderniß ihrer Verbindung, die Verschiedenheit des
Glaubensbekenntnisses, durch Uebertritt zur katholischen Kirche
zu beseitigen, die Marquise aber war bereit, die Einkünfte,
welche sie von dem Vermögen ihres ersten Gatten bezog,
aufzugeben. Ein solches Opfer widersprach aber den Interessen ihrer Verwandten, sie beschlossen daher, da ihr Abrathen
erfolglos blieb, die Liebenden mit Gewalt zu trennen. Nachdem der Prinz zur katholischen Kirche übergetreten, sollte zu
Ende des Jahres 1727 die eheliche Verbindung stattfinden,
da verschwand plötzlich die Braut: ihre Verwandten hatten
sie, wie ein Brief aus Rom vom 3. Januar 1728 meldete,
aus Neapel entführt und auf ein entferntes Schloß gebracht.
Zugleich erwirkten sie in Wien den Befehl an den Prinzen,
nach Deutschland zurückzukehren. Vergeblich suchte er in
Rom Hülfe, er mußte Italien verlassen, ohne die schöne Marquise wiedergesehn zu haben[271].

Kehren wir nun nach Bergen op Zoom zurück. Die
Alliirten vermochten zwar die Belagerung nicht zu hindern,
allein die Besatzung leistete sehr tapfern Widerstand. Moritz
schrieb deshalb an Friedrich August II. aus dem Lager bei
Tongern am 14. August 1747:

---

[271] Er vermählte sich später mit Anna Victoria, des Grafen Ludwig
Thomas von Savoyen-Soissons Tochter.

„Leubendal (Löwenbal) ait (est) charges d'une terible comition, Bergenopsom ait une tres bonne plasse, soutenue par une armée, et elle se defent avec une opiniatretes sans egalle, il en viendras sependant about a se que jespere, il a batus le General Schwartzenbourge (Schwarzenberg), qui la ataques pour lui faire lever le siege, nous sommes maitre du chemein couver et l'on va prosseder a faire les breches. M. de Cronstrom[272] amploit tout se que lont peut faire imaginer, il nous en coute des hommes, mais ils ont bau faire, il viendront avec nous, comme disse les Grivois, il ny a plus une meson sur piet dans la ville nous et les assieges avons fait soter ten de minne, que lon ne conct plus ou etet le chemein couver. Le fils de Erdmansdorf a eu un coup de fusil autraver du visage, il ait dans mon regiment d'einfanterye, jy ay perdu quelque Saxons, qui sont la a une rude ecolle. Les ennemis consomme par jour 30 mille de poudre, Leubendal m'ecrit, quils luy gete tan de chosse au visage, quil croit cala (qu'à la) fein, il luy gateron toute la ville etc."

Endlich führte ein Sturm am 16. September zur Eroberung[273]. Zum Lohn für Löwenbal verlangte Moritz[274] dessen Ernennung zum Marschall: als der König ihm einwendete „Que dirait ma noblesse? Lowendal est depuis très-peu de temps en France!" erwiederte Moritz: „Sire, elle dira, que V. M. sait récompenser les grandes actions et qu'il n'est rien d'impossible aux soldats de V. M. bien com-

---

[272] Der Commandant von Bergen op Zoom: Espagnac a. a. O., II. 211.

[273] Espagnac, II. 225. Mémoires du Duc de Luynes, VIII. 292.

[274] Löwenbal war durch Moritz nach Frankreich gezogen worden: überhaupt wünschte Moritz Deutsche in seine Umgebung zu ziehen, deren wir mehrere bei ihm finden. Er suchte u. a. 1746 auch einen Baron v. Schell dem französischen Dienste zu gewinnen, von dessen Thaten wir aber später etwas nicht gefunden haben.

mandés"²⁷⁵. Löwendal erhielt denn auch den Marschalls-
stab. Nicht so glücklich war Moritz mit seiner Verwendung
für Valfons. Der Prinz von Conti strebte immer noch nach
dem Commando und seine Anhänger bemühten sich wiederholt, den Grafen von Sachsen aus des Königs Gunst zu ver-
drängen, indem sie ihm Fehler nachzuweisen suchten und insbesondere behaupteten, daß, was noch Gutes von ihm gekommen, nur auf Valfons Rath geschehn sei. Moritz erfuhr dies
wieder und frei von jeder niedrigen Eifersucht, wie er war,
ging er zum König und lobte „avec cette noblesse, dont il
savoit si bien prendre le ton," wie Valfons sich ausdrückt,
diesen und seine Leistungen und Rathschläge; lebhaft zu den
Umstehenden gerichtet, sagte er dann: „Vous voyez, Messieurs, que je suis tout prêt à faire à Sa Majesté l'éloge
de ceux qui font bien." Als er dann mit Valfons sich entfernte, flüsterte er diesem zu: „Les voilà bien attrapés, ils
ont cru, que je ne t'aimerais plus et que je te hairois de
te voir louer à mes dépens; quels moyens n'emploient-
ils pas!" Trotz seiner Verwendung vermochte aber Moritz
nicht, Valfons's Ernennung zum Brigadier durchzusetzen; er
maß dies Mißlingen d'Argenson bei und drohte, er werde
das Commando niederlegen, wenn dieser Minister bleibe²⁷⁷.
Damit stimmen auch die Depeschen des Grafen Loß überein,
der versichert, man habe den Marschall während der Campagne so geplagt, daß es Augenblicke gegeben, in denen er
des französischen Dienstes völlig überdrüssig gewesen. Möglich, daß dabei der Umstand mitwirkte, daß bereits damals,
wie Moritz bekannt war, Friedensverhandlungen gepflogen
wurden, durch deren Abschluß sich nothwendig seine Machtstellung wesentlich ändern mußte. Inzwischen war es noch nicht
abzusehn, ob und wenn der Frieden zu Stande kommen

---

[275] Valfons, Souvenirs, p. 233.
[276] Mémoires du Marq. d'Argenson, III. 176.
[277] Souvenirs etc., p. 223.

werde, bis dahin bedurfte man aber noch das Schwert des Marschalls und so kam es denn darauf an, ihn zufrieden zu stellen: dies war, wie Graf Loß meldete, weniger der Wunsch d'Argenson's als des Königs selbst. Ehe der Letztere am 23. September 1747 die Armee verließ, ernannte er daher Moritz zum „commandant général de toutes les places, villes, forts et pays nouvellement conquis, dans toute l'étendue des Pays-Bas," indem er ihm, wie Graf Loß (28. April 1747) schrieb, 1000 Louisd'or monatlich aussetzte. Allein dies genügte dem Grafen von Sachsen noch nicht: er verlangte, daß ihm die Statthalterschaft über die Niederlande ganz in demselben Umfange, wie der Prinz Eugen diese Function bekleidet habe, zugleich mit der Civilverwaltung übertragen werde: selbst seine Freunde waren, nach einer Depesche des Grafen Loß vom 15. November 1747, damit nicht einverstanden, weil der Antrag gegen die hergebrachte Verfassung verstieß, nach welcher die Intendanten, welche die Civilverwaltung führten, unter dem Ministerium standen, dem die betreffenden Provinzen untergeben waren: dies war für Flandern das Kriegsministerium: man meinte aber, es sei eine „pique personelle" Moritz's gegen Argenson, welche ihn auf seinem Antrage bestehn lasse, den er mit der Drohung, daß er sich außerdem zurückziehn werde, unterstützte. Der König gerieth dadurch sehr in Verlegenheit und gelangte längere Zeit nicht zum Entschlusse. Moritz ging, nachdem die Truppen die Winterquartiere bezogen, nach Paris und von da nach Versailles, wo er am 22. December 1747 ankam und durch sein jugendlicheres Aussehn auffiel, das er dem eignen Haar verdankte, welches er jetzt trug [278]. Seiner Unzufriedenheit machte er aber in einem Briefe an Friedrich August II. (Versailles den 24. December 1747) Luft, indem er unter anderm schrieb: „je preferes l'etat du Comte Maurice a Houbertsbourg à celui de gouverneur des pais-

---

[278] Mémoires du Duc de Luynes, VIII. 358.

bas." Inzwischen gab Ludwig XV. nach, so daß Moritz's Wünschen wenigstens im Materiellen entsprochen ward. Graf Loß, durch den die Verhandlungen gingen, meldete (10. Januar 1748), da der Marschall als Protestant nicht den gewöhnlichen Eid „en qualité de gouverneur des pays-bas" leisten könne, „on y substituera dans le brevet de commission qui lui sera expedié, celle de commandant général avec les mêmes prérogatives des gouverneurs des provinces en France, sur le modèle de celles, que les Princes du sang ont, qui sont les mêmes, que celle des autres gouverneurs." Als Gehalt wurden Moritz, neben seinen andern Bezügen, 300000 livres ausgesetzt. Da aber diese Stellung mit Eintritt des Friedens sich erledigen mußte, bevorwortete Graf Loß, daß man dem Marschall zugleich eine lebenslängliche Entschädigung zusichern und dadurch der Besorgniß begegnen möge, daß er dem Friedensschlusse entgegenwirken möchte. Auch dies ward bewilligt, indem Moritz für jenen Fall „une somme considerable" in Aussicht gestellt ward, über deren Betrag er die mündliche Zusicherung erhielt, daß er nicht unter 200000 livres festgestellt werden solle. Nach Abschluß dieser Verhandlungen wurde ihm das Diplom in höchst schmeichelhaften Ausdrücken unter dem 12. Januar 1748 ausgefertigt [279], also gerade am Jahrestage des Patents, welches ihn zum maréchal général des camps et armées ernannt hatte.

In die Zeit seines damaligen Aufenthalts in Paris fällt sein Verhältniß zu der schönen Marie Rinteau, die an der Oper unter dem eleganteren Namen der Mademoiselle de Verrières glänzte. Wir wissen aber darüber nichts Näheres anzugeben, als daß sie ihm ein Töchterchen gebar, welches am 19. October 1748 Maria Aurora getauft ward. In dem Taufregister der Parochie St. Gervais und St. Protais

---

[279] Histoire de Maurice etc., II. 272. fl. Mémoires du Marq. d'Argenson, III. 193.

zu Paris wurden als Eltern angegeben, Jean Baptiste de la Nivière und Marie Rinteau, seine Gattin. Durch einen Spruch des Parlaments vom 4. Juli 1766 ward aber auf den Grund angestellter Erörterungen bestimmt, daß statt jener Angabe in das Taufregister eingetragen werden solle „fille naturelle de Maurice Cte de Saxe etc. et de Marie Rinteau." Maria Aurora nahm nunmehr den Namen „de Saxe" an und vermählte sich mit dem Grafen Horn, einem unehelichen Sohne Ludwig XV. Nachdem ihr Gatte bald darauf in einem Duelle geblieben, verheirathete sie sich mit Dupin de Francueil: aus dieser Ehe entsproß ein Sohn Maurice-François-Elisabeth (geb. den 13. Januar 1778), der Vater der bekannten französischen Schriftstellerin Madame Dudevant (G. Sand)[280]. Daß Marie Rinteau sich, so lange das Verhältniß mit Moritz dauerte, über ihn nicht zu beklagen gehabt haben wird, dürfen wir vermuthen, wenn er dabei das Princip befolgt hat, welches er damals (10. Februar 1748), jedoch ohne specielle Beziehung auf diese Dame, in einem Briefe an seinen Halbbruder Friedrich August II. aussprach mit den Worten: „il ne faut pas se conduire dans sa famille avec la delicatesse que l'on a avec sa metresse, il faut vouloir et ordonner, avec sa maitresse l'on ne fait que souheter." Man erzählt aus jener Zeit von ihm noch ein anderes Liebesabentheuer, welches insofern nicht unerwähnt bleiben mag, als es beweist, daß Moritz, trotz aller Leichtfertigkeit der Sitten, sich doch den edlen Sinn bewahrt hatte, und daß, wenn er auf Abwege gerieth, ihm die Verführung dabei Seiten der Frauen entgegenkam, obwohl er seine Verehrerinnen selbst vor sich warnte, mit dem offnen Bekenntnisse, daß sie sich hüten sollten, ihn ernstlich zu lieben,

---

[280] Histoire de ma vie par G. Sand. I. 48 fl. 59. 77. Einen Brief, welchen die Tochter des Marschalls an den König Friedrich August von Sachsen im Jahre 1809 richtete, um ihrem Sohne noch nach seinem Tode einen Orden zu verschaffen, haben wir wiedergegeben in „Aus vier Jahrhunderten," Th. II. S. 304 fl.

da er der unbeständigste aller Männer sei, der sie nur unglücklich machen werde. Eine Dame aus der Provinz, die sich, ohne ihn persönlich zu kennen, nur in seinen Ruf verliebt hatte, entfloh, um sich ihm zu nähern, ihrem Manne: in Paris angekommen, schrieb sie an Moritz und gab ihm auf dem Opernballe ein Rendezvous: er fand sich ein, hörte ihre Erklärung an, geleitete sie aber sofort zu dem Pfarrer von St. Paul, dem er sie mit der Bitte übergab, sie über ihre Pflichten zu verständigen und wieder auf den rechten Weg zu leiten: er bezahlte auch unter der Hand die Kosten für ihren Unterhalt, bis ihr Mann sie wieder zu sich nahm [281].

Eine andere Anecdote würden wir uns scheuen nachzuerzählen, wenn sie nicht die Feder einer Dame, und zwar die der Pompadour selbst, bereits wiedergegeben und sonach für unbedenklich erzählbar erklärt hätte: als Beweis der Stimmung in Paris erscheint sie auch nicht ganz außerhalb der Beachtung zu liegen. Die Pompadour theilt in einem Briefe an die Marquise de Saussai dieser mit [282], daß, als sie im Jahre 1748 einst mit Moritz spatzieren gegangen, „un impertinent" sich die Worte erlaubt hatte: „voila l'épée du Roi et son fourreau." Sie fügte zwar hinzu: „de pareilles sottises ne m'offensent pas," doch bestand diese Versicherung die Probe nicht, denn wir erinnern uns gelesen zu haben, daß, wenn auch der Urheber des groben Witzworts — vielleicht weil er nicht zu entdecken war — ungestraft blieb, doch ein armer Nachbeter, der es in einer Gesellschaft wiedererzählte, die Unvorsichtigkeit seiner Zunge mit der Bastille büßen mußte. Auch der Minister Maurepas sollte die Erfahrung machen, daß die Pompadour sehr empfindlich sei: als im Spätjahre 1748 Spottgedichte auf sie und den König circulirten und die Frevler nicht zu entdecken waren [283], machte sie

---

[281] S. u. a. Sammlung von Lobschriften ꝛc., S. 68.

[282] Lettres de Mad. la Marquise de Pompadour, III. 65.

[283] Ueber ähnliche Vorkommnisse aus früherer Zeit s. des Verfassers Aus vier Jahrhunderten. N. F. II. S. 72.

Maurepas, der secrétaire d'état war und als solcher die généralité de Paris unter sich hatte, darüber heftige Vorwürfe, daß er sich offenbar zu wenig Mühe gebe. Aergerlich darüber, erwiederte er, daß er zwar Chef der Polizei von Paris sei, aber nicht des Hofes, aus dessen Mitte nach seiner Ueberzeugung jene Pasquille hervorgingen: wenn aber der Verfasser etwa zu ihm kommen sollte, um sich als solcher zu bekennen, so werde er nicht verfehlen, die Marquise davon zu benachrichtigen. Man argwöhnte aber, daß jene „chansons" wohl in Maurepas' Salons selbst, wo sich viele Leute von Geist und satyrischer Ader zu versammeln pflegten, entstanden seien: ein Bedienter oder faux frère sollte, wie der General-Major von Fontenay nach Dresden schrieb, dies angegeben haben. Die Pompadour vereinigte sich nun mit dem Herzoge von Richelieu, der mit Maurepas verfeindet war, und es gelang ihnen, den König zu dessen Entlassung zu bestimmen. Es geschah dies (im April 1749) mittelst folgenden königlichen Schreibens: „Monsieur de Maurepas. Je vous tiens parole. Je vous avois promis, de vous dire moi même, quand vos services ne me seroient plus agréables. Pontchartrain est trop près. Vous vous rendrez dans le courent de cette semaine à Bourges. Vous ne verrez que vos parents et ne ferez pas réponse." So erzählte Graf Loß in einer Depesche vom 26. April 1749.

Moritz reiste, nachdem er im Februar einige Zeit in Chambord verweilt, am 18. März 1748 von Paris ab nach Brüssel, um dort in seine neue Function als Statthalter einzutreten: Ludwig XV. beschenkte ihn bei seiner Abreise noch mit ein Paar Pistolen von neuer Erfindung. In Brüssel empfing man ihn mit einem Tedeum und vielen Feierlichkeiten[284]. Seine Absicht war, Mastricht zu erobern, während er aber die dazu nöthigen Einleitungen traf, begann zu Aachen zu Anfang des Monats April der Friedenscongreß

---

[284] Ranft, Leben und Thaten des Gr. Löwendal ꝛc., S. 437.

zu tagen, durch den sich Moritz aber in seinen Operationen nicht hindern ließ. Am 15. April wurden die Trancheen vor Mastricht eröffnet: bereits am 3. Mai wollte Moritz einen Sturm unternehmen lassen, allein Valfons rieth davon als zu frühzeitig ab: Löwendal trat dem bei und beantragte aus einem eigenthümlichen Grunde, Aufschub wenigstens um 24 Stunden: er machte nämlich bemerklich, daß am 3. die französischen Garden die Vorhut, mithin den Sturm zu beginnen hätten, jeder Verlust würde „faire crier tout Paris": am 4. würden die Schweitzer sie ablösen, den Schmerzensschrei über ihre Verluste in ihren Bergen werde man in Paris überhören. Moritz gab mit den Worten nach: „Vous prévoyez tout, Monsieur, à demain donc!" Es kam aber nicht zum Sturme: am 7. Mai erfolgte die Uebergabe. Immittelst waren am 30. April 1748 die Friedenspräliminarien zwischen Frankreich, England und Holland unterzeichnet worden: nach einem besondern Abkommen von demselben Tage sollten die Feindseligkeiten in den Niederlanden eingestellt werden, mit Ausnahme der Belagerung von Mastricht[285]. Mit Oestreich gingen die Verhandlungen noch fort, bis es den Präliminarien am 23. Mai 1748 beitrat[286]. Der definitive Frieden kam erst am 18. October 1748 zur Vollziehung. Sachsen hatte auch einen Vertreter nach Aachen gesendet und Friedrich August II. empfahl, in einem eigenhändigen Briefe, Moritz die Wahrnehmung seiner Interessen bei den Verhandlungen. Wie Moritz über den Frieden dachte, durch den Frankreich, ein seltner Fall in der Geschichte, seine Eroberungen wieder herausgab und sich über das vergoßne Blut und die Kosten des Kriegs mit den Worten tröstete: „la France est assez riche pour payer sa gloire," — ersehn wir aus einigen seiner Briefe. Dem Grafen Loß schrieb er am 12. Mai 1748: „Voila donc le

---

[285] Wenck, codex juris gentium, II. 317.
[286] Wenck a. a. O., p. 323.

grand chemin de la paix, que nous prenons, j'en suis
bien aise, mais on ne tardera pas à s'en repentir. Car
tout change et meme les opinions." In einem ausführli=
chen Schreiben an den Grafen von Maurepas [287] sprach er
sich sehr entschieden gegen die Rückgabe von Flandern aus,
mit den Worten: „Je ne suis qu'un bavard en fait de politique, et si la partie militaire m'oblige quelquesfois d'en
parler, je ne vous donne pas mes opinions pour bien
bonnes etc. Je crois, que ce n'est pas faire un mauvais
marché, que de se mettre mal à son aise pour acquerir
une Province comme celle-ci, qui vous donne des ports
magnifiques, des millions d'hommes et une barrière im-
penetrable et de petite garde: telles sont mes pensées; en
demeurant, je ne connois rien à votre diable de politique;
je vois, je sais, que le Roi de Prusse a pris la Silesie et
qu'il l'a gardée etc. Si les franfreluches des négociations
commencent une fois à se mêler, nous en avons pour dix
ans sans tirer un coup de fusil: c'est votre affaire, la
mienne est de prendre et garder et je vous réponds de
m'en acquitter en conscience: je vous promets aussi de
combattre jusqu' au trépas pour des vérités, que je ne
comprends pas."

Am 20. Juli kam Moritz nach Compiegne, um mit dem
König sowohl wegen der öffentlichen als wegen seiner persön=
lichen Angelegenheiten Rücksprache zu nehmen: obwohl, wie
Graf Loß meldete, seine Feinde alle Minen gegen ihn springen
ließen, wurden doch mit Unterstützung der Pompadour seine
Wünsche erfüllt: die ihm für den Fall der Beendigung seiner
Statthalterschaft bereits mündlich versprochene Pension ward,
nach längern Verhandlungen darüber, auf 120000 livr. fest=
gestellt, auch sein Antrag genehmigt, daß sein Ulanenregiment,
welches nach der Capitulation beim Frieden theilweis reducirt
werden sollte, im vollen Bestand verbleibe. Moritz übernahm

---

[287] Lettres et mémoires etc., V. 269 fl.

alle Kosten und erhielt dafür monatlich 50000 livr. Graf Loß traf in Compiegne mit dem Grafen von Sachsen zusammen, um sich mit ihm wegen der sächsischen Interessen beim Frieden zu berathen. Am 25. Juli kehrte Moritz nach Brüssel zurück, wo es ihm, wie er dem Grafen Loß nicht verhehlte, viel besser gefiel, als am Hofe. Dort blieb er bis zu Anfang October: am 12. d. M. stellte er sich dem König in Fontainebleau wieder vor: seine Glanzperiode war mit dem definitiv abgeschlossenen Frieden beendigt!

Achter Abschnitt.

1748—1750. Moritz's Tod.

Moritz, noch vor Kurzem der Gebieter der Niederlande, der Feldherr an der Spitze siegreicher Heere, in vollem Genusse einer Machtstellung, die ebenso seinem Ehrgeize jede Befriedigung gewährte, wie sie seinem Triebe nach Thätigkeit genügte, war nun zurückgetreten in das Privatleben, in die Stellung eines pensionirten Generals. Alle Lorbeern, die er errungen, alle Ehren, die ihm zu Theil wurden, vermochten ihn nicht zu entschädigen für die ihm zum Bedürfniß gewordenen Aufregungen des Kampfes: er sagte selbst [288]: „voila la paix faite, nous allons tomber dans l'oubli: nous sommes comme les manteaux, on ne pense à nous, que quand on voit venir la pluie." Vor Allem fühlte er das Bedürfniß, sich einen neuen Kreis der Thätigkeit zu schaffen und abentheuerlich, wie er war, faßte er den Plan, sich ein Reich, das ihm Europa verweigerte, außerhalb desselben zu erringen [289]. Ein Projectenmacher gewann zunächst sein Ohr, der ihm vorschlug, sich in den Besitz von Madagascar zu setzen, wo schon früher der Marquis von Langallerie mit Flibustiern ein Königreich hatte gründen wollen [290]. Der Graf

---

[288] Lettres et mémoires, I. p. XXXV.

[289] Davon, daß er, wie in den Lettres et mémoires angegeben wird (I. p. XXXVI.), als des Baron von Neuhoff Concurrent um das Königreich Corsica aufgetreten, finden wir Nichts: es ist wohl eine Fabel.

[290] S. des Verfassers Aus vier Jahrhunderten, N. F., II. 164 fl.

von Sachsen legte ein deshalb entworfenes Project den französischen Ministern vor, allein diese erklärten den Plan für unausführbar, weil bereits alle Versuche, diese Insel zu colonisiren, welche die compagnie des Indes unternommen, gescheitert waren. Der Marschall gab denn auch die Sache auf und Graf Loß bemerkt in einer Depesche vom 8. September 1748 noch ausdrücklich, es sei ein unbegründetes Gerücht, daß Moritz bereits bei Ludwig XV. den Antrag gestellt, ihn zum König von Mabagascar zu ernennen, daß er schon die Regimenter bezeichnet habe, an deren Spitze er den Zug unternehmen wollen. Dagegen bestätigt Graf Loß (25. December 1748) die Angabe vieler Druckschriften, daß der Graf von Sachsen die Insel Tabajo, eine der kleinen Antillen, die damals fast ganz unbewohnt war, von Ludwig XV. geschenkt erhielt, mit der Erlaubniß, einen Gouverneur und 200 Mann Besatzung auf seine Kosten dahin zu führen. Moritz hatte die Absicht, die Insel zu colonisiren und bereits mehrere Abentheurer für seinen Plan engagirt, als der Widerspruch Englands und Hollands die Ausführung behinderte[291]; daß er hierauf damit umgegangen, die Juden in Mittelamerika zu sammeln und sich zu ihrem König zu machen, wie wir auch gedruckt lesen[292], gehört jedenfalls bloß in das Reich der Erfindungen.

Am 28. November 1748 führte Moritz sein Cavallerieregiment in der Nähe des bois de Boulogne dem König vor.

Der sächsische Generalmajor von Fontenay, der sich im Jahre 1748 zu Paris in einer geheimen Mission befand, war Zeuge der Revue und erzählt darüber Folgendes: „Der Dauphin, die Dauphine und der ganze Hof waren zugegen. Die Truppe ist sehr gewandt, sehr gut, aber sonderbar gekleidet[293] und exercirt vortrefflich: dies mag wohl die Eifer-

---

[291] Espagnac a. a. O., II. 271. de la Barre Duparcq, p. 106.

[292] Lettres et mémoires, I. p. XXXVI.

[293] Sie waren à la tartare gekleidet: de la Barre Duparcq, p. 106 Note 2.

sucht der Gardes françaises erregt haben, die gemeinschaftlich mit der Schweizergarde den Exercierplatz besetzt hatten, damit das Volk nicht zubringe. Die Erstern machen ihre Uebungen mit einer Nachlässigkeit, die unerträglich ist für den, welcher deutsche Truppen gesehn hat. Das Regiment Ulanen besteht aus sechs Schwadronen, jede Schwadron aus 80 Ulanen und 80 Dragonern. Die Ulanen der Leibschwadron sind lauter Neger mit Schimmeln beritten. Der Marschall hat einen Vertrag mit einem Spanier geschlossen, „qui lui fournit," wie Fontenay sich ausdrückt, „autant de ces premiers animaux, qu'il en aura besoin." Zuerst ritt der König an dem Regiment vorbei, hierauf exercierten die Dragoner zu Fuß und defilirten dann, den Marschall an der Spitze, vor dem Hofe. Hierauf führten die Ulanen in Gemeinschaft mit den Dragonern ein Manöver aus. Jede Brigade hat einen kleinen Wagen bei sich, etwa 3 Ellen lang und eine halbe Elle breit: er ruht auf vier Rädern, die aber so niedrig sind, daß der Gebrauch auf einem nassen Terrain schwierig sein muß. Hinten und vorn auf dem Wagen ist ein starkes, mit Eisen beschlagenes Stück Holz, welches als Laffette dient für zwei große Muskedonner, die eine halbpfündige Kugel schießen und so rasch wie die schwedischen Kanonen, auch wie diese von hinten geladen werden. Man kann sie schnell nach allen Seiten wenden. Diese kleine Artillerie machte bei dem Gefechte einen staunenswerthen Effect, man hätte glauben sollen, es seien Feldstücke. Der Kasten des Wagens, mit Leinewand gedeckt, enthält 80 Ladungen und die beiden Rohre: ein Pferd zieht das Ganze mit Leichtigkeit. Competente Beurtheiler haben mir versichert, daß diese Erfindung sich im Kriege besonders gegen Cavallerie sehr bewährt habe. Das Ganze würde sehr angenehm geschlossen haben, wenn nicht gegen das Ende ein Regenguß die Zuschauer durchnäßt hätte. Ich glaube ohne Uebertreibung versichern zu können, daß wohl breitausend Wagen und mehr als hundertfunfzigtausend Zuschauer zugegen waren[294]. Der Hof begab sich um 5 Uhr zum Diner nach dem nahegelegenen „la Meute."

Moritz führte sein Regiment nach Paris zurück, und sollte da noch an demselben Abend in ein Abentheuer verwickelt werden, das ganz den Character des Pariser Lebens bezeichnet. Die durch ihre Schönheit bekannte Frau eines Generalpächters de la Popliniere hatte ein Liebesverhältniß mit dem Herzoge von Richelieu, der trotz der 52 Jahre, die er bereits zählte, die junge Frau vollständig bezaubert hatte. Im Gegensatze zu der Mehrzahl seiner Collegen, welche Graf Loß, der uns diese Angelegenheit erzählt, als „assez débonnaires" bezeichnet, fühlte sich de la Popliniere durch die Aufmerksamkeiten, welche der vornehme und berühmte Herzog seiner schönern Hälfte erwies, nicht geehrt, er untersagte dieser vielmehr allen Umgang mit Richelieu: natürlich beachtete die Dame diesen, wie sie meinte, tyrannischen Befehl nicht: als aber der Ehemann ihren Ungehorsam entdeckte, mißhandelte er die Uebertreterin seines Verbots grausam, er schlug sie mit einer Feuerzange und warf sie die Treppe hinunter, so daß sie kaum mit dem Leben davon kam: doch söhnten sich beide Gatten wieder aus. Allein die Lection, so hart sie gewesen, hatte die Dame doch nicht gebessert: sie ward zwar hergestellt von ihren Verletzungen, aber nicht geheilt von ihrer strafbaren Liebe, sie ward nur vorsichtiger. Richelieu miethete ein Zimmer in der 2. Etage des an des Generalpächters Palais anstoßenden Hauses. Hier ward mit dem nebenangelegenen Zimmer, welches der Frau de la Popliniere als Garderobe diente, eine Verbindung hergestellt, indem man die Mauer durchbrach: die Oeffnung, welche in das Camin führte, ward durch eine drehbare eiserne Platte geschlossen: so erzählt Graf Loß; ein anderer Correspondent

---

[294] Ueber diese Revue, die damals viel Aufsehn erregte, s. auch Mémoires du Marq. d'Argenson, III. 219. Mémoires du Duc de Luynes, IX. 133.

sagt aber, ein Spiegel habe die Oeffnung verdeckt. So sahen sich denn die Liebenden längere Zeit ganz ungestört, ohne daß der Ehemann die geringste Ahnung davon hatte. Den Verrath des Geheimnisses verschuldete die Sünderin selbst durch eine Unklugheit. Ihre einzige Vertraute war ihr Kammermädchen: diese folgte dem Beispiele ihrer Herrin und unterhielt auch eine Liebschaft: allein es zeigten sich Folgen, welche die Popliniere veranlaßten, sie aus ihrem Dienste zu entfernen: das erbitterte Mädchen beschloß sich zu rächen. Am Morgen des 28. November hatte die Popliniere wieder ein Rendezvous mit Richelieu in dem bewußten Zimmer gehabt und unterließ es, sich für ganz sicher haltend, beim Fortgehn die Eisenplatte im Kamin zu schließen. Sie fuhr mit der Frau von Souvré, wie halb Paris, zur Revue: der Generalpächter blieb zurück: ihn suchte jetzt das entlassene Kammermädchen auf und theilte ihm das Geheimniß mit: das Zimmer ward geöffnet — die unverschlossene Oeffnung hob jeden Zweifel. Im Nebenhause hatte man aber die Entdeckung auch bemerkt und die Popliniere erhielt während der Revue einige Zeilen, welche ihr meldeten, „que la mèche étoit découverte." Außer sich vor Entsetzen und eine Wiederholung der frühern Züchtigung besorgend, wendete sie sich beim Schlusse der Revue an Moritz, dem sie — sie wußte wohl, daß er kein strenger Richter sein werde — ein offnes Bekenntniß ablegte, indem sie ihn zugleich um seinen ritterlichen Schutz anflehte. Er sagte ihr diesen zu und begleitete sie mit dem Grafen von Löwendal nach Hause: der Portier verweigerte, dem Befehle seines Herrn gemäß, der Dame den Eintritt: Popliniere, der auf Moritz's Verlangen herbeigerufen ward, erklärte, daß er aus Ehrerbietung gegen ihren hohen Beschützer zwar seiner Frau das Ueberschreiten der Schwelle seines Hauses noch einmal gestatten wolle, daß dies aber das letzte Mal sei: er erzählte dem Marschall, daß er seine Frau, die Enkelin einer Schauspielerin Dancourt, erst als Mädchen unterhalten, dann, als er ihr die Ehre erwiesen, sie zu heirathen, sie mit Beweisen seiner Liebe überhäuft, ihrer Mutter eine Rente von 10000 livr. ausgesetzt und ihrem Bruder 100000 livr. zu seinem Etablissement gegeben habe: wie sie ihm dies alles gelohnt, wolle er ihm selbst zeigen! Er führte Moritz dann in das bewußte Zimmer und zeigte ihm die ominöse Oeffnung mit den Worten: „voila le trou par lequel ma femme me faisait cocu." Solchem Zeugnisse gegenüber, mußte Moritz allerdings verstummen: er bestieg mit der Dame den noch harrenden Wagen und führte sie zu ihrer Mutter zurück. Popliniere blieb diesmal unerbittlich, er zeigte sich aber großmüthig, indem er seiner Frau eine Rente von 8000 livr. aussetzte.

War hier Moritz's Auftreten als Ritter der Unschuld — können wir nicht sagen, aber einer Bedrängten, erfolglos geblieben, so traf ihn dieses Mißgeschick auch gleichzeitig in einem andern Falle, der seinem Herzen viel näher ging, in der Person des Prinzen Karl Eduard, zu dessen Gunsten er vergeblich seinen Einfluß in die Wagschaale legte. Wir glauben das, was wir über diese, Moritz lebhaft berührende, Episode gefunden haben, hier um so mehr anschließen zu dürfen, als unsere Nachrichten, besonders die Depeschen des Grafen Loß, der sehr gut unterrichtet war, die bereits vorhandenen öffentlichen Mittheilungen in mehreren Einzelnheiten berichtigen und vervollständigen. Der Prinz Karl Eduard war nach seiner verunglückten, aber mit vielen romantischen Abentheuern verbundenen Landung in Schottland (1745), wieder nach Frankreich zurückgekehrt und lebte in Paris. Ausgezeichnet durch Schönheit, fürstliche Haltung, einnehmendes Wesen, hochstrebenden Geist, ein trefflicher Schütze und Reiter, ein Liebling der Damen, wie der Prinz war, sah Moritz, der seit der mißlungenen Dünkirchner Expedition mit ihm in Verkehr blieb, in ihm seine Jugend wiederaufleben. Die dem Prinzen von Frankreich und Spanien ausgesetzten Pensionen und die ihm von seinen Anhängern in England und Schottland zufließenden bedeutenden Summen gestatteten ihm, in Paris mit fürstlichem Anstande zu leben. Er bewohnte auf dem Boulevard, nicht weit von der Porte St. Honoré, ein schönes Hotel, in dem er täglich Diners und Soupers von 15—20 Personen gab, besuchte häufig den Hof und zeigte sich auch sehr oft im Theater: um sich hatte er ein Gefolge von etwa 200 Schotten versammelt[295]. Auch eine schöne Landsmännin war ihm gefolgt, Clementine Walkingshaw, die er in Bannockburn während der Belagerung von Stirling kennen gelernt hatte und die mit ihm lange Zeit lebte[296]. Dieses Verhältniß hinderte ihn aber nicht, die Huldigungen, welche ihm die Prinzessin Talmont[297] brachte, dankbarst anzunehmen. Da ward plötzlich das heitere Leben, welches der Prinz in Paris führte, durch den Aachner Frieden gestört. Schon in der Londoner Quadrupelallianz vom 2. August 1718 hatte in Artikel V. Frankreich sich verpflichtet, keine Unterstützung zu gewähren, „personae, ejusque descendentibus, si qui ei obtingant, quae vivente Jacobo II. principis Walliae et post ejus excessum Regium magnae Britanniae titulum adsumpsit, ejusque descendentibus," auch ihren Anhängern den Aufenthalt (receptaculum) zu versagen[298]. Dieser Artikel ward in dem Aachner Präliminarfrieden vom 30. April 1748 Art. 11 und in dem definitiven Frieden vom 18. October 1748 Art. 19 wiederholt und neu bestätigt[299]. England drang nun energisch darauf, daß der Prinz Karl Eduard aus Paris entfernt werde. Dies stimmte aber nicht mit den Wünschen des Prinzen überein, der unter dem 16. Juli 1748 eine Protestation gegen den Aachner Frie-

---

[295] Mémoires du Duc de Luynes, XI. 151. 257.

[296] v. Reumont, die Gräfin von Albany, I. 96.

[297] Sie war eine Tochter des Woiwoden Jablonowski und seit dem 30. October 1730 vermählt mit Annas Carolus Friedrich Pr. v. Talmont (de la Tremouille): s. Hübner, Geneal. Tabellen, I. 328. Sie war älter als der Prinz Karl Eduard.

[298] Wenck, codex juris gentium, II. 358.

[299] Wenck a. a. O., II. 313. 317.

den gedruckt an alle Gesandten vertheilen ließ. Auf die ersten Andeutungen, daß eine Veränderung seines Aufenthalts wünschenswerth sei, bezog er sich auf ein feierliches Versprechen Ludwig XV., der ihm ein „asile illimité dans son royaume" zugesichert habe und auf einen uns nicht vorliegenden Vertrag, den er in seiner Eigenschaft als Regent von Schottland mit Frankreich geschlossen, in welchem aber die französischen Minister die Zusicherung eines Asyls nicht befinden wollten und den sie als jedenfalls durch die spätern Ereignisse beseitigt betrachteten. Die Prinzessin Talmont, welche Graf Loß bezeichnet als „femme intrigante et qui aime à se mêler des choses, qui ne la regardent pas," suchte bereits im Juni Verhandlungen einzuleiten, um eventuell ihrem geliebten Prinzen eine Existenz in Polen zu gründen, wohin, wie der Minister Graf Brühl dem Grafen Loß schrieb, zu demselben Zwecke auch Lord Maret, ein Anhänger des Prätendenten, gegangen war. Als aber Graf Loß deshalb mit dem Minister Marquis Puycieulx Rücksprache nahm (3. Juli 1748), erwiederte dieser, daß der König von Frankreich darauf nicht eingehn, vielmehr einem etwaigen solchen Plan des Prinzen entschieden entgegentreten werde: der Marquis brachte vielmehr Freiburg in Vorschlag, wo man dem Prinzen anbieten werde, „un palais meublé, une maison de campagne agréable et une garde pour la sûreté de sa personne." Jene, wahrscheinlich ohne Wissen des Prinzen eingeleiteten, Verhandlungen wurden daher fallen gelassen. Im November 1748 ward der Herzog von Gevres von Ludwig XV. beauftragt, persönlich mit dem Prinzen sich zu vernehmen, um ihn zu seiner Entfernung aus Frankreich zu bestimmen, allein er verschwendete seine Beredsamkeit vergeblich, der Prinz erklärte, er werde nur der Gewalt weichen. Diese Verhandlungen wurden in Paris bald bekannt, und die große Mehrzahl trat ganz auf die Seite des Prinzen: er zeigte sich absichtlich jetzt mehr noch als früher öffentlich: er ging alle Tage in das Theater, sehr glänzend gekleidet, mit

seinen Orden geschmückt, „affectant," wie Graf Loß schrieb,
„toujours de prendre la loge du Roy," während er sonst
in die „petites loges" gegangen war, einfach gekleidet „et
ne se souciant pas d'être vû." Auf einem Maskenballe im
Opernhause trat er als Bergschotte auf — wie der General=
major von Fontenay den 30. November 1748 schrieb: „scru-
puleux sur l'habillement, il n'avoit point de culotte; c'est
un lieu, ou elle est souvent embarassante." Auch das
Haus Talmont zerfiel jetzt offen in zwei Parteien: der Prinz
Talmont, der es mit dem Hofe nicht verderben wollte, schrieb
dem Prinzen Karl Eduard einen sehr höflichen Brief, worin
er ihm sein Bedauern aussprach, daß die Umstände ihn be=
hinderten, ihn ferner in seinem Hause zu sehn. Der Prinz
gerieth aber bei Empfang des Schreibens in heftigen Zorn
und versicherte, er werde diese Beleidigung rächen: die Prin=
zessin Talmont, welche gerade bei ihm dinirte, bemühte sich
vergeblich, ihn zu beruhigen. Am nächsten Morgen begab
er sich zum Palais des Pr. Talmont und fing, als der Por=
tier ihm den Eintritt nicht gestatten wollte, einen solchen
Lärm an, daß man ihn endlich einließ: er ging sofort in den
Garten, den er nicht eher verließ, bis die Prinzessin selbst
herabkam und ihn beruhigte; ihr Gemahl blieb aber bei sei=
nem Entschlusse, dem Prinzen sein Haus zu verschließen, wäh=
rend die Prinzessin Talmont fortfuhr, den Prinzen nach wie
vor in seinem Hotel zu besuchen. Am 20. November schrieb
Ludwig XV., da die mündlichen Verhandlungen keinen Er=
folg gehabt, einen sehr freundlich gehaltenen Brief an den
Prinzen, worin er den Wunsch wiederholte, daß er Frank=
reich, in dem ihm ferner ein Asyl nicht gewährt werden könne,
verlassen möge. Der Herzog von Gevres erhielt den Auf=
trag, den Brief persönlich zu übergeben und dabei nochmals
Alles aufzubieten, um den Prinzen zum Nachgeben zu bestim=
men: der Letztere erklärte aber, nachdem er den Brief gele=
sen, er habe seinen Entschluß gefaßt und glaube nicht, daß
ihm die Sachlage gestatte, Frankreich zu verlassen; wolle man

Gewalt gegen ihn anwenden, so werde er sich zu vertheidigen
wissen [300]. Man schickte nun einen Courier nach Rom an den
Vater des Prinzen mit dem Gesuche, er möge seine väterliche
Autorität zur Geltung bringen und seinem Sohne befehlen,
sofort aus Paris sich zu entfernen. Der Prätendent, Jacob III., erfüllte diesen Wunsch: sein an den Prinzen gerichteter Brief kam am 4. December in Paris an, begleitet von
einer Abschrift desselben. Der Herzog von Gevres, welcher
alle Hoffnung aufgegeben hatte, durch seine persönliche Ein-
wirkung beim Prinzen Etwas auszurichten (sein letzter Besuch am 1. December dauerte nur zwei Minuten), ließ nun
drei der Vertrauten des Prinzen, Crem, Kelly und Os-
born [301] zu sich rufen und theilte ihnen den Inhalt des Briefes nach der Abschrift desselben mit. Jacob schrieb darin
seinem Sohne, er könne nicht wider den Willen des Königs
von Frankreich in dessen Landen verbleiben, „c'est pourquoi," heißt es in dem uns in Abschrift vorliegenden Schreiben, „je me trouve obligé, de Vous ordonner comme votre
père et votre Roy, de Vous conformer sans délai aux in-
tentions de S. M. T. Ch., en sortant de bon gré de ses
états." Gevres beauftragte die Drei, sie sollten dem Prinzen
den Brief zu eignen Händen übergeben und ihm eröffnen,
daß der König es lieber gesehn haben würde, wenn der Prinz
sich der Nothwendigkeit ohne den bestimmten Befehl seines Vaters gefügt hätte: er habe nun binnen 12 Tagen Frankreich
zu räumen. Nach zwei Stunden kehrten die Abgeordneten
zurück mit der Mittheilung, ihre Bemühungen, den Prinzen
zur Eröffnung des Schreibens zu bewegen, seien vergeblich
gewesen, er habe es uneröffnet in die Tasche gesteckt: sie
schlugen vor, man möge dem Prinzen die Abschrift des Briefes vorlesen lassen. Gevres fuhr nun noch am Abend des

---

[300] S. auch die Mémoires du Duc de Luynes, XI. 123.
[301] Der Herzog von Luynes nennt sie (XI. 141) Kely, Halebrat und
Grené.

4. Decembers nach Versailles, um sich Instruction zu holen.
Der Vorschlag, welchen die Freunde des Prinzen gethan,
ward vom König genehmigt: demgemäß begaben sich jene
Drei zum Prinzen, der auch die Vorlesung des Briefes bis
zu den oben erwähnten Worten anhörte: bei diesen unter=
brach er den Lesenden und verbot ihm fortzufahren. Da
alle Vorstellungen auf ihn keinen Eindruck machten, erklärten
jene Drei, wenn er dem Befehle seines Vaters zu gehorchen
sich weigere, seien sie genöthigt, ihn zu verlassen. Auch dies
rührte den Prinzen nicht, er erwiederte, sie möchten thun,
was ihnen beliebe, er wisse, was er zu thun habe, man könne
ihn tödten, ihn ermorden, er werde Paris nicht verlassen und
wenn er 50 Kanonen auf sein Haus gerichtet, es von
100000 Mann umgeben sehe. Jene verließen hierauf den
Prinzen, begaben sich zu Gevres, um ihm das Vorgefallene
mitzutheilen und zogen sich dann nach Passy zurück. Abends
ließ der Prinz Kelly, der seine Gelder und Kostbarkeiten in
Verwahrung gehabt, nochmals zu sich rufen: die ganze Nacht
ward mit Prüfung der Rechnungen und Uebergabe der Gel=
der und Pretiosen zugebracht, dann ertheilte der Prinz Kelly
definitiv seine Entlassung. Der Herzog von Luynes erzählt
noch, der Prinz habe Einem seiner Vertrauten mitgetheilt,
daß er schon vor längerer Zeit einen Brief von seinem Va=
ter erhalten habe, mit der Aufforderung, er möge nur das
thun, was er für seinen Ruhm und seine Interessen für rath=
sam halte, ohne sich um spätere Briefe von ihm, die er etwa
erhalten werde, zu kümmern. Luynes bezweifelt aber, daß
ein solcher Brief von Jacob an seinen Sohn gerichtet wor=
den sei [302].

Mehrere Tage vergingen nun mit nochmaligen Versu=
chen, den Prinzen umzustimmen. Gevres ließ ihm sein eignes
Schloß zum zeitweiligen Aufenthalte anbieten, für den Fall,
daß er einen Courier nach Rom senden wolle, um sich von

---

[302] Mémoires, XI. 141. Note 1 und S. 263.

der Aechtheit des Briefes zu überzeugen: nur möge er sich, wenn diese sich bestätige, zum Gehorsam erbieten. Der Prinz blieb unerschütterlich: er erwiederte: „qu'il avoit pris un engagement avec le public, de soutenir sa résolution, qu'un homme de sa naissance ne se dédisoit pas de sa parole, qu'en peu de mots, il n'y avoit d'autre demeure pour lui, que Paris ou le Paradis." Wie Reumont erzählt [303], sagte er auch: „Je suis en peine surtout pour Louis, je ne peux que perdre la vie, mais Louis l'honneur." Man war in Paris überzeugt, daß der Prinz sich Karl XII. in Bender zum Muster genommen habe, daß er, bei Anwendung von Gewalt, sich bis aufs Aeußerste vertheidigen werde, man fürchtete, das Volk, dessen Liebling er war, werde sich auf seine Seite schlagen. Auch Moritz, der ganz für den Prinzen Partei nahm, war voller Erwartung, wäre ihm am Liebsten wohl mit seinen beiden Regimentern und seinen Kanonen zu Hülfe geeilt. Es kam aber nicht zum Kampfe. Am 10. December 1748 gegen Abend erhielt der Prinz mehrere anonyme Schreiben, mit der Nachricht, man beabsichtige ihn im Theater festzunehmen: er beachtete dies nicht, entweder weil er glaubte, man werde es nicht wagen, oder weil er gerade in einer solchen Maßregel gegen ihn, einen ihm gar nicht unerwünschten Ausweg aus einem Labyrinthe befand, aus dem er selbst keinen Ausgang mehr zu finden vermochte: er konnte jetzt, nachdem er so lange betheuert, daß er Paris nicht lebend verlassen werde, nicht mehr nachgeben ohne sich lächerlich zu machen: gewaltsamer Widerstand konnte nur zu ganz nutzlosem Blutvergießen und der Seinen Verderben führen: es genügte, wenn es nur den Anschein hatte, als sei er bloß der Gewalt gewichen. So betrat er denn am 10. December Abends zwischen 5 und 6 Uhr das Opernhaus, wo schon alle Vorkehrungen zu seinem Empfange getroffen waren [304]. In

---

[303] Die Gräfin von Albany, S. 89.

[304] S. auch Klose, Leben des Prinzen Karl aus dem Hause Stuart. S. 410 fl. Mémoires du Duc de Luynes XI. 147 fl.

dem Corridor, den er zu durchschreiten hatte, um in seine
Loge zu kommen und der hinten keinen Ausgang hatte, stan=
den 4 Polizeisergeanten in bürgerlicher Kleidung: der Prinz
ging einige Schritte vor seiner Begleitung voraus; so wie er
den Corridor betreten hatte, schloß sich hinter ihm eine Bar=
riere und die 4 Polizeibeamten stürzten auf ihn, ergriffen
seine Arme und trugen ihn durch eine in der Regel verschlos=
sene, jetzt geöffnete Seitenthür in den Hof des Palais Royal
und hier in ein Zimmer, welches ein Chirurg des Herzogs
von Orleans bewohnte. Der Graf von Vaudreuil, Major
bei den Gardes françaises, eröffnete ihm, er sei arretirt auf
Befehl des Königs, auf Antrag seines Vaters. Man nahm
ihm seinen Degen und ein Pistol, welches sich in einer seiner
Taschen fand, ab: auf seine Versicherung, daß er keine andern
Waffen bei sich habe, erwiederte Vaudreuil, der noch 3 Haupt=
leute seines Regiments bei sich hatte, man werde sich mit sei=
ner Versicherung begnügen und ihn nicht weiter untersuchen.
Ein Zufall führte aber zur Entdeckung eines zweiten, in den
Kleidern versteckten Pistols und die Offiziere gingen nunmehr
in ihrer Vorsicht so weit, daß sie dem Gefangenen mit sei=
denen Schnuren Hände und Füße binden ließen: sie entschul=
digten später diese Gewaltthat mit der Besorgniß, der Prinz
hätte noch andere Waffen versteckt bei sich tragen und sich damit,
wie er vorher für den Fall seiner Arretirung gedroht, das Leben
zu nehmen versuchen können. So gefesselt ward der Prinz
in einen mit 6 Pferden bespannten Wagen gebracht, den die
3 Offiziere, welche Vaudreuil begleitet hatten, mit ihm bestie=
gen: an der porte de St. Denis harrte ihrer ein Commando
berittener Mousquetaires, welche den Wagen nach Vincennes
begleiteten.

Gleichzeitig mit dem Prinzen wurden die drei Edelleute,
welche ihm in das Theater gefolgt waren, festgenommen:
man führte sie in die Bastille. Der Vorgang war im Opern=
hause nicht unbemerkt geblieben und gelangte auch zu den
Ohren der Prinzessin von Talmont, welche sich in demselben

befand: sie fiel aus einer Ohnmacht in die andere, so daß
man sie nach Hause bringen mußte: von hier sendete sie so=
fort einen Diener in die Wohnung des Prinzen, um Nachricht
einzuziehn, was aus ihm geworden sei. Dort war aber bereits
ein Offizier mit einem Commando eingetroffen, der alle Die=
ner des Prinzen festnahm und in die Bastille abführte: dieses
Schicksal theilte aber auch jener Diener der Prinzessin, bei
dem man das Portrait seiner Herrin „peinte en manteau
royal" nebst einem Briefe an den Prinzen fand, den er zu
gleicher Zeit hatte übergeben sollen. In der Wohnung des
Prinzen, welche durchsucht und unter Siegel gelegt ward,
wurden 15 P. Pistolen und 25 Flinten, aber nur 2 Pfund
Kanonenpulver gefunden, so daß wenigstens die oft erklärte
Absicht des Prinzen, sich bei Anwendung von Gewalt zu ver=
theidigen, in dem geringen Vorrathe von Munition keine Be=
stätigung fand.

In Vincennes ward der Prinz in den Donjon geführt,
wo man ein Zimmer für ihn in Bereitschaft gesetzt hatte:
man durchsuchte ihn hier sorgfältig, fand aber keine weitern
Waffen bei ihm: jetzt erst ward er von seinen Fesseln befreit.
Er war sehr aufgeregt, lehnte das Abendessen ab, warf sich,
indem er das für ihn bestimmte Bett verschmähte, ganz an=
gekleidet auf ein Bedientenbett, wo er einige Stunden ruhte.
Schon um 3 Uhr des Morgens war er wieder munter und
durchmaß mit heftigen Schritten sein Zimmer, in dem 2
Hauptleute und 2 Leutnants ihn beaufsichtigten, während
50 Grenadiere den Donjon umgaben. Zu den Offizieren
äußerte er: „qu'ils étaient chargés d'une commission bien
humiliante," im übrigen sprach er aber sich gegen sie über
seine Lage ebensowenig aus, als gegen den Commandanten
von Vincennes, du Chatelet, der ihm seinen Besuch machte.
Tags darauf zeigte er sich beruhigter und verlangte selbst
Speisen: am 3. Tage ward er mittheilsamer und erklärte den
wachehaltenden Offizieren den Wunsch, seine Freiheit wieder=
zuerlangen und seine Bereitwilligkeit, sich dem König zu fügen.

Am 14. December schrieb er Ludwig XV. einen Brief, dessen Styl zwar keine richtige Würdigung seiner Lage verrieth, der aber doch seine Unterwerfung ausdrückte. Der König „sans s'arrêter," wie Graf Loß schrieb, „scrupuleusement à l'égalité, que ce seigneur dans sa façon d'écrire, sembloit vouloir établir entre lui et le Roi de France," ließ ihm melden, daß er ihn in voller Freiheit werde abreisen lassen, wenn er sein Ehrenwort gebe, daß er nicht nach Frankreich zurückkehren wolle: er werde dann durch einen Offizier an einen von ihm selbst zu bestimmenden Ort an der Grenze geleitet werden. Der Prinz capitulirte zwar noch einige Zeit, indem er die Begleitung des Offiziers ablehnte, gab aber endlich nach und bem Offizier, welcher ihm die mündliche Botschaft des Königs überbracht hatte, das verlangte Ehrenwort: er stellte auch, nach der Angabe des Herzogs von Luynes [305], ein schriftliches Versprechen, daß er Frankreich verlassen und nicht zurückkehren werde, aus. Auf die Frage, wohin er zu gehn beabsichtige, nannte er Pont de Beauvoisin (an der Grenze von Savoyen), ohne sich weiter über seine Absichten auszusprechen, nach denen man auch nicht fragte. Auf seine Bitte entließ man zwei seiner Edelleute, Strafford und Geridon, zwei seiner Kammerdiener und zwei seiner Bedienten aus der Bastille, damit sie ihn auf der Reise begleiten könnten, er erhielt auch seine Papiere zurück. Am 15. December fuhren zwei Postchaisen am Donjon in Vincennes vor: bie eine bestieg der Prinz mit bem ihm zur Begleitung mitgegebenen „premier enseigne dans les grands Mousquetaires," v. Perousy, und Strafford, die andere Geridon. Abends in Fontainebleau angekommen trat der Prinz im Posthause ab und brachte den nächsten Tag unter dem Vorgeben, daß er sich unwohl fühle, im Bett zu: er hatte der Prinzessin von Talmont brieflich die Aufforderung zugehn lassen, ihm nach Fontainebleau nachzukommen, allein die

---

[305] Mémoires, XI. 154.

"reine romanesque," wie man sie in Paris nannte, erschien nicht. In Pont de Beauvoisin verließ Perousy den Prinzen, der, nachdem er sich von Strafford und Geridon getrennt, am 27. December früh 7 Uhr auf einem schlechten Pferde, mit einer schwarzen Perrücke und in eine alte Uniform gekleidet, mit nur einem Diener, in Avignon erschien. Er ward trotz seines bescheidnen Auftretens von dem päbstlichen Vicelegaten mit großen Ehrenbezeigungen empfangen und mit drei Kanonensalven von den Wällen der Stadt begrüßt: er trat in dem Palais des Vicelegaten ab und besuchte an einem der nächsten Tage einen zu Ehren des Infanten Don Philipp veranstalteten Maskenball, auf dem er eine Zusammenkunft mit diesem hatte. In den ersten Tagen des März verließ er Avignon und verschwand dann auf einige Zeit: im Juni 1749 ging aus Bologna die Nachricht ein, daß er sich dort befinde: eine spätere Depesche des Grafen Loß (6. Mai 1750) meldet, der Prinz halte sich in Lothringen verborgen, „pour être plus à portée de continuer un commerce amoureux avec Mad. la Pr. de Talmont."

In Paris hatte zwar das Volk sich nicht zu seiner Befreiung erhoben, allein man war über die Behandlung des Prinzen sehr erbittert: es ward bei harter Strafe verboten, in den Caffees und an andern öffentlichen Orten von dem Vorgange zu sprechen, allein der zurückgehaltene Groll machte sich nun in Spottgedichten Luft: Desforges, der Verfasser eines derselben, welches mit den Worten schloß:

„Peuple jadis si fier, aujourd'hui si servile,
Des Princes malheureux, vous n'êtes plus l'asile,"

büßte seinen poetischen Versuch mit 3jähriger Einsperrung auf dem Mont St. Michel [306]. Mehrere Andere, die sich mißliebig ausgesprochen hatten, wurden in die Bastille gesetzt. Die Gemahlin des ehemaligen Ministers des Prätendenten, b'Obrien, Lady Lismor, welche ebenfalls ihre Zunge nicht zu

---

[306] Reumont a. a. O., 91.

beherrschen vermochte, erhielt vom Marquis von Puycieulx ein Schreiben des Inhalts: „qu'ayant deplû par sa conduite au Roi Tr. Ch., l'intention de Sa Majesté étoit, qu'elle se retira de Paris à Orleans."

Wir können von dem Prinzen Karl Eduard nicht ohne ein Gefühl der Wehmuth scheiden: das Schicksal, das ihn berufen hatte, eine hervorragende Stellung einzunehmen, versagte ihm ein Ende zu rechter Zeit: hätte ihn an der Spitze seiner tapfern Hochländer eine Kugel niedergestreckt, ja hätte er, wie der letzte der Hohenstaufen, sein Haupt dem Henkerbeile bieten müssen, er würde noch immer leuchten in der Geschichte als ein glänzendes Meteor, das wir lieber nach kurzem Laufe, Funken sprühend, zerspringen, als im Schlamme versinken sehn: das letztere aber war leider Karl Eduard's trauriges Geschick!

Ueber Moritz, zu dem wir nun zurückkehren, meldete der Generalmajor von Fontenay, daß ein Bildhauer, Huet, ein Medaillon von ihm gefertigt habe, aus Perlmutter auf Lasurstein befestigt, das aber in Dresden keinen großen Beifall fand, so wie ferner, daß er am 21. November 1748 nach Choisy gereist sei. Graf Brühl wünschte zu wissen, was der Grund dieser Reise gewesen und erhielt die Antwort, daß die nächste Veranlassung Graf Löwendal sei: dieser war seit dem Feldzuge noch nicht wieder bei Hof gewesen und fürchtete einen übeln Empfang, wegen einer Differenz, in die er mit der Tochter des Herzogs von Noailles, Madame de la Marck, gerathen war: sie hatte Löwendal auf einem Maskenballe heimlich seinen Namen auf dem Rücken befestigt und ihn außerdem noch mit beleibigenden Reden über Erpessungen, die er sich in Flandern erlaubt habe, überschüttet, worauf Löwendal die Antwort nicht schuldig geblieben war. Moritz suchte denn diese Sache auszugleichen. Am 15. Mai 1749 besuchte der Marschall, der den Winter meist in Chambord zugebracht hatte, den König und die Pompadour auf einige Tage in Cressy: er reiste sodann am 9. Juni von Paris nach

Dresden ab, wo er am 20. Juni eintraf. Zum 22. Juni 1749 war der Landtag einberufen, zu dem auch an Moritz eine Ladung ergangen war, die „an den Hoch= und Wohlgebornen, unsern lieben getreuen, Herren Moritzen Grafen von Sachsen zu Tautenburg und Frauenprießnitz[307], General Marschallen von Frankreich" lautete. Er folgte auch der Ladung, was Graf Brühl dem Grafen Loß mit den Worten meldete: „le Comte de Saxe a pris comme seigneur de Tautenburg séance dans la seconde chambre de la noblesse, vulgo der weitere Ausschuß." Also Moritz ein Mitglied einer zweiten Kammer! Wenn er aber auch im weitern Ausschusse, in dem ihm als Inhaber von Tautenburg die vierte Stelle gebührte, seinen Platz einnahm, so hat er doch an den Verhandlungen sich nicht wesentlich betheiligt, wenigstens finden wir seinen Namen nicht speciell in den Acten über jenen Landtag erwähnt. Bereits am 12. Juli reiste er nach Berlin ab; dort am 13. Juli angekommen, wohnte er im Hotel Vincent[308] und ging am 15. zum König nach Sanssouci. Ihm zu Ehren fand ein Manöver statt, auch beschenkte ihn Friedrich II. mit seinem Portrait und einer goldenen, reich mit Brillanten besetzten Dose[309]. An demselben Tage schrieb der König über seinen Besuch an Voltaire[310]: „J'ai vu ici le héros de la France, ce Saxon, ce Turenne du siècle de Louis XV. Je me suis instruit par ses discours, non pas dans la langue française, mais dans l'art de la guerre. Ce maréchal pourroit être le professeur de tous les généraux de l'Europe."

Nachdem Moritz den König am 16. Juli wieder verlassen, entschuldigte letzterer sich bei ihm, daß er seine Unterhaltung bis spät in die Nacht hinein verlängert habe, er schrieb[311]: „J'aurais

---

[307] Frauenpriesnitz gehörte zu Tautenburg.
[308] Oeuvres de Frédéric le Grand, X. 89. XVII. 308.
[309] Preuß, Friedrich der Große, III. 167 Note 1.
[310] Oeuvres etc. XXII. 205.
[311] Oeuvres etc. XVIII. 308.

desiré, mon cher maréchal, de vous faire passer le temps plus agréablement que vous ne l'avez fait. Je vous avoue, que j'ai préféré les intérêts de ma curiosité et la passion de m'instruire aux attentions, que j'aurais dû avoir pour votre personne et pour votre santé. Je vous fais mes excuses de vous avoir tenu si longtemps assis et de vous avoir fait veiller au delà de votre coutume, j'ignorais que cela pût vous incommoder. Je suis si bon allié de la France, que bien loin de vouloir ruiner la santé de ses héros, je voudrois leur prolonger la vie."

Beiläufig wollen wir noch des Umstandes gedenken, daß man den Besuch des Grafen von Sachsen bei König Friedrich II. auch hat in Verbindung bringen wollen mit dem apokryphischen Werke „les Matinées du Roi de Prusse adressées à son neveu," welches neuerdings wieder viel besprochen worden ist, ein Buch, in welchem der König angeblich seine geheimen Regierungsprincipien niedergelegt haben soll, das aber allem Anschein nach eine bloße Fälschung ist. Thiébault[312] erzählt hierüber, daß in der Begleitung des Marschalls sich auch ein junger französischer Offizier befunden habe (er wird von Andern Bonneville genannt), der von einem Schreiber des Königs die Handschrift der matinées auf 24 Stunden erlangt, indem er ihm dagegen ein handschriftliches Exemplar der rêveries geliehen: Beide hätten sich eine Abschrift dieser Werke gefertigt und der Franzose habe dann die matinées in Holland drucken lassen. Thiébault bemerkt aber selbst, daß die matinées nicht vom König Friedrich verfaßt seien, sondern daß deren Herausgeber möglicher Weise nur einzelne Reden Friedrich II. dabei benutzt habe. Andere bezeichnen die Erzählung Thiébault's als eine Fabel[313], was sie auch zu sein scheint. Jedenfalls war, wenn auch ir-

---

[312] Mes souvenirs de vingt ans de séjour à Berlin ou Frédéric le Grand. Paris 1804 t. IV. S. 179.

[313] Die Grenzboten, Zeitschrift für Politik und Literatur. 1863. no. 13 S. 512.

genug Etwas an der Sache sein sollte, Moritz auf keine Weise
dabei betheiligt.

Am 18. Juli 1749 traf er wieder in Dresden ein: am
4. August nahm er, wie uns der Hof- und Staatscalender
erzählt, an einem Schießen in Sedlitz Theil und that beim
4. Rennen einen Zweckschuß, was ihm die 5. Geldprämie an
7 silbernen Medaillen, jede 4 Thaler werth, verschaffte. Er hatte
damit einen Beitrag zu den Kosten der Rückreise nach Frank=
reich gewonnen, welche er am 6. August antrat: Brühl schrieb
an den Grafen Loß, Moritz habe Dresden verlassen mit den
besten Absichten für den sächsischen Hof erfüllt, er möge sich
auch ferner seiner zur Förderung der Geschäfte mit Frank=
reich bedienen. Brühl hatte also den Verdacht aufgegeben,
daß der Graf von Sachsen nach Dresden gekommen sei, um
ihn zu stürzen: Warnungen deshalb waren von Paris aus
dem Cabinetsminister zugegangen, unterstützt, wie er an Loß
schrieb, mit authentischen Beweisen, daß sich seine Feinde des=
halb an Moritz gewendet hatten.

Während seines Aufenthalts in Dresden beschloß Moritz,
noch einen letzten Versuch wegen Curland zu unternehmen.
Er sendete deshalb den Kammerjunker Grafen von Gurowski
im Herbste 1749 mit geheimen Aufträgen nach Moskau, stat=
tete ihn mit Geldmitteln aus und übergab ihm auch eine
eigenhändige Obligation, in welcher er als Prämie für Er=
langung seiner Zwecke 25000 Ducaten versprach. Der Ab=
gesandte fand aber kein günstiges Terrain: der Großkanzler
Graf Bestucheff wollte ihn anfänglich gar nicht vorlassen, als
aber Gurowski ihm durch den sächsischen Legationsrath von
Funk im October 1749 vorgestellt worden war und ihm sei=
nen Auftrag, für Moritz zu wirken, mitgetheilt und die
25000 Ducaten zwar nicht baar, aber in der Obligation, die
er ihm übergab, in Aussicht gestellt hatte, beschloß er ihn zu
benutzen, um zu Gunsten Birons, der damals in Jaroslaw
lebte, zu wirken. Die Kaiserin konnte nämlich in der cur=
ländischen Sache zu keiner Entschließung gebracht werden und

Bestucheff, ein Freund Birons, hoffte, daß die erneuerte Bewerbung Moritz's sie um so eher zu einer Biron günstigen Entscheidung veranlassen werde. Gurowski, noch ganz unerfahren in diplomatischen Geschäften und dem schlauen Bestucheff nicht gewachsen, ward gänzlich mystificirt: er erzählte dem Großkanzler, um ihn in seiner, wie er meinte, günstigen Stimmung für Moritz zu befestigen, daß der mächtige Cabinetsminister Graf Brühl die Hand seiner ältesten Tochter Moritz für den Fall, daß er Herzog von Curland werde, zugesagt habe[314], eine Nachricht, die allerdings von dem sächsischen Legationsrathe v. Funk nicht bestätigt werden konnte. Das Ende war, daß Gurowski, der mit dem Hofe sich nach Petersburg begeben hatte, am 11. April 1750 den Befehl erhielt, binnen 3 Tagen Petersburg und binnen 12 Tagen das russische Reich zu verlassen, vorher aber seine Schulden zu bezahlen, eine allerdings schwierige Aufgabe, deren Lösung ihm jedoch mit Beihülfe Funk's gelang.

Einen Theil des Herbstes 1749 brachte Moritz auf seinem Landgute aux Pipes zu. Bei der Verfolgung eines Ebers stürzte er am 6. September mit dem Pferde, er fiel in einen Busch, brach das Schlüsselbein und erlitt auch sonst noch mehrere Contusionen: obwohl man ihm sofort zur Ader ließ, schien doch einige Tage lang Gefahr vorhanden zu sein, doch besserte sich der Zustand und am 25. September konnte er schon wieder nach Paris und von da nach Versailles gehn, um sich dem König vorzustellen.

Moritz lebte von nun an fast ausschließlich in Chambord, beschäftigt mit Verbesserungen und umgeben von wahrhaft fürstlicher Pracht. In einer nur zu diesem Behufe erbauten Caserne hatte er sein Regiment untergebracht. Valfons,

---

[314] Die älteste Tochter des Grafen Brühl, Marie Amalie, verheirathete sich am 14. Juli 1750 mit dem Grafen Mniszech: im Scherz schrieb damals Graf Brühl an Moritz, seine Frau lasse ihm wissen, „qu'elle ne renoncera jamais sur le nom qu'elle s'est acquise de sa belle mère, elle pretend de lui élever ma seconde fille."

der ihn aufsuchte, fand vor dem Schlosse die sechs Kanonen, welche ihm Ludwig XV. geschenkt hatte, aufgefahren und die Halle mit eroberten Fahnen geschmückt[315]. Er erbaute ein Hospital und ein Theater, dessen Ausschmückung 60000 livr. kostete: häufig fanden darin theatralische Vorstellungen und Concerte statt. An zwei Tafeln, eine zu 80, eine zu 60 Couverts ward täglich gespeist[316]. Vierhundert Reit- und Kutschpferde standen in seinen Ställen, eine prächtige Jagdequipage ward häufig zu Jagden benutzt, bei denen die Erinnerung an Hubertusburg sich ihm vergegenwärtigte. Er schrieb deshalb dem König von Polen: „j'ai fait tout se pais la comme Hubertsburg, mais en petites routes et en plus grandes cantites, il ny a pas deux cent pas d'un carrefour a lautre." Ein von ihm angelegtes Gestüt lieferte die Remonte für sein Regiment: er sagt selbst in seinem Testamente, daß er treffliche Pferde dort gezogen habe. Bei den Arbeiten, die er ausführen ließ, legte er oft selbst mit Hand an[317]: zu diesen gehörte auch ein Canal, den er von Chambord nach dem Schlosse Ferte durch seine Soldaten graben ließ, um die Loire und Seine zu verbinden[318]. Daß er aber auch dem Ehrgeiz noch nicht entsagt, beweist ein Memoire, welches er, anscheinend zu dieser Zeit, an Ludwig XV. richtete[319]: er sagte darin, daß viele Höfe, ihn, den Sohn eines großen Königs, den zum Herzog von Curland Erwählten, als Prinzen behandelten, er bat daher: „que S. M. voudra bien lui accorder le traitement, rang et les honneurs, dont jouissent les princes de maison souveraine, établis dans le royaume": zugleich bezog er sich darauf, daß er der Oheim

---

[315] Souvenirs etc., S. 249.
[316] Sammlung von Lobschriften ꝛc., S. 89.
[317] Valfons, Souvenirs etc., 249.
[318] Ranft, Leben und Thaten des Grafen Löwendal, nebst einer Fortsetzung der ꝛc. Lebensgeschichte des Grafen Moritz v. Sachsen (1749), S. 502.
[319] Lettres et mémoires, V. 291.

der Dauphine sei: wir ersehn aber nicht, daß das Gesuch Beachtung gefunden habe.

Noch einmal ward er im Jahre 1750 in einer militärischen Frage zu Rathe gezogen. Der Minister Graf d'Argenson schrieb ihm am 15. Februar 1750[320], daß der König die Verschiedenheit des Exercitiums in der Armee abzustellen und nur ein gemeinsames einzuführen beabsichtige, es solle deshalb im Hotel des Invalides eine Probe in Moritz's Gegenwart stattfinden und er ersuche ihn, den Tag derselben zu bestimmen. Moritz wohnte dieser Probe bei und gab dann ein ausführliches Gutachten ab.

Der letzte Brief, den wir von ihm finden, ist an den König von Polen gerichtet und lautet also:

„a Versaille le 5 Septembre 1750

Sire

N'aiant peu avoir l'avantage d'ecrire a Vostre Majeste par le premier courier de M. le C. de Los, j'ay atandus le neufieme jour des couches de Madame la doffine[321], terme apres le quel il ny a plus rien a creindre pour sa personne: elle a ete en d'anger le catrieme, mais grasse a dieu tout sait retabli le lendemein, et elle se porte a souhais, sa dousseur sa constance et le courage, quelle a fait paroitre pendant un travail asses penible, luy ont atires la tendresse du Roy et de toute la cour. Le Roy luy a constament tenu la main pendant le travail et lon peut dire, quelle ait acouchée entre ses bras, ossi en suetil a grosse goute, il faiset fort chau ce jour la', et la cantite de monde, quil y avet dans son apartement, faiset que l'on y fondoit. J'ay optenu du roy et de la reine, quil plut a sa majeste de lever toute les entrée pendant neuf jours, se qui a éte du grand soulage-

---

[320] Lettres et mémoires, V. 292, 294.

[321] Die Dauphine kam am 26. August 1750 mit einer Prinzessin nieder, die den Namen Zephyrine erhielt: sie starb bereits am 1. September 1755.

ment a Mad. la doffine, mais qui a fait crier tout le monde, parseque sela ait contre l'etiquete et n'a james ete pratiquer; ma principalle raison a ete le danger, quil y a daprocher une femme en couche a vu des odeurs et tout le monde an a ici peu ou beaucoup, les abis en sont cinprimes et les sentent toujour, coy quil disset, quil nen mete point, enfein Dieu mersi, la voilla bien portante et an train de donner une posterite nombreusse a la France.

J'y veu danser la petite Riviere une fois a la commedy fransaisse a Paris, elle y ait aplodye a toute outrance, Vostre Majeste la trouvera changee en bien au de la de se quelle peut en atendre pour le peu de temp quelle a ete ici, mais elle sait fort apliquée et Maltoire ait le mellieur maitre quil y ait sans contredit. Si Vostre Majeste la lesset encore ici pendant lhiver, elle auret une danseusse parfaite, mais la mere n'ait pas en etat de soutenir saite depence et il fauderet, que Vostre Majeste y sacrifiat quelque cent ducas. Pour Mademoiselle Favier, je ne sais se quelle fait, sa mere ait une folle, qui gate se que Maltoire corige, il nan ait pas content d'ailleurs elle ne travaille pas avec ardeur et a perdu du tamp. Je ne les ay vu qune fois et ay lave la taite a la mere, qui ma soutenus que les bras ny feret pas grant chosse aparement sait parse quelle les a toujour eu vilain.

Mademoiselle de Sense [322] vient passer une party de lotonne ches moi a Chambord avec une trollée de femmes de la cour, je leur donneres des chasse dans les toilles, la comedye et le bal tout le jour et pour sait effet jay aretes la troupe des comedien, qui ait des

---

[322] Die Feste, welche er der Prinzeſſin de Sens gab, ſollen Moritz 400000 livres gekoſtet haben. Ranft, Leben und Thaten ꝛc. (1751) S. 459.

voiages de la cour a Compiegne, a qui je feres m'anger force biche et sangliers. Je conte, que ses dames samusseront fort bien, jay un corp doffisies tres bien choisi de jolly figures, jeune et reclus comme des moines dans le chateau de Chambor, l'on iret plus loin pour trouver sela et l'on comence dejas a en medire, mais elles y vienderont icy quoi que l'on en puisse dire. Vostre Majeste trouveras petaitre, que je fais un metier conforme a la vye que j'ay mener, sait le sort des vieu charreties d'aimer encore a entendre claquer le fouet. A tout pecheur soit fait misericorde, et si jen fais un de procurer des plesir a mon prochein, mon eintansion n'ait point quils soit criminel et se que jan ait dit, n'ait que pour amuser un m'oment Vostre Majeste, toute ses dames sont sage, elles aiment a rire et j'espere que sait tout.

Les chasse de Vostre Majeste vont aitre manifique, je souhaite que la saison se soutienne et je lespaire, car il fait bien chau ici, et les otonne se soutiennet l'ontemp apres de tels aites. Resseves avec vostre bontes ordinere, Sire, les assurance de ma soumition et du proffont respect, avec lequel je seres toute ma vye, Sire,

de Vostre Majeste,

le tres humble et tres soumis serviteur et suget

M. de Saxe."

Die Verwendung für die Tänzerin Rivière ward beachtet. Graf Brühl schrieb am 26. September 1750 an Moritz: „en consideration de Votre bon temoignage S. M. permet à la petite Rivière de rester non seulement cet hiver, mais encore tout l'été prochain en France pour se perfectioner." Also eine Tänzerin bildete den letzten Gegenstand der Correspondenz. Die nächste Botschaft über Moritz enthielt die Nachricht seines Todes. Es war die Nemesis, die ihn ereilte in der größten Schwäche, mit der er behaftet war, in seiner ungezügelten Leidenschaft zu den

Frauen. Die Schauspielerin Favart, deren wir schon gedacht haben, hatte sich den Verfolgungen ihres mächtigen Verehrers mehrere Jahre hindurch zu entziehn gewußt, bis dieser Mittel gebrauchte, die allerdings seiner nicht würdig waren[323]. Im October 1749 wollte die Favart mit ihrem Manne in Lüneville zusammentreffen, dort ward sie aber arretirt: man brachte sie in das Ursuliner-Kloster aux Grands-Andelys: sie ward zwar nach einiger Zeit entlassen, aber nach Issoudin verwiesen. Moritz schob zwar diese Verfolgungen auf die Frommen am Hofe, allein er war, wie Favart und dessen Frau wohl mit allem Grunde vermutheten, selbst die Ursache. Er bot der „petite fée," wie er sie nannte, eine Zuflucht in Chambord und mehrere Male Geldsummen an: wenn dies auch anfänglich abgelehnt ward, so erreichte Moritz doch schließlich seinen Zweck. „Il entretenoit des filles, qui à la fin l'ont tué et c'est une comédienne, Mad. Favart, qui lui a donné le coup de grace," schrieb die Pompadour[324] nach seinem Tode. Der Legationssecretair Spinhirn, welcher über Moritz's letzte Krankheit nach Dresden berichtete, gedenkt allerdings dieses Umstandes, wie sehr erklärbar ist, nicht. Nach seinen Angaben erkrankte Moritz am 23. November plötzlich an einem Fieber, welches mit solcher Heftigkeit auftrat, daß er nur auf einzelne Stunden bei Besinnung war. Er verbot aber seine Krankheit wissen zu lassen und wollte auch die Herbeirufung des Dr. Senac, der sein gewöhnlicher Arzt war, nicht gestatten: man schickte daher ohne sein Wissen einen Courier an diesen ab. Als Senac ankam, fand er Moritz sehr gefährlich an einer Unterleibsentzündung erkrankt: mehrere Aderlässe vermochten das Fortschreiten der Krankheit nicht zu behindern. Er starb am 30. November 1750 früh zwischen 6—7 Uhr. In einem sei-

---

[323] Ausführliches hierüber in den Mémoires et correspondances etc. de Favart, t. I. p. LI—LXIII.

[324] Lettres de Mad. de Pompadour, t. III. p. 84, s. auch Mémoires du Marquis d'Argenson, III. 368.

ner lichten Augenblicke sagte er zu Senac: „Mon ami, voila la fin d'un beau rêve"³²⁵, ober, wie Andere³²⁶ die Worte wiedererzählen, „Docteur, la vie n'est qu'un songe; le mien a été beau, mais il est court."

Bei der Section der Leiche ergab sich, daß die Leber und die Milz sehr angegriffen und fast zersetzt waren: auch fanden sich zwei Polypen am Herzen, von denen die Aerzte angaben, daß sie zwar die Fortdauer des Lebens noch während einiger Jahre nicht behindert haben würden, aber auch einen alsbaldigen Tod hätten herbeiführen können, wenn sie sich vereinigt hätten.

Ludwig XV. meldete die Trauernachricht dem König Friedrich August mittelst eines eigenhändigen unorthographischen Schreibens des Inhalts:

„Monsieur mon Frere. La perte que je viens de faire du M^{al.} de Saxe me penetre de la plus vive douleur, son attachement pour ma personne me la fait senter encore plus vivement. Je n'oublieres jamais les services importants, qu'il ma rendus, ses qualites supirieurs le rendoient bien digne du sang dont il sortoit. Je partage bien sincerement avec Votre Majesté les regrets qu'un si triste evenement a tous egards lui causeronts en l'assurant de toute l'amitié avec la qu'elle je suis Monsieur mon frere

a Versailles ce 30 9bre.   De Votre Majesté
1750.   Bon frere
            Louis."

Friedrich der Große widmete seinem Angedenken die bekannte Elegie³²⁷ an den Marschall Keith, sur les vaines terreurs de la mort et les frayeurs d'une autre vie, welche mit den Worten beginnt:

„Il n'est plus, ce Saxon, ce héros de la France."

---

³²⁵ Argenson a. a. O., III. 371.
³²⁶ Espagnac a. a. O., II. 273. de la Barre Duparcq, p. 109.
³²⁷ Oeuvres, X. 194.

Der Inhalt des Gedichts bewog später die Geistlichen in Amsterdam, sich öffentlich gegen die oeuvres du philosophe de Sans-Souci auszusprechen [328].

Auch von Arnaud [329], David Andreas Schneller [330], Otto Christian Lohenschiold [331] erschienen im Druck poetische Ergüsse auf Moritz's Tod. Aus Paris aber sendete der Graf von Loß eine ganze Reihe fingirter versificirter Grabschriften und anderer Spottverse ein, die dort circulirten und in denen sich der boshafte Witz der Pariser ablagerte. Als Probe davon nur ein solches Product:

> Le Saxon vaillant et paillard,
> Dans l'empire des morts rencontra Jeanne d'Arc,
>   Salut, dit-il, à l'héroïne,
> Qui de l'état français empêcha la ruine!
>   Chez ce peuple reconnaissant,
> Tu T'es acquis une gloire immortelle,
>   Que n'avons nous vecû tous deux en même temps,
>   L'on ne T'eut jamais appelé la Pucelle!

Es fanden sich mehrere letztwillige Anordnungen Moritz's vor [332].

In seinem Testament vom 1. März 1746 berechnete er sein Vermögen, außer einem werthvollen Mobiliar, auf 600000 livres bei verschiedenen französischen Bankiers, 40000 Thaler in Sachsen, 10000 Rubel in Liefland auf einem Gute haftend, und „un gros diamant nommé le Prague," jedenfalls derselbe, den er, wie wir in Abschnitt 6 erwähnt haben, nach der Eroberung von Prag von der Stadt erhielt. Zu Testamentsexecutoren ernannte er für das Vermögen in Deutschland den sächsischen Hausmarschall v. Erb-

---

[328] Preuß, Friedrich der Große, III. 169.
[329] La mort du maréchal Comte de Saxe in mehreren Ausgaben erschienen.
[330] Heldengebicht auf Moritz Gr. v. Sachsen. Straßburg 1761.
[331] Ode auf den Marschall Gr. v. Sachsen. Tübingen 1752.
[332] Histoire de Maurice Comte de Saxe. Dresden 1752. II. 305 ff.

mannsdorf, für das in Frankreich, den procureur au Chatelet zu Paris Baudry. Ersterm legirte er den großen Diamanten, Letzterm 1000 louisd'or. Hierauf folgen eine Menge Legate, u. a. 400000 livr. „a Mr. le Comte de Watzdorf, Seigneur de Lichtewalde, en forme de restitution de la confiscation, que S. M. le Roi de Pologne m'a donnée sur la confiscation des biens de son oncle" (S. 69).

Den Ueberrest des Vermögens in Frankreich sollte der Kammerherr Graf von Bellegarde erhalten, den Ueberrest des in Deutschland befindlichen, Luise von Metzradt, geb. von Metzradt, „pour lui donner une marque de mon souvenir." Dem jungen Grafen von Friesen, einem Sohne des von uns erwähnten Grafen Heinrich Friedrich von Friesen aus dessen Ehe mit Moritz's Halbschwester, der Gräfin Augusta Constantia von Cossell, hinterließ er ein Manuscript seiner rêveries [333]. Ueber seine Bestattung bestimmte er: „quant à mon corps, je désire, qu'il soit enseveli dans de la chaux vive, si cela se peut, à fin qu'il ne reste bientôt plus rien de moi dans le monde, que ma mémoire parmi mes amis."

Ein Nachtrag vom 5. März 1746 enthält einige unwesentliche Modificationen: ein fernerer Nachtrag vom 1. Januar 1748 besagt, daß, da die früher benannten Testamentsvollstrecker verstorben, an deren Stelle der sächsische Hofrath Mülbener und der Capitain von Proheingues treten sollen: Ersterer soll 1000 Ducaten, Letzterer ein mit Brillanten besetztes, 1000 Louisd'or geschätztes Portrait erhalten. Der große Diamant „le Prague" ward dem Grafen von Friesen überlassen, für den sich der Erblasser zugleich das Regiment leichter Cavallerie und Chambord von Ludwig von Frankreich erbat; dann folgen noch andere Legate.

---

[333] Dasselbe befindet sich, wie Fallenstein, Beschreibung der k. öffentlichen Bibliothek zu Dresden, S. 458 angiebt, noch in der Freiherrl. von Friesenschen Bibliothek zu Rötha.

Ludwig XV. erfüllte Moritz's letzte Wünsche wegen des Grafen von Friesen insoweit, daß er diesem eine Pension von 12000 livr. und das bezeichnete Regiment verlieh. Chambord fiel an die Krone zurück. Auch der Herzogin von Holstein, der Halbschwester Moritz's, welche sich in der Hoffnung getäuscht sah, daß er ihr einen wesentlichen Theil seines Nachlasses zuwenden werde, setzte Ludwig XV. eine Pension von 12000 livr. aus[334]. Von seinen Papieren wurden durch die sächsische Gesandtschaft diejenigen ausgeschieden und nach Dresden gebracht, „qui pourroient interesser le Roi de Pologne et qu'on ne seroit pas bien aise chez nous de voir tomber en d'autres mains," ein Umstand, dem wir manche unserer Quellen verdanken. Mit der Obristin von Metzradt ward wegen des ihr in dem Testament hinterlassenen, in Deutschland befindlichen Vermögens ein Vergleich geschlossen, nach welchem sie ihre Rechte dem König Friedrich August abtrat gegen ein Capital von 20000 Thalern, eine lebenslängliche Rente von 300 Thalern und eine Kiste mit 12 neugefertigten Tischgedecken. Der König Friedrich August wünschte auch ein Verzeichniß der von Moritz besessenen Gemälde zu erlangen, um zu ersehn, ob vielleicht einige sich zum Ankauf eigneten. Graf Brühl bemerkte dabei: „il doit y en avoir quelques uns de fort gai, parmi". Ob aus der Gallerie Etwas nach Dresden gelangt ist, ersehn wir nicht aus den Acten.

Moritz's Wunsch, daß man seinen Körper in Kalk vernichten möchte, ward nicht erfüllt, man wollte die Ueberreste des Helden aufbewahren, aber ihre würdige Bestattung fand Schwierigkeiten. Der Körper eines Protestanten durfte in einer katholischen Kirche keine Ruhestätte finden, es war sogar nicht einmal gestattet, ein de profundis zu singen: dies veranlaßte das bekannte Wort der Königin von Frankreich[335],

---

[334] Ranft, Leben und Thaten des jüngstverstorbenen Grafen Moritz v. Sachsen (1751), S. 451 ff.

[335] de la Barre Duparcq a. a. O., S. 109.

welche ihr Bedauern ausdrückte, „qu'on ne pût dire un de profundis pour un homme, qui avait fait chanter par ses victoires tant de Te Deum!" Als Ort der Bestattung schlug man von Dresden aus die neue evangelische Kirche zu St. Thomas in Straßburg vor, ein Vorschlag, den Ludwig XV. genehmigte. Ein feierlicher, von 100 Dragonern begleiteter Leichenzug, angeführt von einem Offizier Namens von Hellborf, setzte sich von Chambord aus in Bewegung: aller Orten wurde er mit den militairischen Ehren begrüßt. Der Zug brauchte 31 Tage bis Straßburg: dort am 7. Februar 1751 angekommen, wurde die Leiche während 24 Stunden auf dem Paradebette im Hotel des Marschalls v. Coigny ausgestellt und am 8. Februar feierlich in die protestantische Kirche geleitet. Der Pfarrer Lorenz hielt die Leichenrede über Makkab. I. cap. 9. v. 20 [336] und der Präsident des Consistoriums, Fröreisen, eine Lobrede [337]: dann ward die Leiche bis zur Vollendung des Moritz bestimmten Denkmals in einem Gewölbe beigesetzt. Am Tage der Beisetzung ward auch in der Capelle des schwedischen Gesandten zu Paris ein Trauergottesdienst gehalten, bei welchem der P. Baer die Leichenrede hielt [338].

Dem Bildhauer Pigalle ward der Auftrag, das Denkmal für Moritz auszuführen: das Werk ward erst im Jahre 1776 vollendet und in der St. Thomaskirche aufgestellt. Am 20. August 1777 fand mit großem Pomp die Uebersiedelung der Leiche statt [339].

Die Prinzessin Christine von Sachsen, Aebtissin von

---

[336] Joh. Mich. Lorenz, Leichenrede auf Moritz von Sachsen ꝛc., Straßburg 1751.

[337] Joh. Leonh. Fröreisen, Lobrede auf Moritz von Sachsen, Straßburg 1751.

[338] Friedr. Carl Baer, Leichenrede auf Moritz ꝛc., Frankfurt und Leipzig 1751.

[339] Ausführlich beschrieben in der Sammlung von Lobschriften ꝛc., 1777. S. 159 ff.

Remiremont, schrieb über die Feierlichkeit nach Dresden (23. August 1777): „Le grand chaud qu'il continua à faire et qui étoit de trop pendant la translation du Maréchal de Saxe, mon frère (Prinz Xavier) l'a surtout bien sentie, étant allé avec le convoi et ayant porté un coin du poêle, c'étoit beau à voir, s'est très bien passé sans accident et dans le plus grand ordre, cette cérémonie a attiré plus de 6000 étrangers, logés aux auberges et chez les bourgeois, sans compter ceux, qui logeoient chez leurs parens et amis: enfin seulement Princes et Princesses de Baden, Hesse etc. et nous, nous étions ce jour la 15 a souper chez le maréchal de Contades."

Neunter Abschnitt.

Rückblick.

Wir haben unsern Helden begleitet, von seiner Geburt bis zur letzten Ruhestätte, und wollen nun noch einen kurzen Rückblick werfen auf seine Eigenschaften als Mensch und als Krieger.

Ueber sein Aeußeres bemerkt sein Zeitgenosse Ranft[340], der wohl öfters Gelegenheit gehabt hatte, ihn zu sehn, daß er von mittler Statur gewesen, während dagegen Espagnac[341], ebenfalls als Augenzeuge, ihn als lang von Gestalt bezeichnet. Den Franzosen, die sich weniger durch Körpergröße auszeichnen, konnte wohl eine Gestalt als lang erscheinen, die man in Deutschland nur als von mittler Größe betrachtete. Freundliche blaue Augen und ein angenehmes Lächeln milderten das Rauhe, das seinen Zügen sein dunkler, sonnenverbrannter Teint, seine dichten schwarzen Augenbrauen hätten geben können. Sein kräftiger Gliederbau verkündete die herculische Körperstärke, mit der er begabt war und die ihn, in Verbindung mit großer Gewandtheit, zu einem Meister in allen ritterlichen Uebungen machte: nur im Tanzen, dem er keinen Geschmack abzugewinnen wußte, blieb er weit hinter der Virtuosität zurück. Das K. Museum zu Dresden bewahrt

---

[340] Leben und Thaten 2c., 1746 S. 292 und in dem Buche vom Jahre 1751, S. 454.

[341] a. a. O., II. 274, f. auch Lettres et mémoires etc., I. p. XXXIX.

von ihm 3 Portraits. Das erste, in Oel gemalt von Müller (Nr. 1954), stellt unsern Helden in voller Jugendblüthe dar: es schien daher vorzugsweise geeignet, als Titelkupfer zu dienen, da unsere Schrift sich wesentlich auch mit Moritz in seinen Jugendjahren beschäftigt und gerade das, was wir aus dieser Periode seines Lebens Neues haben geben können, wie wir hoffen, manchen unserer Leser interessiren wird. Das zweite Bild, von Liotard in Pastell (Nr. 2090), kennzeichnet Moritz als Marschall von Frankreich in seinem vollen Glanze: es ist bereits durch einen trefflichen Kupferstich von Marcenay, nur mit Abänderung der Staffage, vervielfältigt. Das dritte Portrait, ebenfalls in Pastell ausgeführt, von La Tour, ist ein außerordentlich ansprechendes Bild. Wir sehn Moritz mit eignem, leicht gepudertem Haar, in einem bequemen rothen Hausrock gekleidet: in den milden, freundlichen Zügen prägt sich ein von Herzen kommendes Wohlwollen so hervortretend aus, daß man, wüßte man nicht, wen das Bild wiedergibt, am wenigsten meinen sollte, es stelle einen Feldherrn dar, der so viel blutige Kämpfe gefochten. Das Bild mag etwa in seinem 40. Lebensjahre gemalt sein und so zeigt sein Antlitz noch nicht die Spuren des Verfalls, welcher in seinen letzten Jahren Folge seiner Krankheit war und den die Pompadour mit den Worten schilderte[312]: „dans les dernières années de sa vie, c'étoit un cadavre ambulant, dont il ne restoit plus rien, que le nom."

Die Natur hatte ihn aber nicht nur körperlich begünstigt, sondern auch sein Character bot treffliche Seiten. Seiner Mutter war er ein liebevoller Sohn, der die große Zärtlichkeit, mit der sie an ihm hing, aufrichtig erwiederte. Seinem königlichen Vater trat er mit Ehrerbietung, aber auch mit Selbstbewußtsein entgegen: wenn er ihm in der curländischen Angelegenheit offen den Gehorsam versagte, so findet dies darin einige Rechtfertigung, daß er wohl meinte, die strengen

---

[312] Lettres etc., III. 82.

Rescripte sprächen nicht den eigentlichen Willen des Königs aus, die Befehle seien von ihm nicht so ernstlich gemeint. Mit seinen Halbgeschwistern stand er in brüderlichem Vernehmen, bereit, sie mit Rath und That, wenn sie es bedurften, zu unterstützen, wie wir dies u. a. in seinem Verhalten gegen die Herzogin von Holstein erkennen (S. 224).

Von großer Liebenswürdigkeit im Umgange, gewann er durch seine vom Herzen kommende Freundlichkeit und Höflichkeit Alle, die mit ihm in nähere Berührung kamen; leutselig gegen unter ihm Stehende, wußte er aber der Hoffahrt und Aufgeblasenheit insbesondere derer, die sich, ohne persönliches Verdienst, nur mit ihrer vornehmen Geburt brüsteten, energisch zu begegnen: er überschritt aber dabei wohl bisweilen die Grenzen der Klugheit, und die Anfeindungen, welche er vielfach zu bekämpfen hatte, mögen, neben dem Neide, wohl zum Theil darin mit ihren Grund gehabt haben, daß er die Eitelkeit der vornehmen Franzosen nicht zu schonen wußte. Der Sohn eines großen Königs, wie er sich selbst bezeichnete (S. 272), glaubte er sich auch Königen ebenbürtig und berechtigt, sich über die gewöhnlichen Formen der Etiquette, selbst Ludwig XV. gegenüber, hinwegsetzen zu können [343]. Obwohl seinem ganzen Wesen, seiner ganzen Haltung nach ein grand seigneur und einen seiner Stellung entsprechenden Glanz beanspruchend, war er doch kein Freund des, lediglich der Hoffahrt schmeichelnden, unnützen Luxus: ein wohl versehenes Zeughaus zog er einer mit Kammerjunkern gefüllten Antichambre vor (S. 122), insbesondere verschmähte er alle Kleiderpracht [344]. In hohem Grade abhold jedem socialen Zwange, vermied er die Hofcirkel Ludwig XV., in denen er den strengen Formen des Ceremoniells sich wohl oder übel fügen mußte, sah überhaupt bei der Wahl seines Umgangs nicht auf vornehmen Stand, sondern darauf, daß

---

[343] Mémoires du Marq. d'Argenson, III. 184.
[344] Ranft, Leben und Thaten (1746), S. 293.

ihn seine Gesellschaft unterhalte: er mag dabei überhaupt, insbesondere aber in Beziehung auf das schöne Geschlecht, nicht sehr wählerisch und der Meinung gewesen zu sein, daß guter Champagner darum nicht schlechter schmecke, wenn auch die Flasche keine glänzende Etiquette, kein vornehmes Ursprungscertificat trage: die erste beste Gesellschaft, wenn sie ihn nur amüsirte, war ihm lieber, als die sogenannte „erste und beste." Die Pompadour, seines ihr nicht würdig genug erscheinenden Umgangs gedenkend, schreibt der Herzogin d'Estrées darüber: „jugez par-la de ses compagnies!"[345] Züge seiner Mildthätigkeit, seines Wohlwollens, erzählt uns die mehrfach von uns angezogene Sammlung von Lobschriften S. 96 fl. Als einst einer seiner Pagen an den Pocken erkrankte, ließ er ihn nicht aus seinem Palais entfernen, sondern zog lieber selbst inzwischen aus seiner Wohnung. Stets bereit, fremdes Verdienst anzuerkennen, ihm gerechte Belohnung zu verschaffen, war er ganz frei von kleinlicher Eifersucht: wie edel er sich gegen Valfons benahm, haben wir S. 242 erzählt. Seine Worte: „il faut que le pauvre gentilhomme etc. soit moralement sûr de parvenir par ses actions et services"[346] erinnern an den Marschallstab, den, wie Napoleon I. sagte, jeder seiner Soldaten in seinem Tornister trug. Mit gesundem Menschenverstande begabt, mit besonderm Talente aber nur für die Kriegswissenschaften und Mechanik ausgestattet, fehlte ihm doch eine gründliche wissenschaftliche Bildung; seine spätern Studien in Frankreich unter Follard's Leitung, vermochten die Lücken, welche die Versäumnisse in seiner Jugend in seinem Wissen gelassen, nicht auszufüllen: er war sich dieses Mangels auch wohl bewußt: als der Marschall von Noailles ihm die allerdings eigenthümliche Idee aussprach, daß er in die académie francaise aufgenommen werden möge, lautete Moritz's Antwort:

---

[345] Lettres etc., III. 84.

[346] Mes rêveries livre I. c. I. art. 4 in der Ausgabe von de Bonneville, Haag bei Peter Gosse, 1758, S. 20.

„que sela malet (cela m'alloit) comme une bage a un cha (bague à un chat). Pourcois nan aites vous pas? Je creins les ridiqules et se luy si man paret un"[347]. Eine interessante Sammlung von Sinnsprüchen und einzelnen militairischen Grundsätzen Moritz's hat be la Barre Duparcq zusammengestellt[348]. Verschlossen blieb ihm der Sinn für die Politik: in den Irrgängen der damaligen Diplomatie vermochte sein gerader Sinn sich nicht zurecht zu finden; nicht nur Luynes bestätigt dies[349], sondern Moritz auch selbst hat, wie wir gesehn haben, diesen Mangel, den wir ihm als Vorzug anrechnen möchten, mehrfach anerkannt. Kein Wunder daher, daß er sich insbesondere in der curländischen Angelegenheit wiederholt in seinen politischen Combinationen vollständig getäuscht sah. Von den schönen Künsten waren es vorzugsweise Musik und Malerei, welche ihn anzogen, ja er galt, wie wir gesehn haben, bei Brühl sogar als ein Kenner in der Malerei (S. 172).

Welcher Selbstbeherrschung er fähig war, beweist der Tag von Fontenay: todtkrank besiegte er durch die Energie seines Willens sein Uebel, bewahrte er sich die Geistesfrische und Besonnenheit, die nöthig war, einen hart bestrittenen Sieg zu gewinnen: gewiß ein für alle Zeiten denkwürdiger Beleg, was der Geist über den Körper vermag!

Bei vielem Licht fehlten aber auch nicht die Schattenseiten. Wenn Argenson in seinen Memoiren ihm Habsucht Schuld gibt[350], so müssen wir diesen Vorwurf, der mit Moritz's ganzem Wesen und Character in directem Widerspruche steht, zurückweisen, vielmehr war leichtsinnige Verschwendung ein Fehler Moritz's, der sich denn auch, wie wir gesehn haben,

---

[347] Lettres et mémoires, I. p. XL.
[348] Biographie et maximes de Maurice de Saxe, S. 119—147.
[349] Mémoires etc., VII. 328.
[350] Mémoires, II. 370: er sagt von ihm und Löwendal: „tous deux aiment l'argent en Allemands, ils ne se piquent point de désintéressement."

vielfach an ihm rächte und ihm große Verlegenheiten bereitete: Geld verbrauchte er daher allerdings sehr viel und er mußte es sich zu verschaffen suchen, aber gewiß hat er nie nach Geld allein um des Geldes willen gehascht. Wenn die Pompadour von ihm sagt: „J'ai eu occasion de le voir souvent et je crois avoir bien saisi son caractère, il n'étoit grand qu'à la tête d'une armée, partout ailleurs il avoit les petitesses des ames vulgaires"[351], so scheint sie dabei, wie der Zusammenhang in ihrem Briefe andeutet, zunächst seinen Umgang mit den Frauen vor Augen gehabt zu haben, denn gegen den Vorwurf kleinlicher Gesinnung möchten wir unsern Helden verwahren. Ehrgeizig, ehrsüchtig war er, aber nicht eitel. Traumbilder von Kronen, fürstlichen Heirathen, improvisirten Dynastien umgaukelten ihn allerdings sein Leben lang; Curland, zuletzt gar noch die Insel Tabajo, sollte ihm den Thron verschaffen, welchen ihm seine Geburt versagt hatte: in dieser, wie in vielen andern Beziehungen, finden wir eine große Aehnlichkeit Moritz's mit dem berühmten Don Juan d'Austria, dem Sohne Kaiser Karl V.: Beide außerehelich von mächtigen Fürsten gezeugt, Beide schön, tapfer, talentvoll, Beide immer in unbefriedigtem Streben nach einem nicht zu erreichenden Ziele! Am schärfsten tritt unter seinen Fehlern hervor seine grobe Sinnlichkeit: wir können zwar nicht behaupten, daß er die Leichtfertigkeit der Sitten mit der Muttermilch eingesogen habe, da er von einer Amme genährt ward, allein sie lag ihm, ein Erbtheil seines Vaters, im Blute und die Umgebungen, in denen er seine Jugend verlebte, waren allerdings am wenigsten geeignet, ihn der Sittenstrenge zuzuführen: zügellos gab er sich der Befriedigung seiner Leidenschaften hin, bis das Uebermaaß selbst seinen eisernen Körper zerstörte und ihn einem frühzeitigen Grabe entgegenführte. Welch ein schlechter Ehemann er war, wie leichtsinnig er über die Ehe dachte,

---

[351] Lettres et mémoires etc., III. 82.

haben wir gesehn. Dies beweisen auch die Vorschläge, die sich am Schlusse seiner rêveries in einem Aufsatze mit dem Titel „réflexions sur la propagation de l'espèce humaine" finden: er meint u. a., es solle jede Ehe nur auf 5 Jahre geschlossen werden. Ueberhaupt fehlte ihm der innere moralische Halt, den nur eine feste religiöse Ueberzeugung, ein frommer Sinn geben kann. Er blieb zwar dem protestantischen Glauben treu, ohne sich durch glänzendere Aussichten und den Wunsch Ludwig XV. bestimmen zu lassen (S. 228), zur katholischen Kirche überzutreten, allein nach dem Leichtsinn seiner Aeußerungen (S. 170) und dem, was wir sonst lesen (S. 197), war es weniger wahre Anhänglichkeit an seinem Glauben, die ihn vom Uebertritte abhielt, als die Besorgniß, man werde meinen, daß er bloß äußerer Vortheile halber seinen Glauben geändert habe. Daß er Achtung und Ehrerbietung zeigte vor der katholischen Kirche und ihren Gebräuchen (S. 177), was auch Espagnac bestätigt [352], werden wir anzuerkennen haben, allein wenn er seiner, bei ihm Schutz suchenden bedrängten Glaubensgenossen sich anzunehmen unterließ, ja sie nicht einmal hören mochte (S. 201), so beweist dies immer, daß ihm sein Glauben nicht am Herzen lag: die Rechtfertigung jener Weigerung, welche Espagnac versucht, indem er bemerkt, Moritz sei unbeweglich gewesen in Allem, was Beziehung gehabt auf die öffentliche Polizei, scheint uns ganz ungenügend. Auch die Pompadour schreibt über ihn: „le pauvre Saxe est mort dans son lit comme une vieille femme et tel que M. de Catinat, ne croyant rien et peut-être n'espérant rien" [353].

Was Moritz ferner abging, war ein Herz für Deutschland: wir müssen aber allerdings zu seiner Entschuldigung daran erinnern, daß es bei den damaligen Zuständen wohl überhaupt nur wenige Deutsche gab, die sich für unser großes

---

[352] a. a. O., II. 279.
[353] Lettres etc., III. 81.

gemeinsames Vaterland zu begeistern vermochten, zu einer
Zeit, wo der Saame der Zwietracht, der in Deutschlands
Boden leider immer schlummerte, in blutigen Kriegen auf-
ging — zu einer Zeit, wo der Gedanke, daß wir seien ein
einig Volk von Brüdern, nur in sehr Wenigen erwacht war,
zu einer Zeit, wo selbst der Name Deutschland verschwand
unter der hohlen Maske eines heiligen römischen Reichs.
Es war überhaupt etwas von der Landsknechtsnatur in Moritz: in Sachsen fand er, hauptsächlich durch des General-
Feldmarschalls Grafen von Flemming Schuld, keinen entsprechenden Wirkungskreis, so suchte er ihn denn, nach dem Satze,
ubi bene, ibi patria, im Auslande, auf die Gefahr hin, seine
eignen Landsleute bekämpfen zu müssen. Dies war ihm
gleichgültig, so lange er nicht Gefahr lief, daß ihm Sachsen
gegenüber zu stehn kamen: daß er einen solchen Fall lebhaft
fürchtete, bestätigt auch Argenson [354], wiewohl unter der unrichtigen Angabe, daß der König Friedrich August Frankreich im
Jahre 1746 15000 M. gegen Subsidien angeboten, mit der
Drohung, er werde außerdem diese Truppen den Feinden
Frankreichs überlassen. Ueberhaupt konnte Moritz doch sein
Vaterland nicht ganz verläugnen. Wir haben gesehn, daß
er, wenn er auch im Jahre 1733 den Oberbefehl über die
sächsische Armee abgelehnt haben soll (S. 157), doch im
Jahre 1740 fl. wiederholt seine Dienste Sachsen anbot (S.
174 fl.). Ebenso belegt seine Anhänglichkeit an Deutschland der
Umstand, daß er Deutsche vorzugsweise in seine Nähe zog
und dem französischen Dienste zu gewinnen versuchte, wie er
denn auch zu Valfons Aerger [355] es nicht verhehlte, daß er
die Franzosen als Soldaten geringer schätze. In Deutschland
machte man es Moritz allerdings zum gerechten Vorwurfe,
daß er kein Bedenken trage, gegen Deutsche zu fechten. Es
erschien im Jahre 1745 eine uns handschriftlich vorliegende

---

[354] Mémoires, III. 315.
[355] Souvenirs etc., p. 82.

Parodie auf ein in der deutschen Schaubühne Theil 4 enthaltenes Trauerspiel Herrmann. In dieser treten auf, statt des alten Siegmar, Herrmann's Vater — der König von Polen, August II.: als Herrmann — der Feldmarschall Graf Seckendorf: als Flavius, Siegmar's jüngerer Sohn — Graf Moritz von Sachsen. August II. bemüht sich in der Parodie, Moritz von den Franzosen abzuwenden: die Stelle lautet:

„August: Bist Du ein Deutscher sprich?
Moritz: Wie? mein Vater, kannst Du fragen?
   Bin ich nicht Dein Blut, was kann ich Mehrers
   sagen.
August: Die Antwort ist Dir leicht. Sprich was Dein
   Herze spricht?
Moritz: Mein Vater, ich bin deutsch, doch haß ich Frank-
   reich nicht."

In sehr holprigen Versen verschwendet August vergeblich seine Beredtsamkeit: es gelingt ihm nicht, Moritz für Deutschland zu gewinnen und er wendet sich denn schließlich zur Germania mit den Worten:

„Drum auf, das deutsche Volk in seinem Muth zu stärken,
Germania, laß Du des Herzens Adel merken,
Sei Du nur Frankreichs Feind und dann so siehe zu,
Wer mehrern Ruhm erlangt, Graf Moritz oder Du!"

Betrachten wir nun Moritz noch als Krieger und Feldherrn, so finden wir die Urtheile über ihn verschieden. Wie hoch ihn einer der competentesten Beurtheiler, Friedrich der Große, stellte, haben wir gesehn. Schmeichelei hat seine Verdienste übertrieben, man hat ihn den „dieu de la guerre" genannt[356], während auf der andern Seite Neid und Eifersucht ihn herabzusetzen versucht haben: daß er ein großer Mann, einer der bedeutendsten Feldherrn seiner Zeit war, bleibt aber doch in den Tafeln der Geschichte verzeichnet.

---

[356] Pensées philosophiques sur la science de la guerre. Berlin 1755 p. 15.

Rocquancourt[357] will ihm nur als Militairschriftsteller den ersten, als Feldherrn nur den zweiten Rang einräumen, während dagegen Barbin[358] die rêveries nur als eine „bluette d'un grand seigneur, la boutade d'un homme de génie" bezeichnet. Wir selbst maßen es uns nicht an, Moritz in strategischer Beziehung würdigen und beurtheilen zu wollen, begnügen uns daher bei dem Urtheile de la Barre Duparcq's, der von Moritz sagt[359]: „le maréchal de Saxe n'est qu'un capitaine de second ordre: il ne s'est élevé à la hauteur ni de Turenne, qui l'a précédé, ni de Frédéric, qui l'a suivi." Immerhin darf nicht unbeachtet bleiben, daß, was auch der letztgedachte Schriftsteller hervorhebt und wir vielfach zu belegen Gelegenheit gefunden haben, Moritz mit unendlichen Schwierigkeiten zu kämpfen hatte, die ihm die Unfähigkeit und der mangelhafte Gehorsam vieler seiner Generale bereiteten und die durch die Gegenwart des Königs im Feldlager, der denn doch selbst den Ruhm ernten wollte, nur vermehrt wurden: de la Barre Duparcq sagt in Beziehung hierauf gewiß mit vollem Rechte: „il ne pouvait, il ne devoit souvent agir qu'en général de second ordre, car c'était le seul moyen de rendre les succès possibles."

Können wir Moritz auch nicht ganz freisprechen von dem Vorwurfe, daß er wohl bisweilen den Sieg nicht bis zur völligen Vernichtung des Feindes benutzte, daß er absichtlich die Schlachten nur zur Hälfte gewann, daß er den Krieg hinzuziehn wünschte, der ihm ja allein Ehren und Auszeichnungen bringen konnte, während der Frieden ihn zurückstellte (S. 212. 235), so müssen wir doch anderer Seits anerkennen, daß er sich stets bemühte, die Schrecken und Greuel des Kriegs, so viel ihm möglich war, zu mildern, daß er insbesondere unnöthiges Blutvergießen zu vermeiden suchte. Er

---

[357] Cours élémentaire d'art de l'histoire militaire, II. 34.
[358] Dictionnaire de l'armée de terre, p. 495.
[359] a. a. O., p. 112.

sagte: „il vaut mieux différer de quelques jours, que de risquer de perdre inutilement un grenadier, qu'il faut vingt ans pour former" [360].

Seine persönliche Tapferkeit, seine Ruhe im Gefecht, seine väterliche Fürsorge für die Soldaten, machten ihn zum Abgott derselben: unermüdlich sorgte er für die Verpflegung, er besuchte selbst die Lazarethe und Magazine [361]. Dabei wußte er stets seine Leute bei guter Laune zu erhalten und wenn seine Scherze auch oft nach der Caserne schmeckten, für welche sie berechnet waren, so verfehlten sie doch nie ihren Zweck. Als einst ein Befehl bei der Armee weiße Halsbinden eingeführt hatte und diese sich bei einer Revue sehr unsauber zeigten, sagte er: „Kerls, wenn Eure Halsbinden weiß sein sollen, muß man Euch schwarze zu tragen befehlen!" Streng im Dienste, war er in der Regel unerbittlich, wenn er einmal eine Strafe dictirt hatte: einst aber ließ er doch Gnade für Recht ergehn. Ein Soldat war, so wird erzählt, wegen eines Diebstahls, der nur den Werth eines Thalers erreichte, zum Strange verurtheilt. Als er zum Richtplatze geführt ward, begegnete ihm Moritz und sagte: bist Du nicht ein rechter Thor gewesen, Dein Leben für einen Thaler zu wagen? Herr Marschall, erwiederte der Verurtheilte, ich habe es täglich für 19 Pfennige gewagt. Diese Antwort rettete ihm das Leben. Wenn die Soldaten Excesse begangen hatten, so bestrafte er die Offiziere, da es ihre Sache sei, ihre Mannschaft im Zaume zu halten [362]. „Un général," sagt er in seinen rêveries [363], „doit être doux et n'avoir aucune espèce d'humeur: ne savoir ce que c'est que la haine; punir sans miséricorde, et surtout ceux, qui lui sont les plus chers, mais jamais ne se fâcher."

---

[360] Lettres et mémoires, I. p. XLI.
[361] Sammlung von Lobschriften ꝛc., S. 97.
[362] Mémoires du Duc de Luynes, VI. 123.
[363] livre II. c. XII. p. 210.